本书得到国家社会科学基金一般项目"制度性成本视角下民营企业营商环境优化研究"(19BJY182)的资助和支持。

制度性成本视角下
民营企业营商环境优化研究

邵传林　等◎著

西南财经大学出版社

中国·成都

图书在版编目(CIP)数据

制度性成本视角下民营企业营商环境优化研究/ 邵传林等著 . —成都: 西南
财经大学出版社, 2021. 12
ISBN 978-7-5504-5163-6

Ⅰ.①制… Ⅱ.①邵… Ⅲ.①民营企业—投资环境—研究—中国
Ⅳ.①F279.245②F832.48

中国版本图书馆 CIP 数据核字(2021)第 237727 号

制度性成本视角下民营企业营商环境优化研究
邵传林 等著

总 策 划:李玉斗
策划编辑:何春梅
责任编辑:李才
助理编辑:吴强
责任校对:周晓琬
封面设计:墨创文化
责任印制:朱曼丽

出版发行	西南财经大学出版社(四川省成都市光华村街55号)
网　　址	http://cbs.swufe.edu.cn
电子邮件	bookcj@swufe.edu.cn
邮政编码	610074
电　　话	028-87353785
照　　排	四川胜翔数码印务设计有限公司
印　　刷	四川五洲彩印有限责任公司
成品尺寸	170mm×240mm
印　　张	18.75
字　　数	347 千字
版　　次	2021 年 12 月第 1 版
印　　次	2021 年 12 月第 1 次印刷
书　　号	ISBN 978-7-5504-5163-6
定　　价	98.00 元

序　言

当前，地区之间的竞争越来越多地体现为区域间的制度竞争，尤其是通过打造国际一流营商环境以吸引更多民间资本和民营企业流入，进而在区域竞争中胜出。与此同时，自1978年经济体制改革以来，民营企业作为最具市场活力的群体，在国民经济发展中发挥着越来越重要的作用，已成为中国经济高质量发展的重要力量，也是吸纳就业的主渠道。党的十九大报告指出要"支持民营企业发展，激发各类市场主体活力"。对标国际一流营商环境，借助营商环境优化改革促进中国民营企业高质量发展，已成为"中国之治"的重要特征。近年来，我国深入实施"放管服"改革，有力推动了营商环境的不断优化和持续完善，但当前的营商环境仍难以为民营企业高质量发展提供强有力的制度性保障，存在较大的完善空间，故基于营商环境的优化改革和不断完善来助推中国民营企业高质量发展已成为当前我国经济学界探讨和研究的重大议题。基于此，本书从制度性交易成本视角阐明营商环境影响民营企业发展的机制、效应、空间差异性及其经济后果，并立足于降低制度性交易成本视角给出促进中国民营企业发展的营商环境优化方略。本书从降低制度性交易成本视角考察民营企业营商环境优化问题，无疑对中国民营经济高质量发展具有重要的现实意义，有助于为决策层破解营商环境不佳制约民营企业高质量发展问题提供科学依据和政策建议。

本书在理论分析和实证研究的基础上得出如下研究结论：

第一，基于新中国70余年历史发展背景考察民营企业营商环境的演进发现，中国民企营商环境的历史演进过程可细分为：新中国成立初的过渡时期、计划经济体制时期、萌芽期、复苏期、渐进成型期、不断成长期、加速优化期和全面优化期；诸多制度性因素均在民企营商环境演进中发挥了重要作用，如经济体制改革的大背景为民企营商环境的生成提供了"土壤"，民营企业家对营商环境优化改革存在刚性制度需求，向权利开放型社会的转型推动了民企营商环境优化，且民企营商环境演进历程还折射出旧体制下各种阻滞力量对营商环境优化的不利影响；民企营商环境演进的实质折射出政府与市场关系的不断调整、政企关系的重建、政府职能的转型、资源配置方式的转变等特征，并以降低制度性交易成本为落脚点；在未来时期，民企营商环境演进将呈现法治化、国际化、市场化、便利化、精准化、数字化等趋向。

第二，本书基于中国地区层面的营商环境评价指标体系对省级营商环境进行评价和测度。结果发现：中国整体营商环境有所改善，其中法治化、市场化和基础设施营商环境的建设状况良好，但金融营商环境优化在近几年进展缓慢，政务营商环境评分呈下降趋势；从省级层面看，各省营商环境得分均有提高，但北京、上海等发达地区营商环境改善程度更大；从各分指标来看，安徽法治化和市场化营商环境建设提升较快，浙江金融营商环境发展迅速，江苏和海南基础设施营商环境建设速度较快；从四大区域层面看，东部地区营商环境建设在各方面均优于中部、西部和东北；从南北两大区域层面看，南方地区和北方地区营商环境变化趋势基本相同，但南方与北方呈现出明显的分化趋势。

第三，从国际和城际两个维度对中国民企营商环境的纵向变化和空间差异进行了考察。国际比较的结果发现：中国营商环境在2006年之后持续呈上升态势，企业开办、获取电力供应、合同执行等指标表现良好；中国营商环境落后于发达国家，但也有部分指标与其接近；在金砖国家中，中国营商环境进步幅度位居第二，小幅落后于俄罗斯；同新加坡、韩国等亚洲国家相比，中国营商环境较差，但今后有望赶超日本。城际比较的结果发现，城市行政级别和地理区位均会对营商环境产生影响：行政级别高的城市优于行政级别低的城市；东部城市营商环境最好，中部次之，西部较差；处在长江以南的城市，其营商环境明显优于长江以北的城市；位于沿海地区的城市，其营商环境优于内陆城市。

第四，在中国式分权背景下，地方政府之间的横向制度竞争在推进营商环境优化改革上具有促进作用。本书基于省级面板数据并运用空间计量面板数据模型估计地区营商环境优化改革的空间策略反应方程，且得到了较稳健的实证结果：在地方政府横向制度竞争的作用下，地理上相邻地区的地方政府在营商环境优化改革竞争中会采取相互模仿的空间竞争策略；在财政分权程度较大、转移支付较小、经济增长较快及地区开放度较高的地区，地方政府通过加快推进营商环境优化改革来实施制度竞争的强度会更大，地区间制度竞争所带来的空间策略互补效应也更大。

第五，新形势下中国营商环境优化改革对民营企业成长至关重要。始于20 世纪 90 年代末的中国 333 个地级市行政审批制度改革为考察地区营商环境优化改革影响民营企业成长的机制提供了绝佳的自然实验。研究发现：相比国有企业，行政审批制度改革所引致的"制度红利"更有利于促进民企成长；且对非高科技行业的促进作用更大，其影响民企成长的主要渠道包括促进销售增长、增加投资支出、增加营业收入及降低代理成本。当下，应全面推进行政审批制度改革，将更重要的行政审批权和更具针对性的权力下放到位，使此次的制度变革更具普惠性，增强民企获得感。

第六，本书使用中国民营上市公司数据，并将其与地区营商环境数据相匹配，基于面板模型系统考察地区营商环境影响民营企业高质量发展的机制。实证结果表明：地区营商环境的优化促进了民营企业高质量发展。基于营商环境分指标的检验发现：除了政务营商环境指标之外，法治化营商环境指标、市场化营商环境指标、金融营商环境指标和基础设施营商环境指标等分指标均促进了民营企业高质量发展。异质性检验发现：地区营商环境优化对规模较小的民企以及大股东较弱势的民企高质量发展具有更大影响；就行业异质性而言，地区营商环境对民营企业高质量发展的影响主要源自创新程度较低行业、非管制型行业、供给侧结构性改革行业、高融资约束行业、高融资依赖行业、高契约密集型行业和高市场竞争行业。

第七，本书综合考察了新加坡、美国、德国等发达国家在建设民企营商环境方面所采取的典型做法和成功实践，并针对法律来源、知识产权保护、纠纷解决机制、融资便利度、基础设施建设、税收营商环境等内容进行跨国比较分析，从法治化营商环境建设、金融改革实践、基础设施建设、消减民企税负、市场化改革等方面梳理了三个发达经济体对中国推动营商环境优化改革的启示。本书还基于多案例研究法比较深圳、郑州和兰州这三个不同发达程度的城市营商环境优化改革实践，总结城市营商环境优化改革的主要做法：三个城市营商环境优化改革的侧重点不同，其计划的细化程度有别，各自践行了不同做法，并取得了迥异成效；三个城市均突出强调法治化营商环境建设，均在积极推动市场化改革，加大了对民企的金融支持，均在提高政务服务质量和效率、优化税务营商环境。

第八，从降低制度性交易成本视角给出了民企营商环境优化改革的具体措施。从政策创新、制度创新、模式创新、体制机制创新、组织创新、服务平台创新等维度给出民企营商环境优化改革的路径；推进民企营商环境优化改革的重点领域包括法治化营商环境建设、政务营商环境优化和金融营商环境建设等；民企营商环境优化的突破口包括全面推进市场化营商环境建设、加大税收营商环境改革力度、夯实商事制度改革；从民企营商环境优化的着力点上持续发力，努力夯实知识产权保护制度，切实增强政府机构和政府人员的服务意识，加大优质公共服务供给，各级政府要扮演好"店小二"角色；从优化地方官员政绩考核标准、创建多部门联动机制、重构政企关系、放开垄断性要素市场、增大行政管理透明度、完善营商环境评价体系等方面做好营商环境优化的配套工作。

邵传林

2021 年 7 月 15 日

目　录

1 绪论

当前，国际竞争越来越多地体现为国家间的制度竞争以及制度优势的竞争，尤其是通过打造国际一流的营商环境以吸引更多民间资本和民营企业流入，进而促进国家经济的长期可持续发展。基于世界银行有关营商环境状况的国际排名可知，近年来中国营商环境建设质量在不断提升，其总体排名从2019年的世界第46名跃升到2020年的世界第31名，国际排名连续多年呈上升态势，无疑，这为中国民营企业高质量发展创造了必要的制度环境和基础性条件。与此同时，自1978年经济体制改革以来，民营企业作为最具市场活力的群体，在国民经济发展中发挥着越来越重要的作用，已成为中国经济高质量发展的重要力量，也是吸纳就业的主渠道。党的十九大报告指出要"支持民营企业发展，激发各类市场主体活力"。当下，应通过对标国际一流营商环境，借助营商环境的优化改革促进中国民营企业高质量发展，使其成为"中国之治"的重要可选路径。近年来，我国深入实施"放管服"改革，有力推动了营商环境的不断优化和持续完善，但当前的营商环境仍难以为民营企业高质量发展提供强有力的制度性保障，存在较大的完善空间，未来如何基于营商环境的优化改革和不断完善来助推中国民营企业高质量发展已成为当前经济学界探讨和研究的重大议题。

1.1 研究意义

第一，本书拟基于制度性交易成本视角考察民营企业营商环境优化问题，该选题是应用经济学领域迫切需要研究的新课题，具有前沿性和探索性。习近平总书记在2018年11月1日召开的民营企业座谈会上，充分肯定了民营经济的重要地位，作出支持民营企业发展的重大部署。2018年12月，中央经济工作会议明确指出"要支持民营企业发展，营造法治化制度环境"。毋庸置疑，民营企业作为最具市场活力的群体，在中国改革开放 40 多年历程中具有不可或缺的作用，是经济增长的重要引擎，是创新驱动发展的重要力量，也是吸纳就业的主渠道。但营商环境不够完善已成为民营企业发展壮大的体制性"瓶颈"，尤其是中西部地区民营企业普遍面临制度性交易成本居高不下的现实困境。本书从降低制度性交易成本视角考察民营企业营商环境优化问题，这对中国民营经济高质量发展具有重要的现实意义。

第二，本研究提出将降低民营企业制度性交易成本作为中国营商环境优化改革的突破口，紧密联系中国各地区"放管服"改革实践，提出具有中国特色的新时代营商环境优化方略。尽管近年来"放管服"改革在不断深化，但当前的营商环境还是难以为民营企业高质量发展提供强有力的保障。这已成为中国进一步深化市场化改革亟待解决的关键问题，需要决策层和学界予以重视并加以研究。为此，本书从制度性交易成本视角考察民营企业营商环境优化问题，这不仅有助于为决策层深入实施"放管服"改革提供新的启示，还有助于建立推动民营企业发展壮大的长效机制。

第三，本书将制度性交易成本纳入营商环境优化问题研究领域，在实证模型和案例研究的基础上，基于新制度经济学的理论范式阐释制度性交易成本影响民营企业发展的内在机制，这将为新型政企关系构建提供新的启示。在深入考察民营企业营商环境优化改革先行地区的基础上，本书从制度性交易成本视角为破解营商环境制约民营企业发展问题提供理论依据，并给出更有利于民营企业发展的制度条件和优化方略。在广泛吸收相关理论和方法的基础上，本书考察营商环境优化改革通过制度性交易成本影响民营企业发展的内在机制、渠道及其异质性特征，并以城市层面的行政审批制度改革作为营商环境变革的准自然实验进行实证检验，从而补充制度、民营企业成长与经济增长方面的实证研究文献。

1.2 文献综述

近期，关于民营企业营商环境问题的研究已成为经济学领域热门议题。通过梳理相关文献可发现，已有研究主要从现状评价、影响机制、决定因素、优化措施等方面考察了民营企业营商环境优化问题。本书梳理了国内外相关研究，进而展望未来研究动态及方向：

第一，关于民营企业营商环境状况的评价与测度。Nugent 和 O'Donnell

（1994）最早组织专家从政治、经济、法律、行业规制、融资、营销等维度系统考察了欧洲企业营商环境问题。世界银行率先对全世界主要经济体营商环境进行评价与测度，自 2004 年以来连续发布了 15 个《全球营商环境报告》（World Bank，2004）。此后，国内学者开始基于世界银行的数据指标对中国营商环境进行分析和评判。比如，江静（2017）对比中国与部分国家营商环境排名发现，中国整体营商环境排名逐年提升，但目前仍落后于市场化程度较高的发达国家和地区，且在开办企业、办理施工许可证等反映民营企业制度性交易成本的分指标排名比较靠后。借鉴世界银行营商环境评价指标体系，王绍乐和刘中虎（2014）、王志荣（2018）等学者进一步测度了中国税务营商环境指标，彭向刚和马冉（2018）研究了政务营商环境评价体系构建方法，李清池（2018）提出了中国营商环境评价体系构建的具体思路，南京大学课题组（2020）以江苏省为例并基于大样本调查问卷构建了保险业营商环境评价体系，张三保 等（2020）基于市场、政务、法律政策、人文等指标构建并评价了中国省份营商环境状况，孙群力和陈海林（2020）基于 MIMIC 模型测算了中国各省（区、市）营商环境评价指数。在国家社科基金项目库中，只有一项课题在研究税务营商环境问题（姚维保 等，2020）。本书尚未发现有学者基于制度性交易成本视角评价和测度中国民营企业营商环境状况，这就为本课题更进一步的研究提供了可选方向。

第二，关于营商环境影响民营企业发展的研究。首先，好的营商环境能够为民营企业发展提供牢靠的产权保护制度。美国经济学家德姆塞茨首次提出，产权保护制度的一个重要作用是保障民营企业创新成果不被竞争对手侵占（Demsetz，1967）。随后，著名经济学家诺斯和托马斯再次指出，产权保护制度是激励民营企业创新发展的基础性条件（North & Thomas，1973）。其次，好的营商环境有助于稳定民营企业家创新创业预期。如果某地区的营商环境质量较高，则该地区地方政府会更多地呈现"援助之手"，少发挥"干预之手"和"攫取之手"的作用。在这种情景下，民营企业家会形成稳定的外部环境预期，更愿将资源用于创新创业（华生 等，2019），而非用于寻租（Baumol，1990）。再次，好的营商环境能够有效规制官与民之间的关系，其重要作用在于保护民营企业家财产权免遭政治权力侵占（Bah & Fang，2015）。再其次，好的营商环境反映了地方政府能够为辖区内民营企业提供高质量的公共服务（Rodríguez-Pose & Cataldo，2015），这包括良好的知识产权保护（Chen，2017）、更适合民企发展壮大的税收政策（Hall & Van Reenen，2000）、更有效率的财政补贴政策（Bronzini & Piselli，2016）和适宜的激励措施（Gaganis et al.，

2019），进而推动民营企业健康发展，减少寻租、政企合谋、政治关联等非生产性行为（Hou et al.，2017）。最后，一项针对中国 2 700 家民营企业的调查发现，营商环境显著影响民营企业经营绩效（许可、王瑛，2014）；还有研究发现，营商环境优化、政府行政效率提高、政企关系改善均能促进民企 TFP 增长（刘军、关琳琳，2020），引导企业增加研发投入和创新产出（罗天正、关皓，2020）。

第三，关于民营企业营商环境决定因素的相关研究。法律制度是营商环境的基础性制度，会直接影响民营企业发展壮大，还可能通过各种渠道间接影响民营企业经营绩效（Acharya et al.，2014；Aghion et al.，2012）。研究发现，计划经济体制惯性、国企改革滞后、资源诅咒等因素不利于民营企业营商环境的优化和制度性交易成本的降低（中国财政科学研究院"降成本"课题组，2017）。政商关系畸形、简政放权片面化、税费负担过重、评估检测乱象、政策法规紊乱等因素也会影响民营企业营商环境（程波辉、奇飞云，2017）。还有学者指出，中国基于部委的制度供给方式导致民营企业制度性交易成本上升，部委制定规则不利于民营企业营商环境的优化（卢现祥，2017），审批制度改革有助于优化民企城市营商环境（廖福崇，2020）。还有研究指出，政府规模、法治、财政分权、劳动力素质、融资环境、创新活力、基础设施、对外开放等因素正向促进营商环境水平，但税收负担、劳动力成本、腐败等因素负向影响营商环境状况（孙群力、陈海林，2020）。另外，中央政府与地方政府之间的权力结构以及放权的方式均会影响简政放权的落实，进而直接影响民营企业营商环境质量（华生 等，2019）。

第四，关于民营企业营商环境优化的对策研究。国内学者赵治纲（2016）率先从减少行政干预、破除政府管制、提高政府服务效率、促进政府公共服务职能转变、清理政府经营服务性收费等方面给出了民营企业营商环境优化的政策建议。侯祥鹏（2017）特别强调在加强政策顶层设计、强化上下级政府间的协调等方面为民营企业创造宽松、公平的营商环境。宋林霖和何成祥（2018）以放管服改革为突破口提出了优化民营企业营商环境的推进路径。还有人进一步指出，除了放松管制、税收优惠等常规性政策手段外，还应在产权保护、中小投资者保护、提高合同执行力度等方面优化民营企业营商环境（江静，2017）。程波辉（2017）、夏杰长和刘诚（2017，2020）等从重构新型政商关系、推进行政审批改革等维度提出了降低民营企业制度性交易成本的建议。傅志华 等（2018）以北京市降低制度性交易成本的实践为例给出了民营企业营商环境优化的具体方式。丁东铭和魏永艳（2020）从存量、增量、多主体协同和法治化建设等方面提出了优化对外营商环境的对策建议。钱玉文（2020）基于江苏建设法治化营商环境的实践指出了中国法治化营商环境建设的路径。

综上所述，有关民营企业营商环境的研究还处在初探阶段，在理论上尚未深入推进，在实证上有待完善。少有学者基于中国民营企业的微观数据系统考察民营企业营商环境优化问题，这方面的文献甚少，所见的研究成果是初步的，缺乏全景式研究，尚未明确将研究对象聚焦在中国民营企业发展的营商环境优化问题上。纵观该领域已有研究，可拓展的方向有：

第一，就理论研究而言，有必要直接从制度性交易成本视角为学界考察民营企业营商环境优化问题提供系统性理论分析进路。考虑到中国绝大部分民营企业普遍承担着高昂的制度性交易成本，且一度大幅降低的企业制度性交易成本最近一段时期又回升，在局部地区甚至已成为民营企业高质量发展难以突破的瓶颈。但已有研究仍处在经验研究阶段，比较零散，尚未建立系统性理论分析框架来考察民营企业营商环境优化问题；少量研究直接从制度性交易成本视角全面考察民营企业营商环境的优化路径，但也尚未系统地分析制度性交易成本对民营企业发展壮大的阻滞效应及其破解办法。这为进一步研究提供了可选方向。

第二，就实证研究而言，有必要基于中国地区层面的数据资料并从制度性交易成本视角实证考察地区营商环境影响民营企业发展的机制。已有研究多基于世界银行的数据指标衡量中国整体的营商环境质量及地区层面的营商环境水平，少有研究直接从法治化程度、市场化程度、融资环境、基础设施建设、政务环境及税务环境等方面评价和测度中国地区层面的营商环境建设状况，进而实证考察营商环境对民营企业发展的影响。本书拟在民营企业的微观数据和地区层面的宏观数据相匹配的基础上综合考察营商环境建设状况及其对民营企业发展的影响。

第三，就对策研究的针对性而言，不应忽视制度性交易成本在民营企业营商环境优化中的关键作用。制度性交易成本是民营企业因遵循政府的政策法规而承受的各种成本。对已有研究进行综述可发现，该领域关于民营企业营商环境优化的对策研究缺乏对制度性交易成本的考量，鲜有研究综合考察政企关系、政策制定方式、市场化进程等制度因素在制度性交易成本影响民营企业发展中的特殊作用，且尚未深入考察降低制度性交易成本在民营企业营商环境优化中的实现路径，所提出的对策建议也缺乏针对性，仅限于理论层面的学术探讨，缺乏可实施性。当前亟需基于中国的数据资料丰富上述研究领域。

基于此，本书尝试突破已有研究的局限性，进一步拓展民营企业发展的制度激励机制方面的研究，将制度环境对企业成长的影响扩展到营商环境对民营企业发展的影响上，以中国地区层面的数据资料和案例为素材，综合制度经济学、管理经济学、区域发展管理、计量经济学等多学科的研究方法，立足制度性交易成本视角，系统地考察民营企业营商环境优化改革的机制、效应及实践，并进行实证检验，以期为民营经济高质量发展提供内生动力。

1.3 研究内容

1.3.1 研究对象

本书的研究对象为制度性交易成本视角下营商环境优化助推民营企业发展的机制、效应及其应对措施。

1.3.2 总体框架

具体来说，本书共包括十章，以下是各章的主要内容：

第 1 章是绪论。该章先说明本书的现实意义和理论价值，再综述本书的相关研究进展和最新学术动态，并对拟考察的主要内容、研究方法和基本研究思路进行了概要性阐述，最后指明本书可能的创新之处。

第 2 章是中国民营企业营商环境的演进与趋向（1949—2020 年）。该章首先基于新中国 70 年历史演进大背景是梳理中国民营企业营商环境的历史演化与变迁过程，并将其细分为新中国成立初的过渡时期（1949—1956 年）、计划经济体制时期（1956—1977 年）、萌芽期（1978—1983 年）、复苏期（1984—1992 年）、渐进成型期（1992—1998 年）、不断成长期（1999—2004 年）、加速优化期（2005—2014 年）和全面优化期（2015 年之后），并对每一阶段的演变特征和性质进行说明；其次，在对中国民营企业营商环境不同历史演变阶段进行深入剖析的基础上，进一步探讨究竟是什么因素影响了民营企业营商环境的嬗变；再次，从政府与市场关系调整、政企关系重建、政府职能转型、资源配置方式转变等维度分析中国民企营商环境演进的实质性特征；最后，对未来时期中国民营企业营商环境即将呈现的主要趋向和特征做出预测性研判。

第 3 章是中国民营企业营商环境评价体系构建与测度。该章首先基于内涵明确、外延清晰的营商环境评价指标体系理论，构建了由 23 个基础指标构成的营商环境指数体系，收集 2000—2017 年中国 30 个省级地区的宏观数据，并采用主成分分析法构建由 5 个方面指数、21 个基础指数和 23 个基础指标组成的地区营商环境评价指标体系，基于总体指标和分指标两个维度对全国、各省级地区、四大区域和南北两大区域 2000—2017 年民企营商环境进行横向比较和纵向时序变化分析，进而得出各地区评分变化趋势和排名情况。

第 4 章是中国民营企业营商环境的时序变化、横向比较及决定因素。为了更全面地认识和评判中国民营企业营商环境与国际发达地区营商环境的差距，也为了更好地把握中国地区间营商环境的区域异质性，该章将以世界银行和粤港澳大湾区研究院发布的营商环境报告为基础，从跨国层面和城市层面两个维度出发，对中国民营企业营商环境的纵向变化和城际差异进行深度剖析，即先对中国与部分发达国家、发展中国家及亚洲其他国家之间的营商环境时序变化进行比较，再分析我国直辖市、计划单列市、省会城市等大中城市的营商环境差异性，最后从制度性交易成本出发对民营企业营商环境的影响因素进行初步分析。

第 5 章是中国民营企业营商环境优化改革的动力机制。该章拟基于中国式分权制度背景考察地方政府之间的制度竞争在地区营商环境优化改革中的动力及其作用机制，重点基于制度竞争这一独特视角揭示地区营商环境优化改革的内在动力机制，并搜集中国 2000—2017 年 30 个省级地区面板数据，运用空间计量面板数据模型估计地区营商环境优化改革的空间策略反应方程，进而检验上述动力机制的存在。本书为了确保假说具有较好的稳健性，还基于不同空间权重矩阵进行各类稳健性检验，如将地理与经济距离嵌套矩阵作为空间权重矩阵重新估计空间计量模型，基于收入指标和财政自主度指标衡量财政分权变量并进行稳健性检验，以及基于其他各类常用空间计量模型进行检验。

第 6 章是营商环境优化改革与民营企业成长。新形势下的中国营商环境优化改革对民营经济健康发展具有重大现实意义。始于 20 世纪 90 年代末的中国 333 个地级市行政审批制度改革为本书考察地区营商环境优化改革影响民营企业成长的机制提供了绝佳的制度场景，这有助于使用准自然实验的方法识别营商环境优化改革对民营企业成长的因果性影响。为了控制内生性变量，本书并不是单纯考察营商环境优化改革对民营企业成长的影响，而是通过与国有企业做比较，考察同样的营商环境优化改革是否对民企与国企产生了同等程度的影响，或者说民企与国企是否从外部营商环境优化改革中获取了同样的"制度红利"，进而评判民营企业从营商环境优化改革中得到的相对收益大小。不仅如此，本书还将考察行政审批制度改革影响民营企业成长的内在机制，检验行政审批制度是否会对企业销售增长、投资支出、代理成本、营业收入、营业外支出等财务变量产生影响，进而使这些变量作用于民营企业的成长。

第 7 章是地区营商环境与民营企业高质量发展：来自中国的经验证据。不同于已有研究多关注地区营商环境对企业某一财务行为及决策的影响，该章拟从经营效益和创新能力两个维度测度民营企业高质量发展水平，即基于人均利润、企业创新及资产收益率三个维度综合衡量民营企业高质量发展状况，进而考察地区营商环境对民营企业高质量发展的影响。该章先基于一个简化的理论分析框架，考察法治化营商环境、市场化营商环境、金融营商环境、基础设施营商环境、政务营商环境等营商环境分指标对民营企业高质量发展的影响，再基于 2000—2017 年在上交所和深交所上市的所有 A 股民营上市公司数据和 30个省域层面的地区营商环境数据进行实证检验，并进一步引入企业异质性、行业异质性、市场化进程、政商关系健康状况等因素来考察营商环境影响民营企业高质量发展的内在机制。无疑，这有助于为理解发展中国家的制度环境与民营企业发展之间的关系提供新的启示，有利于推动民营经济高质量发展的相关政策的优化。

第 8 章是民营企业营商环境建设的经验、模式与案例。首先，该章拟借助多案例研究法考察新加坡、美国、德国等发达国家在建设民营企业营商环境方面所采取的典型做法和成功实践，按照法律来源、知识产权保护、纠纷解决机制、融资便利度、基础设施建设、税收营商环境等内容进行分类和比较，并重点从法治化营商环境建设经验、金融制度建设实践等方面梳理发达经济体的经验对中国民企营商环境建设的启示。其次，该章将采用多案例研究法从模式比较视角考察深圳、郑州和兰州这三个城市营商环境优化改革实践，基于调研资料评估城市营商环境优化改革助推民营企业发展的实际效果，从细节上考证民营企业发展缘何依赖制度性交易成本；采用比较研究法总结和梳理这三个城市营商环境优化改革的主要做法和实践，拟提炼出三种营商环境优化改革模式（效率优先模式、服务优先模式和便利优先模式），再从类型、主要特征、具体举措、平台建设、计划与规划、特色实践等方面系统地比较三类可选模式降低民营企业制度性交易成本的可行性和前提条件。

第 9 章是降低制度性交易成本视角下民营企业营商环境优化的路径与政策支持。该章将在理论研究、实证研究和案例分析的基础上从政策创新、制度创新、模式创新、体制机制创新、组织创新、服务平台创新等维度综合考察民营企业营商环境的优化路径，分析民营企业营商环境优化的要求与原则、重点领域、突破口和着力点，拟基于优化地方官员政绩考核标准、创建多部门联动机制、重构政企关系、放开垄断性要素市场、增大行政管理透明度、完善营商环境评价体系等目标给出中国民营企业营商环境优化的配套措施，进而为促进民营经济高质量发展提供科学的政策建议。

第 10 章是结论与进一步研究的问题。

1.4 重点、难点和目标

1.4.1 研究重点

（1）以民营企业发展的外部制度性交易成本约束为聚焦点和切入点，基于中国的数据资料实证考察我国营商环境影响民营企业发展的机制、渠道及经济后果。

（2）在理论研究和实证研究的基础上，重点考察民营企业营商环境优化改革的重点领域、突破口和着力点。

1.4.2 研究难点

就研究方法而言，本书在考察营商环境和民营企业发展的互动关系时，易产生内生性问题，尤其是在识别营商环境影响民营企业发展的因果效应上面临较大的挑战，须灵活运用多种分析工具和计量技术；就研究对象而言，本书须对中国民营企业营商环境建设状况进行定量评价，基于既有研究和数据可得性设计评价指标体系，该研究具有较大的工作量和一定的复杂性。

1.4.3 主要目标

本书主要目标一是从制度性交易成本视角阐明我国营商环境影响民营企业发展的机制、效应、空间差异性及其经济后果，并进行实证检验；二是立足于降低制度性交易成本视角给出促进中国民营企业发展的营商环境优化方略。

1.5 思路和方法

1.5.1 基本思路

本书首先立足地区层面的各类数据资料，从制度性交易成本视角剖析营商环境影响民营企业发展的机制，揭示民营企业发展的制度激励机制、效应、渠道及异质性特征；其次运用经验实证法和案例研究法探讨制度性交易成本影响民营企业发展的理论逻辑、政策效应和现实应对策略；最后在理论演绎与实证分析的基础上，立足于制度性交易成本视角给出民营企业营商环境优化改革建议（本书技术路线见图1.1）。

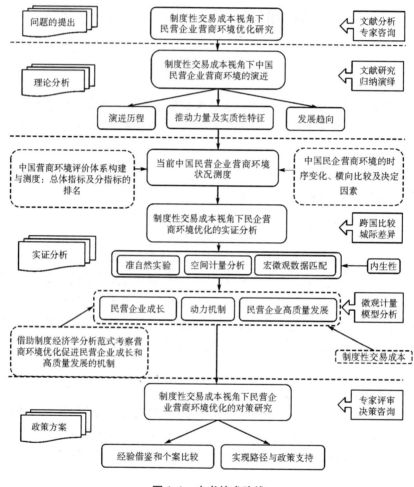

图1.1　本书技术路线

1.5.2　研究方法

（1）实证研究法。借助制度经济学的理论范式分析营商环境优化促进民营企业发展的逻辑，以中国333个地级市（州）和2 852个县（区）行政审批中心改革为准自然实验进行因果识别。

（2）比较研究法。横向比较各地区支持民营企业发展的营商环境优化措施和实践，梳理和总结成功地区营商环境优化改革的适用性及条件。

（3）多案例研究法。借助多案例研究法考察新加坡、美国、德国等发达国家在建设民企营商环境方面所采取的典型做法和成功实践，并重点从法治化营商环境建设经验、金融制度建设实践等方面梳理发达经济体个案对中国民营企业营商环境建设的启示。

1.6　研究计划

（1）前期准备阶段。搜集资料，拟订研究计划和方案，设计问卷，同时撰写研究背景和研究框架方面的内容。

（2）实地调研阶段。走访拟调研地区和拟调研部门，整理调查资料，并撰写研究报告《中国民营企业营商环境的演进与趋向：1949—2020 年》。

（3）阶段性成果撰写阶段。继续调研、采集并整理相关数据，撰写《营商环境对民营企业成长的影响：基于制度性交易成本的理论分析与实证研究》，并发表该成果。

（4）调研报告撰写阶段。撰写调研报告《制度性交易成本视角下民营企业营商环境优化方略：着力点与突破口》，并向该领域专家汇报研究成果。

（5）结项阶段。撰写书稿《制度性成本视角下民营企业营商环境优化研究》，结项。

1.7　可行性分析

（1）理论基础方面。已有研究为本书基于实地调研资料考察民营企业营商环境优化问题提供了丰富的文献资料和扎实的理论支撑。

（2）实践积累方面。近年来，有越来越多的城市开始实施营商环境改革创新试验，这为本书进行实地调研提供了现实基础。

（3）研究方法方面。本书控制内生性变量的计量方法是制度环境与民营企业发展研究领域中普遍采用的方法，基于此方法得出的实证结论具有较强的科学性和说服力。

（4）数据资料方面。课题组成员长期从事制度与民营企业发展问题研究，曾在北京、上海、广州等地区进行过民营企业发展问题的调查研究，积累了丰富的资料。

（5）工作条件方面。本书所在单位拥有多个数据采集观测点和联络单位，为课题组实施田野调查和数据处理提供了重要的科研条件。

（6）研究团队方面。课题组成员在数据搜集、访谈等方面积累了经验，有能力完成调研任务，也具有充足的科研时间，且已掌握开展研究所需的科研技术，如 Matlab、Stata 软件等。

1.8　创新之处

1.8.1　学术思想创新

本书在学术思想上有三点创新：营商环境优化能够为民营企业发展释放制度生产力，并且营商环境优化的力度决定了民营企业发展壮大的程度；在新时代要想推动中国民营企业实现高质量新发展，就必须打造"制度性交易成本最小化"的营商环境；优化民营企业营商环境的治本之道在于以降低制度性交易成本为突破，全面深化"放管服"改革。

1.8.2　学术观点创新

针对已有研究在考察民营企业营商环境优化问题时忽视了制度性交易成本视角，本书特别强调降低制度性交易成本在民营企业营商环境优化改革中的关键性作用，从而为多部门、多机构协同推进民营经济高质量发展提供施政方略。

1.8.3　研究方法创新

在本书的主要实证章节，将以中国 333 个地级市（州）行政审批中心改革为准自然实验，分析制度性交易成本对民营企业发展的因果性影响，借助案例研究法从细节上考证"隐形"制度性交易成本对民营企业发展壮大的阻滞效应以及营商环境优化对民营企业发展的激励效应。

2　中国民营企业营商环境的演进与趋向

2.1　民营企业营商环境的历史演进

从 1949 年到 2019 年，中华人民共和国走过了 70 年岁月。在此 70 年的历史进程中，中国民营企业经历了从有到无、再从无到有、从小到大、从弱到强的演进形态（黄剑辉 等，2018）。截至 2018 年年底，中国共有市场主体 11 020 万户，其中民营企业数量超过 2 700 万户，个体工商户由 1980 年的 80.6 万户增长到 7 328.6 万户，农民专业合作社 217.3 万户，在中国 500 强企业中有 237 家民企上榜，占比为 47.40%。从新中国成立到当下，中国民营企业所处的外部营商环境的变迁大致经历了两个时期：第一个时期为计划经济体制下民营企业营商环境演进期，第二个时期为社会主义市场经济体制下的民营企业营商环境演进期。其中每一时期又可细分为不同的子时期。毋庸讳言，正确认识民营企业营商环境的演进，不仅有助于客观评判历史、借鉴历史，而且有助于在未来时期营造国际一流的营商环境，激发市场经济活力，为进一步推进民营经济高质量发展提供制度保障（任保平、何苗，2019）。接下来，本书拟对营商环境每一时期及其子时期的演变进行梳理，基于此阐明民营企业营商环境嬗变的动力因素，并对未来民营企业营商环境的主要趋向进行展望。

2.1.1　新中国成立初的过渡时期（1949—1956 年）

1949—1956 年，中国民营企业营商环境悄然发生转向。在新中国成立初期，由于经历了抗日战争和解放战争，以及中国经济长期面临积贫积弱的困境，新中国成立后的工农业生产和军事工业十分落后。对一个贫穷落后的国家而言，必须靠优先发展重化工业的战略来打破这种局面，改变以农业为主的经济结构（蔡昉，2019）。新中国成立初期，国家将优先发展重化工业摆在了首要位置。在当时工业物质资源特别匮乏的现实约束下，为实现上述战略，在体制上须实施计划经济。计划经济体制须对人、财、物等各种资源进行全面管控，进而影响民营企业营商环境的演变。在这种特定的历史背景之下，中央政府对待民营经济的态度就发生了转变。在1949年9月出台的《中国人民政治协商会议共同纲领》中，第26条明确指出中央政府要引导国营、私营、合作社经济健康持续发展。在新中国成立初的特定历史背景之下，小农经济发展落后，所以要鼓励发展农户和手工业者等个体经济，使各种经济成分协同发展，进而助推中国经济快速恢复。这表明，在新中国成立初期，中央政府是支持民营资本发展的，鼓励借助民营资本促进经济建设，此时，对民营资本采取容忍、支持的态度。这种情况在1954年发生了改变，1954年9月通过的《公私合营工业企业暂行条例》标志着企业公私合营改造的开始。公私合营是改造资本主义的有效举措，即要把各种行业改造成公私共有的企业，进而将民营资本改造成国有资本。在此背景下，中央政府对民营资本的态度从利用转变为消灭，导致民营企业营商环境逐渐恶化，私人企业和资本家也逐渐消失。进言之，这一时期的营商环境可分为两个子时期：1949—1954年，中央政府对民营资本采取利用、支持的态度，借助民营资本助力经济建设；1954—1956年，中国实行公私合营，对民营资本的态度从利用转变为消灭，即中央政府对民企采取"不支持"的态度，显然，这意味着营商环境不利于民营资本进一步发展。

2.1.2 计划经济体制时期（1956—1977年）

1956—1977年，中国民营企业营商环境已不复存在。1956年实施的公私合营政策导致一大批私有企业由资本家所有转变为公私共有，中央政府对民营资本的态度转向消灭，民营企业营商环境渐渐不复存在。1956年年底，三大改造终于落下"帷幕"。此后，民营企业营商环境步入计划经济体制时期，中央和地方政府开始扮演"管理者"角色，而市场则扮演"辅助者"角色。受计划经济体制影响，中国形成了"以政统企"的模式，这导致企业活力逐渐丧失。1956年之后，民营企业已难以在计划经济体制的夹缝中生存，绝大部分被改造成了公有制企业。但是民营企业是否完全消失了呢？有史料表明：1970年，在人多地少的温州及安徽农村地区，存在一种类似于集体经济的准民营经济：由于该地区长期以农业生产为主，农民收入逐渐减少，为打破此贫困处境，有一些农民依靠社队企业偷偷经营、增加收入。这种挂户经营帮助民营企业突破了所有制身份困境（朱康对，2019）。总体来说，1956—1977年计划经济体制下，中国实行全行业的公私合营，对民营资本采取消灭的态度，在这一时期，民营企业的营商环境已不复存在，当然，民营企业也"暂时性"地退出了历史舞台。

2.1.3　萌芽期（1978—1983年）

1978—1983年，中国民营企业营商环境仍处在萌芽期。在"文化大革命"期间，中国经济备受摧残，为打破经济停滞窘境，顺应经济发展需要，中国逐步探索向商品经济转型，打开了封闭已久的国贸大门，这为民营经济发展提供了新契机。召开于1978年12月的中共十一届三中全会明确提出要靠经济建设搞活市场，进一步激发民营经济活力，释放更多的市场空间（张爱珍，2016），并开始鼓励个体经济和私人经济发展。这一时期中央政府对民营资本采取利用、支持的态度，民企营商环境萌芽初显。改革开放后，党中央、国务院允许个体户从事生产，这为民企营商环境的形成和民营经济复兴做好了"铺垫"（张茅，2018）。1980年12月，中国首个个体工商户张华妹通过合法渠道获得营业执照，从此个体工商户的数量逐年增加。到了1981年，中央政府首次明确认可了个体创业者的合法地位，许多创业者看到了商机。1982年12月是"八二宪法"①正式实行的时间，该宪法确认了国营经济、个体经济及私营经济的重要地位，并指出，个体从事生产可增加市场活力，同时也有助于弥补公有制经济的不足。"八二宪法"颁布之后，各地政府开始支持个体经济发展，鼓励通过个体经济来搞经济建设。可见，国家开始在法律上保护个体经济发展，这标志着中国民营企业发展有了法律上的保障。总体来说，1978—1983年，中央政府对待民营经济的政策发生了微妙变化，开始支持民营经济发展，极大地鼓励通过个体经济建设来搞活市场，中央政府对民营经济采取一种"半支持"的态度。在此阶段，民营企业的营商环境开始缓慢"发酵"。与此同时，民营企业营商环境开始呈现出明显的地域差异化特征，比如：温州率先颁布了《私人企业管理暂行办法》，主张要加强对市场主体行为的监管，对民营经济采取规范化管理策略；但甘肃、青海等落后地区尚未出台具体政策，其对待民营企业的态度仍处在观望状态，尽管中央的政策发生了转变，但地方政府的执行仍不到位。

---

①　中国于1982年12月4日通过了第四部宪法，简称"八二宪法"。

2.1.4 复苏期（1984—1992 年）

1984—1992 年，中国民营企业营商环境逐步复苏。1984 年 1 月 24 日，改革开放的总设计师邓小平在第一次南下时提出要建立权利开放型社会，这次南下使他坚信中国一定能办好经济特区，也彰显了中国经济的发展潜力。随后，在 1984 年年底召开的中共十二届三中全会上通过的文件①明确指出，民营企业家在市场建设中发挥着重要作用，要给予民营企业更多的市场空间，让企业放手做好、做大、做强。这为中国民营企业家在市场中饰演重要角色拉开了"序幕"，开启了政府向企业放权的新模式。1987 年，党中央颁布文件，首次取消了有关私企雇佣工人数量的限制，再次为民营企业发展创造了重大机遇；同年，党的十三大明确指出在公有制经济的前提下鼓励多种经济成分共同发展，在更大程度上"放活"市场②。这标志着，中央政府对各种经济成分的发展采取"支持"态度，鼓励各种经济成分参与市场建设（李春辉，2011），这进一步调动了民营企业家创业的积极性，许多民营企业家开始投资办厂。1988 年 4 月第一次修订的宪法第 11 条明确阐明了中央政府要走出一条有利于私营经济健康持续发展之路③，这在法律层面上为民营经济的发展提供了"合法性"，有力促进了私营经济发展。据 1988 年 6 月颁发的《私营企业暂行条例》可知，中央政府提出要通过私营企业建设来壮大市场、搞活经济，进一步规范私营企业的运行，该条例标志着私营经济在市场中的地位有了明显提高，也进一步确定了私营经济的"合法地位"（陈柳裕，2004）。直到 1988 年年底，雇工 8 人以上的私营企业才获得"合法性"（陈钊 等，2008）。在此背景之下，适宜于民营企业成长的营商环境逐渐得以复苏和形成。截至 1988 年年底，中国共有个体工商户 1 452 万户；截至 1992 年年底，中国市场中共有个体工商户 1 533.9 万户，总体呈现出良好发展之势。总之，1984—1992 年，民营企业的外部营商环境开始逐渐复苏，逐渐从"不禁止"向"合法性"转变。

2.1.5 渐进成型期（1992—1998 年）

1992—1997 年，中国民营企业营商环境在渐进中成型。1992 年 1 月 18 日，这一天对中国经济发展具有重大意义，它是邓小平第二次南下的时间，距离上次南巡已有 8 年。此次南下标志着中国进一步深化"走出去"战略，通

---

① 指《中共中央关于经济体制改革的决定》，1984 年。
② 《中国共产党第十三次代表大会》，1987 年。
③ 《中华人民共和国宪法》于 1988 年首次被修正。

过发展生产力提升综合国力，着力激发民营经济活力，也意味着深圳将率先成为招商引资的试点区域。实践表明，邓小平南下时的"定调"进一步解放了思想，推动了民营经济的健康持续稳定发展，外部营商环境越来越有利于民营企业的发展。在1992—1993年这一时期，中央政府加快推进市场体制机制建设，市场在经济发展中发挥的作用也由基础性作用逐渐变为决定性作用。市场化进程的推进为民营企业发展壮大提供了原动力，民企营商环境从"量变"转向"质变"。比如，于1993年召开的中共十四届三中全会①提出要还权于市场，让市场真正饰演"主角"，给民营企业更多的市场空间，地方政府要扮演好"服务者"的角色，切实解决民企办事难等问题。无疑，这开启了政府向市场放权的新模式，也标志着民营企业的政策环境进一步优化。1993年12月，为进一步规范上市公司行为，中央政府颁布了《公司法》，为民企发展系上了"安全带"，也标志着民企营商环境在法律层面得以完善。1997年，党的十五大会议就各种经济成分如何健康发展给出了明确意见②，针对个体户和民营企业发展问题，提出了"三个有利于"的标准。就国家层面而言，"三个有利于"标准的提出标志着对民营企业发展问题的认识有了"质"的飞跃（黄剑辉等，2018）。鉴于官方对待民营企业的政策有了较大完善，在20世纪90年代，有不少公职人员"下海"创业，掀起了一场"下海"潮，为民营经济助力经济建设提供了新活力。总之，1992—1998年的政策环境和舆论环境总体来说是相对稳定的，总体方向是支持民营经济发展的。

2.1.6　不断成长期（1999—2004年）

1999—2004年，中国民营企业营商环境在不断改善。1999年通过的《中华人民共和国宪法修正案》指出，非公有制经济在中国经济建设中扮演着重要角色，是对公有制经济的重要补充③，各种所有制成分共同发展有助于激发市场活力、解决劳动力过剩和就业难问题。无疑，《中华人民共和国宪法修正案》的通过从根本上明确了民营企业的合法地位，民营企业由原来挂靠在"社队企业"下经营转变为自主经营、独立运作。此后，民企的"合法地位"从根本上得以保证。针对民营企业的外部政策除了在国家层面发生了转变之外，个别地方政府也做出了新的探索和实践。比如，浙江省早在1999年就采用"一站式"行政服务系统缩减行政审批程序，地方政府由原来的管理者向

---

① 该会议发布了《关于建立社会主义市场经济体制若干问题的决定》。
② 《中国共产党第十五次全国代表大会》，中华人民共和国国史网，1997年。
③ 《中华人民共和国宪法》，1999年修订。

服务者转变。这意味着地方政府管理民营企业的方式在发生变化，由对民企进行管理转向主动服务，同时也意味着民营企业的地区营商环境在发生微妙变化。21世纪初，中国加入了世贸组织后开始实施"放管服"改革，成立了国务院行政审批制度改革工作领导小组，开始大力简化原来"繁琐"的行政审批手续，此后，各地区纷纷设立地方行政审批中心或政务服务大厅。2002年11月，党的十六大明确指出"毫不动摇地鼓励、支持和引导非公有制经济发展"。① 这表明，中央政府对民营经济采取鼓励、支持、引导的态度，民营企业营商环境进一步优化。实践表明，非公有制经济在经济建设中的作用不容忽视，民营企业作为"新生事物"为市场注入了新的力量②。随后，中共十六届三中全会通过的文件③就进一步"放活"市场给出了建设性意见，为市场带来了"新生力量"，也标志着市场在配置资源中的基础性作用开始凸显，民营企业营商环境发生了"质"的突破。不仅如此，民营企业家作为一个创造财富的新生阶层，其社会地位也在逐步提高。据报道④，从2003年起，民营企业家作为新生群体开始扮演"政治人"角色，在政治建设中发挥作用。在党的十六大之后，民营企业家政治影响力进一步上升。此外，2004年的第四次宪法修订⑤首次强调"保护公民的私有财产和继承权"。无疑，私有产权是民营企业家的一项重要权利，是神圣而不容侵犯的，国家要保护私有产权和民营企业家的合法权益。此后，中国民营企业家的权利不断得到保障。总之，这一时期民营企业的政治环境比较稳定，有关民营企业的政策环境在逐步改善，延续了邓小平南方讲话后的良好发展态势，国家从根本法上保护民营企业的私有产权，地方政府管理民企的方式也在发生转变，地区营商环境越来越适宜民营企业健康发展。

2.1.7 加速优化期（2005—2014 年）

2005—2014 年，中国民营企业营商环境在快速优化和改善。国务院于2005 年发布了"旧36 条"⑥，该意见进一步放宽了民营企业的市场准入领域，

---

① 《中共十六大报告》，2002 年。
② 《中共十六大报告》，2002 年。
③ 该文件指《中共中央关于完善社会主义市场经济体制若干问题的决定》，2003 年 10 月 14 日。
④ 《中华工商时报》，2003 年 12 月。
⑤ 《中华人民共和国宪法修正案》，2004 年 3 月 14 日。
⑥ 《国务院关于鼓励支持和引导个体私营等非公有制经济发展的若干意见》，简称"旧36 条"，2005 年。

为民营企业进入更多行业敞开了"大门"，有力促进了民营企业家投资办厂的热情，一大批民营企业家纷纷投资办厂。"旧36条"肯定了民营企业在市场中扮演的重要角色，彰显了中央政府继续加大支持民营经济发展的决心。此后，于2007年出台的《中华人民共和国物权法》①进一步保障了民营企业家的物权，这标志着民营企业发展的法制性制约因素开始得到突破，民营企业享有的合法权利得到了进一步保障。为了应对2008年美国次贷危机给中国民营企业发展造成的不利冲击，国家发展改革委于2010年出台了鼓励和支持民营企业高质量发展的政策②，该政策鼓励民营企业加大研发创新力度，引导民企进入最具发展前景的新兴行业。研究表明，该政策有力促进了中国非公有制经济的发展，民企经商的政策环境呈良好势头（曾智泽，2012）。同年，国家发展改革委颁布了"新36条"③，该政策允许民间资本进入更多的投资领域。至此，民间资本可投资的外延进一步扩大。2012年年初，中央政府试点推广"营改增"政策，该政策降低了企业运行过程中的税费成本，解决了重复征税的问题。到了2012年年底，党的十八大开启了"简政放权"新模式，将地方政府的审批程序"化繁为简"，使政府权力缩减到最小，要求各级政府做好服务工作。中共十八届三中全会④明确指出市场在配置资源中扮演的角色应由原来的"基础性"角色转变为"决定性"角色。上述政策进一步激发了市场主体的活力，引导民营企业家在市场中充分"放飞自我"，充分发挥民营企业家精神。此后，李克强总理进一步提出要加大行政审批制度改革力度，并提出了"大众创业，万众创新"新理念，进而推动民营经济高质量发展，掀起了民营企业家创新创业浪潮。总之，2005—2014年民营企业的政策环境和舆论环境均呈现出良好发展趋势，"宽准入、严监管、诚信运作"逐渐成为民营企业发展理念，"多证合一""一照一码"等商事制度改革提高了民营企业市场活力，一大批新生市场主体应运而生，民企营商环境得到了快速优化。

2.1.8 全面优化期（2015年至今）

2015年至今，中国民营企业营商环境进入全面优化时期。2015年，国务院办公厅转发的《意见》⑤允许民营企业进入金融业，进一步降低民营企业进

---

① 《中华人民共和国民法典》自2021年1月1日起施行，该物权法同时废止。
② 指《关于鼓励和引导民营企业发展战略性新兴产业的若干意见》，2010年。
③ 《关于鼓励和引导民间投资健康发展的若干意见》，简称"新36条"，2010年。
④ 该决定指《中共中央关于全面深化改革若干重大问题的决定》，2013年11月9日。
⑤ 该意见指《关于促进民营银行发展的指导意见》，2015年6月。

入金融市场的门槛，这标志着中国银行业的"大门"从此向民间资本"敞开"；到了该年8月份，中央政府开始认可"营商环境"的概念，并首次将该词正式写入文件①，这表明中央政府开始全面优化民企营商环境；2015年年底，中国首批民营银行②已正式运营（文天，2015）。自此，一向不允许民间资本自由进入的银行业发生了质变，也标志着中国生产要素市场进一步市场化和自由化。2016年，中央政府深化"放管服"改革，提出要解除限制民营企业发展和创办企业的一系列壁垒，简化"繁琐"的审批程序，降低企业运作过程中的制度性成本，构建"亲"和"清"的新型政商关系（万黎明，2017）。构建新型政商关系必然要求民营企业家充分发挥其企业家才能，健康管理，光明正大地搞好经济建设，进而推动中国政商关系健康发展。2016年7月18日，国务院发文③要求地方政府要给予民营企业更多的权力，切实解决民营企业"融资贵"问题；到了下半年，国务院印发的《意见》④明确指出要保护企业的知识产权，充分发挥民营企业家敢于拼搏、敢于创新的精神，助推中国民营企业高质量发展。2017年颁布的《关于优化营商环境的实施方案》提出要针对民企的具体问题具体分析、对症下药，为民企办事提供便利化服务，并竭尽全力给予民企更大扶持，这也标志着中国民营企业营商环境的未来发展趋势之一为便利化；2017年9月，国务院再次就民营企业"注册难""融资贵"等问题提供了建设性意见⑤，民营企业经商的政策环境进一步得以优化⑥。截至2018年9月，已有17家民营银行开业，民间资本进入银行业为金融市场化改革提供新的活力；此后，在民营经济座谈会上，习近平总书记提出要建设面向国际、面向法治、更为便利的营商环境，充分肯定了民营经济在国家建设中扮演的重要角色，这也进一步标志着中国民营企业营商环境未来发展新取向。2019年年初，最高人民法院发文⑦就民营企业经济纠纷的处理方式提供了建设性意见，为民营经济健康发展提供了法律保障；此后，李克强总理再次强调了营商环境优化改革的重要性，营商环境等价于生产力，也等价于消费

---

① 文件指《关于推进国内贸易流通现代化建设法治化营商环境的意见》。

② 这五家民营银行包括天津金城银行、深圳微众银行、上海华瑞银行、温州民商银行和浙江网商银行。

③ 指《中共中央国务院关于深化投融资体制改革的意见》，2016年。

④ 指《中共中央国务院关于完善产权保护制度依法保护产权的意见》，2016年11月。

⑤ 该意见指《关于进一步激发民间有效投资活力促进经济持续健康发展的指导意见》，2017年。

⑥ 《关于进一步激发民间有效投资活力促进经济持续健康发展的指导意见》，2017年。

⑦ 指《关于发挥商会调解优势，推进民营经济领域纠纷多元化解机制建设的意见》，2019年1月。

力和竞争力，既要打造良好的政策和文化软环境，也要建设更为发达的交通、更为完善的基础设施等硬环境①，为民营企业健康持续发展提供制度性保障；在 2019 年两会上李克强总理还做了题为"'只有更好，没有最好'优化营商环境永远是'进行时'"的报告，进一步强调了营商环境在助推民营企业高质量发展方面具有重要作用。2019 年 10 月 23 日，国务院颁布了《优化营商环境条例》，这标志着中国民营企业营商环境建设开始正式步入法治化阶段，从行政法规层面为中国营商环境优化提供强有力的制度保障。总之，从 2015 年以来，中央密集出台了一系列有关营商环境优化的政策建议，中国民营企业营商环境开始全面步入优化期。

2.2 民营企业营商环境演进的作用力量

上一节基于新中国 70 年历史演进背景详细阐释了中国民营企业营商环境的变迁。一个自然而然的问题是，究竟是什么因素影响了民企营商环境的嬗变？本书认为，中国经济体制改革之大背景、计划经济体制的阻滞、民营企业的制度需求、权利开放型环境的形成等因素均在民企营商环境演变中发挥了重要作用。

2.2.1 经济体制改革形塑民企营商环境

中国经济体制改革的启动为民企营商环境的萌发和生成提供了"土壤"。据前文分析可知，民营企业所处的外部营商环境变迁大致经历了两个时期，第一个时期是 1949—1978 年计划经济体制下的演进期，第二个时期为 1978 年之后的社会主义市场经济转轨下的演进期。实践表明，向市场经济体制的转轨和变革是在与矛盾不断斗争的过程中渐进形成的，在此过程中，体制机制的供给侧变革在持续形塑制度环境的变迁，为中国民企营商环境的产生、培育及发展提供了体制性土壤。总体来看，从新中国成立至今，在每个子时期经济体制改革的力度和含义具有"天壤之别"，这在很大程度上依赖于中国的大政策取向和大战略目标，即"大环境"形塑营商"小环境"，为"小环境"提供"风向"和"土壤"。在 1978 年经济体制改革之前，民营企业被当作是社会制度变迁过渡期的"暂时形态"，这导致民营企业丧失了快速发展的积极性，民企

---

① 《李克强说，激发市场主体活力，着力优化营商环境》，中国政府网，2019 年 3 月 5 日。

营商环境从"利用"逐渐转变为"赎买""消灭""取缔"。改革开放之后，民营企业的营商环境步入社会主义市场经济体制转轨下的演进阶段，在此阶段，市场由"基础性"角色逐渐转向"决定性"角色，通过建立自由市场进而实现市场主体的效用最大化和最优化，积极引导民营企业在遵循市场规律的作用下优化资源配置（林毅夫，1994）。到了 2015 年，权力中心进一步放宽了民企准入垄断性行业的相关政策，允许民企以参股方式进入自然垄断性行业，同时实行"宽准入、严监管"政策。此后，民企市场准入壁垒得以削弱，民营企业可投资领域得以拓宽，于是，民营企业营商环境进一步向良好态势演进。当下，中国全面构建权利开放型社会，深入推进"放管服"改革，着力降低民企制度性交易成本，再次为民企营商环境提供更为适宜的"风向"和"土壤"，使中国民营企业营商环境开始对标国际上最先进营商环境经济体的标准和做法。

2.2.2 民企对营商环境优化改革的制度性需求

在营商环境建设远远滞后于民企营商环境需求的现实背景下，民营企业家会通过参政议政、主动接近权力中心等相关途径表达对新制度的需求，通过"政治人"的身份逐渐表达其对营商环境优化变革的制度诉求。制度经济学的研究发现，政策不确定性和信息不对称性是导致民营企业家参政议政的主要原因（于蔚 等，2012），民营企业家参政议政、接近权力中心是对政府制定相关政策的理性响应，也是规避政治风险、获取经济机会、表达相关诉求的重要途径（罗党论、唐清泉，2009；胡旭阳，2010）。2003 年 12 月，《中华工商时报》首次报道认为，民营企业家代表着一个新的"生命体"，开始扮演起"政治人"的角色，在政治建设中发挥着越来越重要的作用。在党的十六大之后，民营企业家虽为新生群体，但其政治影响力在上升，不少民营企业家利用其人大代表或政协委员的身份开始参政议政，逐渐从经济参与转向政治参与，由"市场人"向"社会人"转变，表达自己的各种诉求。民营企业家的参政议政不仅可以在政治上注入企业家精神，为政治家带去市场经济的新思维和新理念，也有助于使各类政府机构更好地了解民营企业的诉求，进而更好地做好服务工作。民营企业家参政议政的渠道分为正式渠道和非正式的渠道。其中，正式渠道主要通过人大、政协等平台为市场经济转型和建设提供政策建议，表达民营企业家对营商环境优化的制度需求，还可借助重要领导人的实地调研活动来表达其利益诉求；非正式渠道主要是借助寻租或找关系等灰色渠道达到获取政府认可和政策优惠之目的，这可能是由于民营企业家表达其制度性需求的渠道阻塞所致，因此要进一步拓宽民企参政议政的渠道和机会，鼓励民企参与到政策制定过程中来。总之，民营企业家的制度需求会从侧面拉动营商环境变革向着适宜民企健康发展的方向转变。

2.2.3　向权利开放型社会的转型

向权利开放型社会的转型进一步推动了民企营商环境的优化。权利开放型社会要求构建非人际化的社会关系，通过一系列规则来约束和规范经济人行为，最终实现真正的公平、公正（诺斯 等，2013）。新中国成立 70 年来，党和国家对民营经济的态度由"利用、限制、改造"逐渐转变为"确认、保护、促进"，民企生存的政策环境越来越好，允许进入的领域在不断扩大，给予民营企业的权利越来越多，如商标权、专利权、私有产权等。诺斯 等（2013）的研究表明，只有从根本上建立权利开放秩序才能保证一个国家经济长期持续发展。中国经济体制改革的内在要求就是破除权利限制秩序，加快向权利开放秩序转型。比如，近年来，国务院发布了允许民营企业进入部分垄断行业的政策，民营企业的发展机会越来越多，无疑，中国民营企业营商环境越来越呈现出权利开放型社会的特征①；此后，中央政府进一步明确指出鼓励民企进入石油化工、通信、金融、医疗、交通等垄断性行业，民营资本既可直接进入垄断性领域，也可与其他资本合作进入垄断性行业。现阶段，民营企业可进入的领域越来越多，获取的"发展权"越来越多，这意味着民企营商环境越来越有利于民企发展，由"半封闭"转为"半开放"，再由"半开放"逐渐转为"开放"，民企营商环境发生了质的飞跃。

此外，中国贸易的持续对外开放也为民企发展赋予了更多的"发展权"。事实上，不论是 1978 年中国实行改革开放，还是 2001 年加入了 WTO，均标志着中国向权利开放型社会的转型持续走向纵深，赋予民营企业更多的经济发展权。近年来，中央政府借助"一带一路"建设带来的新契机，更进一步向权利开放转型，鼓励民营企业向外"走出去"，引导民营经济向 OFDI② 型转型升级。"一带一路"倡议的刺激下，有不少民营企业不断开拓国际市场，"中国制造"的商品出口规模持续上升，民营企业对外投资业务越做越大。2017 年

---

① 《中共中央国务院关于深化体制机制改革加快实施创新驱动发展战略的若干意见》，2015年。

② OFDI（outward foreign direct investment），译为"对外直接投资"，是居民（自然人和法人）以一定的生产要素投入到另一国并相应获取管理权的一种投资活动，跨国企业是对外直接投资的主体。

12月，国务院出台了《民营企业境外投资经营行为规范》政策，鼓励民营企业针对境外业务在合法范围内进行投融资活动，并搭建了民营经济国际信息共享平台。此后，有不少民营企业实现了从"小门小户"到"世界500强"的转变。

2.2.4　计划经济体制对民企营商环境优化的阻滞

民企营商环境的变迁历程还折射出了计划经济体制下的各种阻滞力量对民企营商环境优化的不利影响。正如上文所言，经济体制改革的变迁和结构在一定程度上决定着营商环境的变迁，而中国的经济体制变迁在一定程度上是由官僚机构和政府部门的政治偏好决定的。当官僚机构和政府部门中核心决策层的偏好和意识形态发生变化且其变化的成本小于收益时，就会发生制度变迁。计划经济体制对民企营商环境的阻滞主要包括两个方面：一是国企对民企营商环境的不利影响。现实情况是不同市场主体并非在同一条起跑线上，比如，国有企业在一些行业中的垄断会缩小民营企业盈利空间，国有企业可能会得到政府补贴和财政救助，掌握更多的土地、资金和政策资源，因而相对于民企会拥有更多的竞争优势①；民企在资源汲取、机会利用等方面面临所有制歧视，这不利于民企营商环境向公平且开放的市场化方向演进。二是行政机构行为对民企营商环境的阻滞。由于中国的制度变革常常走强制性变革之路，主要由中央和地方政府作为实施主体自上而下发起制度变迁，并非由民间主导启动的自下而上的诱致性变迁。个别地方行政机构缺乏营商环境优化改革的动力和服务民企的激励，或者说强制性变革变迁往往面临供给不足的难题，再加上官本位思想根深蒂固，结果就是难以有效满足民营企业对"新制度"的需求，即要求营商环境变迁。进言之，在计划经济体制下，由于受官本位思想的主导，政府对企业形成了"统治"局面，企业丧失了自主经营权，于是，民营企业的诱致性制度变迁动力常被抑制，市场的决定性作用也被"埋没"。总之，民企营商环境的优化改革是一个系统性、协调性的动态演进过程，须各个部门之间协调配合，也须政府机构与民营企业间的上下联动、互动，但地方政府部门改革的动力不足以及政府职能部门之间的协调不足均会阻碍民企营商环境的整体优化。

---

　　①　来自外资企业的市场竞争压力也会阻滞民企发展。

2.3　民营企业营商环境演进的实质性特征

中国民营企业营商环境的历史演进呈现出政府与市场关系的不断调整、政企关系的重建、政府职能的转型升级、资源配置方式的转变等特征，并以降低制度性交易成本为落脚点。

2.3.1　政府与市场关系的不断调整

中国民企营商环境历史演进的主要特征之一，折射出政府与市场之间的关系在发生本质性变化，权力从各级政府逐渐下放到市场。据前文有关民企营商环境历史演进的梳理可知，中国经济体制在新中国成立初期"以计划经济为主，市场管理为辅"，在这种体制下，企业作为政府部门的"附属品"，其掌握的权力是非常少的，不能真正实现自我价值。此后，伴随改革开放进程的不断深化，各类资源配置权不断向市场下放。党的十四大提出要"建立社会主义市场经济体制"①，对政府与市场的关系重新作出科学界定；随后召开的中共十四届三中全会进一步指出，市场在资源配置中起基础性作用。这表明，政府的权力逐渐向市场转移和下放，同时市场在资源配置中发挥的作用越来越大，要求政府更好地为民营企业发展提供服务。此后，中共十八届三中全会再次对政府与市场的关系做出了新的调整，即市场在资源配置中由"基础性"角色转变为"决定性"角色（张爱珍，2016），同时将烦琐的审批程序进一步简化，政府由管理者逐渐转变为服务者，而不是政府通过行政手段代替市场的作用（王军，2014）。可见，随着决策层对政府和市场间关系的认识不断深化，政府与市场的关系发生了本质性变化，政府掌管的权力慢慢下放给市场，逐步由"管制型政府"向"服务型政府"转变，由官本位逐渐向市场本位转变，审批程序化繁为简②，政府对市场的直接配置和干预日益减少，切实发挥市场的决定性作用，真正让民营企业在经济建设中发挥重要作用，进而实现各种要素的配置最优化（胡宗仁，2015）。

2.3.2　政企关系的重建

民企营商环境的历史演进还反映出政企关系也在发生动态调整。在计划经

---

① 《中共中央关于建立社会主义市场经济体制若干问题的决定》，1993年。
② 《李克强：持续深化"放管服"改革 推进政府职能深刻转变》，2018年。

济体制下，"为则治，不为则不治"成为政府的主导思维，这导致政府的权力越来越大，企业的权力日益萎缩，从而造成了政府强制企业为或者不为的模式（汪波、金太军，2003）。为了调动企业生产的积极性和主动性，让企业在市场中具有自生能力，国务院于1984年通过了《中共中央关于经济体制改革的决定》，要求政府向企业放权。这也意味着政企关系在发生调整，中央政府给予民营企业更多的市场空间，民营企业家的活力进一步增强。此后，从党的十五大一直到党的十七大，中央政府反复强调市场化改革的重要意义，最终形成了"有为有限政府+有效市场"的发展模式（洪银兴，2019）。显然，政企关系已从旧时的"管理与被管理"向"服务和被服务"转变。此后，在充分肯定民营经济在国家建设中扮演着重要"角色"的背景下，政府要求官员"亲民""听民""助民"，重新构建"亲""清"政企关系，要求各级地方政府将新型政商关系的建设工作落地，树立超前服务意识，认真听取民营企业家的各种诉求，切实解决其实际困境，对其合法利益给予保护，同时对民企发展采取"宽准入、严监管"政策，允许民营企业在法律规定的范围内开展活动。这一时期，有一大批民营企业家积极投身于产品创新、开办企业的工作中。当下，中央政府进一步完善负面清单制度，引导民营企业在阳光下成长，在规范下寻求政府帮助。

2.3.3 政府职能的转型升级

民企营商环境的历史演进还反映了政府职能的转型升级，即由统治者转向规制者，再由规制者向服务者的转型升级。在计划经济体制下，统治型政府以"指令、强制、命令"等手段对企业的一切事务进行全面管控，形成了一个"以政统企"的模式，形如一个衙门、大社会，企业完全丧失自主性；在计划经济向市场经济过渡的新阶段，政府借助"繁琐"的审批程序对企业进行管制，民营企业不能真正地发挥作用，整个社会仍由政府主导控制，这导致政府的职能不断膨胀；直到2006年召开的十六届六中全会明确提出政府要退出"管理者"身份，在市场中扮演"服务者"角色①。可见，政府职能发生了实质性改变。新中国成立后为实施计划经济体制，政府统揽一切，扮演"统治者"角色，企业隶属于政府，二者之间是"统治与被统治"的关系；在计划经济向社会主义市场经济转型阶段，各级政府借助"繁琐"的审批手续对民营企业进行管制，尽管政府的权力进一步下放给了民营企业，但民营企业融资

---

① 《关于构建社会主义和谐社会若干重大问题的决定》，中共十六届六中全会，2006年。

难、办事难、公共服务不足等问题长期存在，其在市场上的地位有待提高，二者之间是"管制与被管制"的关系；当下，随着市场在资源配置中起"决定性"作用的重新确定，政府的主要任务转变为为企业发展提供优质服务，企业是市场里的第一主角，二者之间是"服务与被服务"的关系。民营企业的生存环境渐渐向公开、公正、透明的营商环境发展，政府服务职能日益凸显，民营企业办事便利度不断提高，管制型政府向服务型政府转型，"少一些强制，多一些人道；少一些管制，多一些服务"已成为当前中国政府行政管理体制改革的主要目标。

2.3.4 资源配置方式的转变

民企营商环境的历史演进折射出经济资源配置的制度方式在发生调整，由"政府配置资源"逐渐转向"市场配置资源"。经济制度调整的实质就是在更大程度上释放民营企业家的潜能，更好地发挥民营企业家创新创业的才能，给民营企业更多的自由空间。市场配置资源的根本要求就是在经济活动中遵循价值、竞争和供求规律，充分利用一切资源，让一切要素都实现自身价值最大化和最优化（闫越，2013），放手让民营企业参与经济建设，让民营企业家在市场中实现自我价值。新中国成立后，政府及相关部门是资源配置的主角，而市场在资源配置中的作用逐步弱化；1978 年经济体制改革之后，政府在资源配置中的作用逐渐减弱，市场在资源配置中的作用逐步得以恢复，从基础性作用逐渐转变为决定性作用（张爱珍，2016），同时更好地发挥政府对民营企业的服务职能。时至今日，民营企业家在市场配置资源中不仅不再是配角、补充，而且发挥越来越重要的作用。习近平总书记于 2014 年明确指出，企业家释放了市场活力，肩负着经济建设的主要任务，要进一步激发民营企业家敢于拼搏、顽强不息的精神，形成发展的新动力，让民营企业家在市场中创新创业（洪银兴，2018）。综上所述，民营企业营商环境的演变反映了中国经济资源配置方式在从政府主导型资源配置方式转向市场主导型资源配置方式。

2.3.5 以降低制度性交易成本为落脚点

民营企业营商环境的历史演进在不自觉之中大幅降低了民营企业的制度性交易成本。企业制度性交易成本是指企业在运营过程中由于遵守政府制定的一系列规章制度所付出的成本，包括登记注册成本、税费负担、融资成本等。政府的一个重要作用是矫正市场失灵，维持市场秩序的正常运转，而不是直接的干预市场。在计划经济体制下，政府充当"管理者"角色，直接干预微观市场，导致企业的制度性成本长期居高不下。改革开放以来，政府职能的转变使政府重点抓市场化制度建设，最新形成了"有效市场+有为政府"发展模式。与此同时，民营企业制度性交易成本逐渐下降，民营企业的盈利性得以提高。当前我国民营企业的制度性交易成本虽在下降，但其绝对水平仍较高，以至2016年8月国务院专门发布了降低企业成本的文件①，该文明确指出，在企业运行过程中，各种高昂的成本使企业不能正常经营，甚至有一部分企业走向破产，故现阶段中央政府的主要工作就是降低企业运行过程中的制度性交易成本。此后，中央政府采取了"差异化"税率，解决了企业重复征税的难题，大幅降低企业面临的各种税费成本，为民企发展提供更适宜的生存土壤。党的十八大进一步精简"繁琐"的审批手续，将权力真正下放给企业，使民营企业运行的制度性交易成本进一步降低。综上所述，民营企业营商环境的演变表现出以降低民营企业的制度性交易成本为落脚点的特征。

2.4 民营企业营商环境演进的主要趋向

通过对已有文件和政策的梳理和研判可知，中国民营企业营商环境在未来时期将呈现出法治化、国际化、市场化、便利化、精准化、数字化等主要趋向，其中，法治化为民企营商环境优化改革提供制度保障，国际化为民企营商环境优化改革提供参照，市场化为民企营商环境优化改革提供前进方向，便利化为民企营商环境优化改革提供突破口，精准化为民企营商环境优化改革提供策略途径，数字化为民企营商环境优化改革提供手段。

2.4.1 法治化

法治化是民营企业营商环境优化改革的主要趋向之一。法治化指一个国家或地区在正常的经济活动中借助法律制度、司法程序、执法效力等手段对市场主体实行全面平等的保护和规制，进而形成公平、公正、制度化、规范化的法治氛围和守法意识。建立健全法治化营商环境，才能保护企业家、投资者等市场主体的权益，增进其获得感、幸福感和安全感。进言之，法治化是民营企业营商环境优化改革的前提，只有真正实现营商环境的法治化，才能有效保障和完善营商环境的市场化，或言市场化需要用法治来规范政府和企业之间的关

---

① 《国务院关于印发降低实体经济企业成本工作方案的通知》，2016年。

系。当前中国民营经济已进入高质量发展阶段，法治化要求贯彻落实反垄断法，用法治打造高透明度的营商环境，使民营企业在阳光下作业、在规范下管理；法治化的营商环境不允许有任何法外权的存在，更不允许有法外情形的存在（卢兵彦，2014）；地方政府要做到监管公平公正，平等对待各类市场主体，让民企放心、安心地参与经济建设；用法治化的规章制度规范政企关系，真正保护投资者的权益，让投资者更安心、放心地创办企业，最终构建"亲""清"型政商关系（张效羽，2018）。其次，法治化也是民营企业营商环境国际化的保障，国际化也需要法治来保障外商投资者的利益。2019年两会通过了《外商投资法》，这标志着中央政府开始从法治上为营商环境国际化提供保障。当下，应充分发挥法治在约束企业行为中具有的不可或缺的作用，司法机构要提供更加优质、公平、公正的司法保障，在各类经济纠纷案的处理过程中做到公平公正（方帅，2018）；围绕"法治痛点、难点"进一步优化法治环境，纠正执法"一刀切"，转变"宁严勿宽"理念，切实保障民营企业的各种权利。《优化营商环境条例》于2020年开始正式实施，这标志着民企营商环境优化已步入法治化建设的关键性阶段。

2.4.2　国际化

国际化是民营企业营商环境优化改革的另一趋向。国际化就是要进一步深化对外开放程度，虚心学习国外营商环境建设的经验[①]。国际化营商环境要求进一步打开国贸大门，构建权利开放型社会，向营商环境一流的国家看齐（阮文婧，2018）。中国于1978年实行了改革开放政策，于2001年加入WTO，此后又提出"一带一路"倡议，在"引进来"的过程中鼓励国企和民企"走出去"，吸引外资企业进入中国市场，对接国际营商环境建设标准，努力向营商环境一流的国家和地区看齐，进一步缩小中国与发达国家间的制度距离，为外资企业提供宜居宜商的制度环境。无疑，中国只有进一步深化对外开放，才能推动营商环境的国际化，即以更加深入的对外开放姿态倒逼民营企业营商环境优化改革。当下，中国已步入全球化战略深入实施的新阶段，民企营商环境亟待与国际一流营商环境接轨，逐步降低企业运行过程中的各类成本，实行"宽准入、严监管"政策和"走出去"战略，将中国传统文化和国外文化相融合，主动向国际通用规则靠拢，引入国际化仲裁机制，缩小国与国之间的制度

---

① 《李克强：在全国深化"放管服"改革 优化营商环境电视电话会议上的讲话》，营商环境网，2019年。

距离，进一步提高中国的制度竞争力。

2.4.3　市场化

市场化也是未来民营企业营商环境发展的主要趋向之一。市场化是指要给企业更多的权力，最大限度地弱化政府对市场的不当干预，充分激发市场活力和民营企业家的创造力，让市场真正发挥好"决定性"作用。长期以来，民企在市场准入方面总遭遇各种不公平待遇。近年来，除负面清单以外的领域，我国对各类市场主体一视同仁，强化对各种所有制经济的产权保护；建立健全平等竞争准入机制，以公正监管促进民营企业公平竞争；针对行业垄断导致市场缺乏竞争性的情形，允许民营企业进入部分垄断性行业，给予民营企业更多的发展机会，比如，对自然垄断行业，民营资本可以以参股方式进入；地方政府进一步"简政放权"，落实事中事后监管原则，推动政府由管理者转变为向市场提供优质服务的"守护人"。总之，营商环境的市场化是民企制度环境优化改革的重要方向。

2.4.4　便利化

便利化是民营企业营商环境优化改革的重点方向。便利化是指要为群众提供便利服务，进一步缩减审批程序，紧抓互联网发展新机遇，着力打造"多网合一""一网通办"，真正实现"一站式"服务。近年来，"线上线下"综合服务和"只进一扇门"商事制度改革在一定程度上提高了政务服务效率，大大降低了民营企业的制度性成本。现阶段，中央政府深化供给侧结构改革，以"三去一降一补"作为主要任务，进一步缩减注册手续，降低民营企业运营中的各种成本，解决民企办事难、融资难，健全"一次性"办成程序，以"网上办、马上办、就近办、一次办"为宗旨，紧抓"互联网+"发展新机遇，优化升级"一站式"服务设施，让民营企业办事实现"一次性到家"服务；各级政府将"繁琐"的审批手续进一步精简化，使民企办事流程便利化，进一步做好创新监管及优化服务；建立新型政商关系，构建信息反馈平台，落实"一网通办""只进一扇门""最多跑一次"工作，落实"干部跑""网上跑""数据跑"，真正实现便民、利民，使民企营商环境与国际一流的营商环境对接。总之，营商环境向着更便利于民营企业发展的方向演进。

2.4.5　精准化

精准化是民营企业营商环境优化改革的主要趋向之一。精准化是指各地区针对民企营商环境存在的问题精准施策，精准地抓住根本、把握问题，特别是要结合各地区的实情采取差异化的政策推动地区营商环境的优化改革。由于中国各地区存在地域差异性，各地区在实践中出台了一系列个性化、差异化政策助推民企营商环境优化改革。据报告①，在营商软环境方面，深圳位居全国首位；在低成本优势方面，广州一直排名第一，但近年来其成本优势逐渐下降，而东北地区低成本的优势却逐渐突出；北京推出了"9+N"政策，针对营商环境改革的各种难题"对症下药"，从广度和深度上增强民营企业的获得感和幸福感；上海的"四个集中一次办成"，针对所有市场准入审批事项实行"单窗通办"，让企业少跑腿，实现"一次办成"；浙江为进一步降低企业成本，提出了30条举措②，实现"一事一窗一次"，使该地区营商环境走在全国前列。总之，要针对地区差异化特征精准发力，同时还要赋予各地区更多的营商环境优化改革试验权，加大地区营商制度探索性改革与创新的空间。

2.4.6 数字化

数字化也是民营企业营商环境优化改革的主要趋向之一。在"互联网+"的时代背景下，各国对互联网资源日益重视，数字经济的发展创造了新的供给和需求，极大地拓宽了市场主体的发展空间。数字化是指市场主体随时随地通过网络设备快速获取政府的相关信息和服务，推进政府服务的数字化转型。近年来，随着电子政务的兴起，各地政府紧抓信息技术发展新机遇，主动推进服务方式变革，推动数字化营商环境建设，只需通过一台电脑或一个手机，企业即可在线获得政府服务，在一定程度上减少了企业的制度性交易成本；完善数字化治理机制，进一步拓宽民营企业网上办事的范围和深度，缩小与发达国家间的数据鸿沟；"线上线下"综合服务在一定程度上提高了民营企业营商环境便利度，如北京的"一网通办"、江苏的"不见面审批"，企业通过电子化信息平台即可办理各种手续、查询和咨询各类业务，极大提高了政务效率；现阶段，很多地方政府开始普及在线政务服务平台，很多事项均可通过手机 App或网上办理、移动支付来完成，进一步提高了民营企业办事便利度。总之，在未来时期，民企营商环境数字化将实现数字整合一体化，最大程度降低民企制度性交易成本。

---

① 《2018 年中国城市营商环境评价报告》，粤港澳大湾区研究院，2018 年。
② 《关于进一步降低企业成本优化发展环境的若干意见》，浙江省人民政府，2016 年。

2.5 本章小结

本章基于新中国 70 年历史演进背景考察了民营企业营商环境的演化与变迁。基于标志性政策措施的出台和实施,可将民营企业营商环境的历史演进过程细分为:新中国成立初的过渡时期(1949—1956 年)、计划经济体制时期(1956—1977 年)、萌芽期(1978—1983 年)、复苏期(1984—1992 年)、渐进成型期(1992—1998 年)、不断成长期(1999—2004 年)、加速优化期(2005—2014 年)和全面优化期(2015 年至今)。

本章研究表明:诸多制度性因素均在民企营商环境演变中发挥了重要作用,如中国经济体制改革之大背景为民企营商环境的萌发和生成提供了"土壤",民营企业家对营商环境优化改革存在刚性制度需求,向权利开放型社会的转型进一步推动了民企营商环境的优化,并且民企营商环境的变迁历程还折射出计划经济体制下各种阻滞力量对民企营商环境优化的不利影响;民企营商环境演进的实质折射出政府与市场关系在不断调整、政企关系的重建、政府职能的转型升级、资源配置方式的转变等特征,并以降低制度性交易成本为落脚点;在未来时期,中国民营企业营商环境的演进将呈现出法治化、国际化、市场化、便利化、精准化、数字化等主要趋向,其中,法治化为民企营商环境优化改革提供制度保障,国际化为民企营商环境优化改革提供参照,市场化为民企营商环境优化改革提供前进方向,便利化为民企营商环境优化改革提供突破口,精准化为民企营商环境优化改革提供策略途径,数字化为民企营商环境优化改革提供手段。

3 中国民营企业营商环境评价体系构建与测度

　　"营商环境"概念在中国兴起的时间较短，却备受中国政府和各界学者的关注。十八届三中全会曾提出建设法治化营商环境的目标。2016 年，习近平总书记强调要营造稳定的营商环境。随后，李克强总理再次强调要建设一流的营商环境。已有研究表明，良好的营商软环境有利于地区吸引外资、促进民间投资增加（姚树洁 等，2006；World Bank，2004）。可预见的是，营造良好的营商环境将为中国经济持续发展提供制度性推力。目前，中国各省已具备坚实的基础来推进营商环境建设，当下的一个重要问题是，应如何准确评判中国各地区营商环境建设的现状及其排序。无疑，营商环境指标体系的构建是准确评判中国各地区民企营商环境状况的基础，也是定量分析营商环境质量的前提。既有的营商环境评价研究文献主要存在以下问题：一是多数指标体系采用层次分析法主观赋予各指标权重，该方法难以较好地反映数据间的关系；二是部分相关研究只选取某一个或几个地区作为样本，缺乏对中国整体营商环境的实证考量；三是大量分析仅停留在城市层面，无法对省级地区政府提出可参考的建议；四是多数实证测量只选取一年或两年的数据，缺少对各地区营商环境长期变化的时序分析。若能全面测算中国各省域营商环境在一个较长时段的建设状况，则能弥补已有研究的不足，使地区营商环境的定量研究更科学、更全面。

　　基于此，本章分 7 节构建指标体系实证测度中国省域营商环境建设状况：3.1 节立足于既有的营商环境评价体系构建文献，阐述已有研究的发展状况及其局限性；3.2 节基于国内外多份知名研究报告，采用主成分分析法构建包含 5 个方面指数的营商环境指标体系；3.3 节至 3.6 节基于总体和分指标两个维度对全国、各省、四大区域和南北两大区域 2000—2017 年间民企营商环境进行横向比较和时序变化分析；3.7 节为本章小结。

3.1 关于营商环境评价体系构建的相关研究

"营商环境"一词最早起源于世界银行 Doing Business 小组的调查评价报告[①]。随后，其他国际性组织也进行了营商环境的测度和评价。回顾既有研究可发现，在世界范围内被普遍接受的营商环境评价体系主要有 3 种。一是由世界银行发布的《全球营商环境报告》中给出的营商环境评价体系。经过近 20 年的不断发展与完善，世界银行《全球营商环境报告》形成了具有 11 项一级指标和 43 项二级指标的评价体系，该体系在学术界具有极高的影响力。但该报告的调查抽样不具有代表性，如，针对中国地区营商环境的考察仅选取北京和上海作为样本，难以体现中西部地区营商环境的现状。二是由经济学人智库（EIU）发布的营商环境报告中构建的评价体系。该报告基于政治、经济环境、机遇、市场化、金融规制、税率、融资、要素市场等 10 大领域对各国营商环境的质量进行排名，并预测未来五年各国营商环境的变化趋势。虽然该报告指标体系具有一定的前瞻性，但该报告每五年才发布一次，其数据发布周期过长导致该研究无法及时有效地反映要素流动和改变实况，缺乏时效性（石楠、崔岩，2019）。三是由科尼尔发布的全球城市指数排名构建的城市营商环境评价体系。该研究从市场活跃度、创新水平、幸福程度和行政管理 4 个方面构建指数，其指标体系由 23 个二级指标组成，对全球 45 个国家的 100 个大城市进行营商环境综合排名。该研究虽具有一定的参考价值，但其研究目的主要是为全球的商业领袖提供投资环境现状调查报告，仅选取全球前 100 个大城市作为样本，比如，虽然中国有 20 个城市上榜，但西部的甘肃、新疆等省份的城市均不在考察之列，故该研究并不够全面。

国内有关营商环境评价体系的研究主要从投资环境、税务成本、创新环境等方面展开，建立指标体系并揭示营商环境的现状。目前，国内营商环境的指标评价研究主要有两类。一类是基于城市层面营商环境的研究，该类研究比较细致，多基于微观企业数据展开分析，但仅停留在城市层面，无法对省级地区宏观整体提出意见和建议。比如，由粤港澳大湾区研究院发布的《中国城市营商环境评价报告》基于投资软环境、市场、营商成本、生态文明、社会服

[①] 世界银行课题研究小组将营商环境定义成一个经济体内的企业主体在开办企业、金融信贷、保护投资者、纳税等覆盖企业整个经济周期的重要领域需要花费的时间和成本的总和。

务环境、基础设施等指标，得出了"深圳全国营商环境排名第一，杭州、南京等城市不输一线城市"的结论；李志军主编的《中国城市营商环境评价》从政府效率、人力资源、金融服务、公共服务、市场环境和创新领域等方面构建了指标体系，结果发现，中国各城市营商环境均有不同程度的改善，政府效率、基础设施等营商环境在不断优化，但城市间营商环境差距明显。另一类是基于省域层面实证测度地区营商环境的研究，该类研究对宏观整体有所把握，但其考察的年份较短，无法进行时序比较。比如，邓宏兵（2007）采用1997和2004两年的数据作断面分析，构建了包含区位优势、经济社会发展环境和基础设施的评价体系，并发现，经济环境和社会环境是制约营商环境改善的最重要因素；王小鲁等（2017）的指标体系基于2015—2016年的调查数据，从政策环境、行政效率、法治环境、金融环境、人力资本质量、市场化程度、中介组织发育等方面选取一级指标，结果发现，中国营商环境在各方面均有提高，但不正当的行政干预和过高的税费不利于营商环境的改善。

　　基于此，本书借鉴国内外学者的方法，在以下方面做出拓展。一是突出强调时间上的连贯性。本书选取2000—2017年①的地区宏观数据，测度中国加入世贸组织之后的营商环境时序变化状况。二是基于省级层面的面板数据测度中国地区层面的营商环境状况。本书收集了《中国统计年鉴》中的分省数据，以省级地区为基本单位进行实证研究，进而补充国内外有关省域营商环境得分评价研究的不足。

3.2　指标体系的构建和确定

　　为了揭示中国各省级地区民营企业营商环境的时序变化和空间差异，本书立足于国内外相关研究设计营商环境指标体系的原则和方法，对中国大陆30个省级行政区②的营商环境进行评价和排名。

3.2.1　指标体系构建原则

　　在构建营商环境指标体系时，本书遵循以下原则：一是综合性原则。为全

---

　　①　采用2000—2017年宏观数据的原因是数据的可得性，撰稿时只能获得2018年的各类统计年鉴，故数据截至2017年。

　　②　西藏由于数据缺失严重，未参与评比；台湾、香港和澳门地区由于数据与大陆内地不具有可比性，也不参与评比。

面反映各省的营商环境状况,本书从影响民营企业的制度性交易成本角度选取地区宏观指标,并保证整体的评价效果大于单一指标的评价效果,进而确保整体指标的有效性。二是可追溯性原则。为了准确反映地区营商环境的时序变化特征,本书指标所选用的变量含义清晰、指向明确,且兼顾了可实现性、时效性、可比性等特征。三是典型相关性。为了突出和强调民企营商环境的含义,本书从法治化、市场化、金融、基础设施、政务等方面选取能突出反映影响民企制度性交易成本的因素。

3.2.2 指标体系设计

本书参考前文所述的多份国内外知名报告,并考虑制度性交易成本视角下民企营商环境的决定因素以及指标体系构建原则,再结合中国地区宏观数据的可得性,提出衡量中国各省营商环境的评价指标体系。具体包括法治化程度、市场化程度、融资环境、基础设施建设、政务环境及税务环境等 6 个方面指数,下设 28 个基础指数,30 个基础指标,其中正向指标 21 个,负向指标 9 个,具体见表 3.1。但在具体资料的收集过程中发现,存在个别变量数据短缺严重或不可得的情况,故本书不得不舍弃了表 3.1 中的部分指标,最终基于表 3.2 形成营商环境评价指标体系①。

表 3.1 营商环境评价体系 I

方面指数	基础指数	基础指标	指标属性	
			正指标	负指标
法治化营商环境指标体系	律师数量	每万人中律师的数量	√	
	治理环境	刑事犯罪案件数		√
		交通事故数与地区人口之比		√
	创新保护度	每千人专利数	√	
	法院结案率	法院结案率	√	

---

① 具体替换与舍弃的原因详见下文指标说明部分。

表3.1(续)

方面指数	基础指数	基础指标	指标属性	
			正指标	负指标
市场化营商环境指标体系	非国有经济投资	非国有经济投资与总固定资产投资之比	√	
	私营经济职工数	私企职工数与总职工数之比	√	
	对外开放	直接利用外资额与GDP之比	√	
	政府财政效率	单位GDP的财政支出		√
	政府规模	党政机关职工数与就业人数之比		√
金融营商环境指标体系	非国有企业贷款占比	非国有经济贷款与GDP之比	√	
	企业融资成本	净利差		√
	商业银行网点数	商业银行网点数	√	
	金融机构职工数	金融业职工数与就业职工总数之比	√	
	资本化率	上市公司市值与GDP之比	√	
基础设施营商环境指标体系	用能成本	地区水电燃气消费价格指数与全国水电燃气消费价格指数之比		√
	信息便利度	人均移动电话用户数	√	
	公共交通便利度	公路里程数与区域地理面积之比	√	
	阅读便利度	每百人公共图书馆藏书量	√	
	公共教育	教育支出与财政支出之比	√	
	医疗卫生	每万人拥有的医疗卫生机构数	√	

方面指数	基础指数	基础指标	指标属性	
			正指标	负指标
政务营商环境指标体系	政务廉洁度	政务廉洁指数	√	
	政策透明度	政府信息披露程度	√	
	政府服务供给	一般公共服务支出与财政支出之比	√	
	社会公平	企业职工基本养老保险覆盖	√	
		企业职工医疗保险覆盖	√	
税务营商环境指标体系	纳税次数	支付税费的次数		√
	税收优惠	税收优惠主动核查与提示	√	
	纳税时间	税费准备、申报及缴纳的时间		√
	私企税负	私企税收总额与户数之比		√

表 3.2　营商环境评价体系 Ⅱ

方面指数	基础指数	基础指标	指标属性	
			正指标	负指标
法治化营商环境指标体系	律师数量	每万人中律师的数量	√	
	治理环境	检察机关立案侦查职务犯罪人数与政府公职人员之比	√	
		交通事故数与地区人口之比		√
	创新保护程度	每千人专利数	√	
	法院结案率	法院结案率	√	

表3.2(续)

方面指数	基础指数	基础指标	指标属性	
			正指标	负指标
市场化营商环境指标体系	非国有经济投资	非国有经济投资与总固定资产投资之比	√	
	私营经济职工数	私企职工数与总职工数之比	√	
	对外开放	直接利用外资额与GDP之比	√	
	政府财政效率	单位GDP的财政支出		√
	政府规模	政府公职人员与就业人数之比		√
金融营商环境指标体系	非国有企业贷款	非国有经济贷款与GDP之比	√	
	金融机构职工数	金融业职工数与就业职工总数之比	√	
	资本化率	上市公司市值与GDP之比	√	
基础设施营商环境指标体系	用能成本	地区水电燃气消费价格指数与全国水电燃气消费价格指数之比		√
	信息便利度	人均移动电话用户数	√	
	公共交通便利度	公路里程数与区域地理面积之比	√	
	阅读便利度	每万人公共图书馆量	√	
	公共教育	教育支出与财政支出之比	√	
	医疗卫生	医疗支出与GDP之比	√	
政务营商环境指标体系	政府服务供给	一般公共服务支出与财政支出之比	√	
	社会公平	企业职工基本养老保险覆盖	√	
		企业职工医疗保险覆盖	√	
	私企税负	私企税收总额与户数之比		√

3.2.3 分指标选取说明

营商环境评价指标体系是一个复杂的体系，具有一定的科学性和系统性。本节拟对上表中的各基础指数和指标进行详尽说明和描述，包括指标选取的原因、数据来源、数据处理方法等。

1. 法治化营商环境指标体系

习近平总书记曾指出"法治是最好的营商环境"，完善法治化建设是优化营商环境的关键。已有研究还表明，完善地区法治化建设有利于政府为民营企业提供良好的市场规则和制度保障（张效羽，2018）。本书拟使用律师数量、治理环境、创新保护程度、结案率等指标综合评价地区民营企业法治化营商环境（以下简称"法治化营商环境"）。律师人数、各省年末总人口数据来源于各省《统计年鉴》；由于河北、甘肃等地区缺失律师数量指标的部分年份数值，本书采用线型插值法对缺漏值进行填补。职务犯罪检察机关立案件数来源于《中国检察年鉴》，政府公职人员数量来源于《中国劳动年鉴》，交通事故数来源于《中国法律年鉴》，三项专利的授予量和各省年末总人口数据来源于《中国统计年鉴》，结案率数据来源于《中国法律年鉴》。

2. 市场化营商环境指标体系

市场化营商环境建设的主要目的是提高资源配置效率，发挥市场的作用。资源的市场化流动是资源配置效率改善的前提，没有资源的自由流动就不可能发生资源配置的结构性优化（王珺，2018）。与国有经济相比，非国有经济主要依靠市场进行生产，故拥有更高的流动性，在国民经济中非国有部分占比越高，则市场化营商环境建设越完善。本书主要从市场和政府两个方面来构建市场化营商环境指标体系，使用非国有经济投资、私营经济职工数、对外开放、政府财政效率、政府规模等指标综合评价地区民营企业市场化营商环境状况（以下简称"市场化营商环境"）。非国有经济固定投资和地区固定投资的数据来自各省《统计年鉴》，私企职工数和总职工数来源于各省《统计年鉴》，外商直接投资和GDP数据来源于各省《统计年鉴》，财政支出和GDP数据来源于各省《统计年鉴》，政府公职人员数据来自《中国劳动年鉴》。

3. 金融营商环境指标体系

尽管民企健康发展有利于地区技术进步和经济增长，但民营企业长期受金融营商环境差、融资手段少、融资成本高等问题的困扰，因此优化金融营商环境的主要目标就是降低民营企业获得融资的难度和成本，发挥金融市场高效配置资源的功能。本书使用非国有企业贷款、金融机构职工数、资本化率等指标综合评价地区民营企业金融营商环境（以下简称"金融营商环境"），进而最大限度地测度出各地区金融营商环境的真实状况。本书通过各省《统计年鉴》搜集总贷款、国企固定投资及总投资的数据，并参考邵传林（2014）和姚耀军（2012）的思路估算各省非国有企业贷款数据；金融机构职工数与各省职工总数的数据来自《中国劳动年鉴》，资本化率数据来源于国泰安数据库。

4. 基础设施营商环境指标体系

基础设施建设主要包括交通运输建设、医疗卫生、公共教育、基础资源供应等方面。交通基础设施的改善能够提高生产要素的流动性，解决企业投资决策过程中因空间和距离产生的信息不对称问题（文雯 等，2019）；良好的医疗和教育有助于吸引优质的生产要素向省内流动，改变省内要素构成；基础资源价格如水、电和燃气价格的下降，能降低企业用能成本、提高利润率。故本书基于用能成本、信息便利度、公共交通便利度、阅读便利度、公共教育、医疗卫生等指标综合评价地区基础设施营商环境（以下简称"基础设施营商环境"）。本指标数据主要来源于各省《统计年鉴》。

5. 政务营商环境指标体系

优化政务营商环境有助于规范政商关系，提升区域经济发展质量。为适应产业结构升级和绿色可持续发展的要求，各地区需要从政府、企业等多方面着手改善政务营商环境（彭向刚、马冉，2018）。政务环境是营商环境的一个重要组成部分，包括政务廉洁、政策透明度、政府服务支出、私营企业赋税和社会公平五个方面，其中税务是影响政务保障的最重要因素之一。由于政务廉洁度、政策透明度的数据难以获取，本书最终使用、政府服务供给、社会公平、私企税负等指标综合评价地区政务营商环境（以下简称"政务营商环境"）。本指标体系数据来源于各省《统计年鉴》，社会公平指标数据来源于《中国劳动年鉴》，私企税负指标数据来源于《中国税务年鉴》。

3.2.4 指标编制

3.2.4.1 对指标的标准化处理

在本书的数据处理过程中，为了剔除量纲、量级的影响，提高年度间的可比性，笔者参考王小鲁 等（2017）的计算方法对23个基础指标进行了处理，具体计算方法和公式如下：

本书将基期年份设定为2000年，并对基期指标数据进行如下处理，具体计算公式按指标与营商环境关系（正向/负向）不同，分以下两种：

$$正向指标：第 i 个指数 = \frac{V_i - V_{min}}{V_{max} - V_{min}}$$

负向指标：第 i 个指数 $= \dfrac{V_{\max} - V_i}{V_{\max} - V_{\min}}$

其中，V_i 是某省第 i 个指标的原始数据，$V_{\max}$ 是所有 30 个省级单位与 i 对应的原始数据中数值最大的一个，$V_{\min}$ 是数值最小的一个。

为了考察营商环境时序上的变化，本书对非基期的数据采用下面的公式进行处理，进而得到可进行纵向比较的指数以反映营商环境的时序变化。

正向指标：t 年第 i 个指数 $= \dfrac{V_i - V_{\max(0)}}{V_{\max(0)} - V_{\min(0)}}$

负向指标：t 年第 i 个指数 $= \dfrac{V_{\max(0)} - V_i}{V_{\max(0)} - V_{\min(0)}}$

其中，t 表示所计算的年份，脚标（0）代表基期年份。

3.2.4.2　基础指标与方面指标的权重确定

营商环境是影响企业经营的各因素的综合，本书测度营商环境的指标包括法治化进展、市场化进程、融资难易度、基础设施建设状况、政务环境等多项分指标体系，故需要确定各指标对营商环境的影响程度。在已有研究中，确定各因素影响权重的方法主要有层次分析法、主成分分析法和因子分析法。其中，层次分析法须主观赋予各指标权重，但主观性赋值使该方法不能客观反映数据间的关系；主成分分析法和因子分析法都是根据数据特征赋予权重，整个过程具有客观性，但考虑到营商环境指标体系由多个方面指标构成，目前只有主成分分析法能准确刻画各分指标的发展情况，并且其构成的权重能客观体现各指标的贡献（钞小静、任保平，2011），故本书使用主成分分析法合成指标并确定各指标的权重。

本书在主成分分析的过程中，用第一主成分系数除以其相应的特征根开根后所得到的单位特征向量作为基础指标的权重，进而用于计算各方面指数，最后基于各方面指数计算营商环境总指标（见表 3.3）。据表 3.3 可知，在整个评价体系中，创新保护程度的权重最大，为 0.562 5，这表明对技术和知识产权的保护是 2000—2017 年营商环境优化的一个重要原因；企业职工基本养老保险覆盖率和医疗保险覆盖率的权重分别为 0.524 8 和 0.507 5，其对地区营商环境的影响贡献仅次于创新保护程度，这说明政府基本保障制度的完善也是营商环境改善的重要方面；据表 3.3 可知，私营企业税负权重最低为 −0.312 3，这说明政府对私营企业征税较重是营商环境优化改进的最大阻力。

表 3.3　第一主成分系数及其权重

基础变量	第一主成分系数	权重	基础变量	第一主成分系数	权重
律师数量	0.262 3	0.406 3	金融机构职工比重	0.263 9	0.408 8
治理环境	-0.107 1	-0.165 9	用能成本	0.131 1	0.203 1
创新保护程度	0.363 1	0.562 5	信息便利度	0.319 5	0.494 9
交通事故数	-0.153	-0.237 0	公共交通便利度	0.152	0.235 4
法院结案率	0.099 5	0.154 1	阅读便利度	-0.111	-0.171 9
非国有经济占比	0.057 9	0.089 7	公共教育	-0.053 5	-0.082 8
私营经济职工数	0.293 8	0.455 1	医疗卫生	-0.029 2	-0.045 2
对外开放程度	0.232 6	0.360 3	政府服务供给	-0.130 4	-0.202 0
政府财政效率	0.108 7	0.168 4	私企税负	-0.201 6	-0.312 3
政府规模	-0.018 7	-0.028 9	企业职工基本养老保险覆盖率	0.338 8	0.524 8
非国有企业贷款	0.227 2	0.351 9	企业职工医疗保险覆盖率	0.327 6	0.507 5
资本化率	0.197 9	0.306 6	—		

3.3　全国民营企业营商环境的进展

　　近二十年来中国民营企业营商环境（以下简称"中国营商环境"）建设取得了实质性的进展，2017 年中国营商环境的总体评分比 2000 年高 2.356 分，该变化趋势在世界银行报告和王小鲁 等（2017）的报告中均有印证①。值得关注的是，在 2014 年之后，民营企业营商环境虽呈上升之势，但营商环境的改变幅度明显变小，中国步入"新常态"高质量发展阶段。

　　图 3.1 是中国营商环境指数走势图，据该图可知，中国营商环境总体评分在 2000—2017 年间呈现波动上升趋势，除政务营商环境指标之外，各方面指

---

　　① 在世界银行营商环境评价体系中，中国 2016—2017 营商环境得分增加 8.64 分，世界排名第 46 名，与 2007 年 108 名相比有了长足进步；根据王小鲁等人的评价体系，中国营商环境总指数得分从 2006 年的 2.88 上升到 2016 年的 3.56，也有显著提升。

标和总指标的变化趋势基本呈现出相同趋势，这表明中国营商环境在法治化、市场化、融资环境及基础设施建设等方面成绩斐然。2000—2017 年法治化、市场化、基础设施营商环境评分虽有小幅波动，但整体呈稳定上升趋势，这说明在这 17 年间中国在推进法治化建设、社会主义市场化建设和基础设施建设方面均保持良好态势，但需要特别指出的是，这并不说明中国法治化、市场化及基础设施建设均达到最好状态①；在 2000—2017 年政务营商环境指标评分呈下降趋势，这是因为私营企业税收是影响政务营商环境评分的主要因素，国内民营企业发展较快，带来了民企数量、规模和盈利的增加，也带来了企业赋税绝对值的增加，这反映在数据中表现为政府税收增加、企业缴税压力上升，并最终导致政务营商环境评分下降，2011—2012 年该分指标评分有所回升，推测其原因，可能是国家减税政策推行所致，从 2012 年开始推行"营改增"降税政策以及之后的"放管服"改革均在一定程度上降低了民企税费成本，进而促使政务营商环境评分上升。此外，在王小鲁 等（2017）的报告中，全国法定税务得分从 2012 年的 2.13 上升到 2016 年的 3.30，也表明这段时间中国政务营商环境有改善。

值得注意的是中国营商环境评分在 2007 年出现了小幅下降，对分指标做进一步的分析可知，这是由于金融营商环境分指标评分下降所致②。金融营商环境产生波动的原因可能是，2008 年美国次贷危机从贸易和金融两个途径影响了中国实体经济发展和金融生态环境建设（颜海明、戴国强，2015），即出口贸易和信贷业务的萎缩导致中国整体经济下行，致使大陆金融业放款更谨慎，民营企业贷款成本上升，进而造成金融营商环境评分下降。另外，据图3.1 可知，金融方面指标在 2012—2013 期间得分下降，探究其原因可能是，2008 年以后，中央政府实施扩张性财政和货币政策对民营企业投资产生了挤出效应，即政府大规模增加投资和超发货币对金融市场产生了不利影响，进而影响了地区金融营商环境。

---

① 尽管中国在世界银行发布的营商环境排名 46 名，但与世界前列的新加坡、美国、英国等发达经济体相比存在很大差距。

② 2007 年，金融营商环境分指标得分值下降了 0.143。

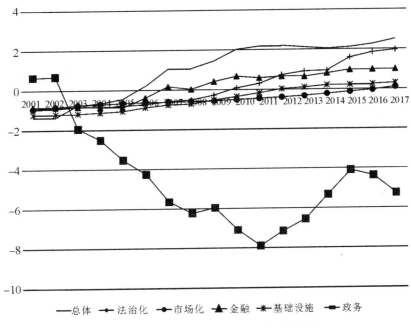

图 3.1 2000—2017 年中国营商环境指数走势

3.4 中国各省份①民营企业营商环境的排序和进展

3.4.1 各省份营商环境的进展与比较

中国各省份营商环境总指标得分变化和全国营商环境得分变化趋势基本相同，其中北京市的得分值较其他省级地区变化更大，反映了北京在 2000—2017 年营商环境改善程度最大。表 3.4 给出了中国各省级地区主要年份营商环境总指标得分排名。由表 3.4 可知，2000—2017 年，大部分地区的营商环境排名没有太大波动，且常年排名前十的有北京、上海、天津、浙江、江苏和福建这六个省（市），在王小鲁等人的《中国分省企业经营环境指数 2017 年报

---

① 本书中"省份"包括省、直辖市、自治区在内的省级地区。

告》中①，这几个地区的营商环境排名同样靠前。此外，还有几点值得注意：广西壮族自治区的排名由 2000 年的第 15 名下降到 2017 年的第 27 名；四川和安徽虽然最终名次变化不大，但其排名的起伏波动较大；贵州、江西和内蒙古分别由第 30、24、21 名上升为第 23、16、15 名，均有较大进步；重庆的全国排名由第 14 名上升到第 7 名，其营商环境得分变化量的绝对值为 1.36，这表明重庆营商环境得分上升明显，且是唯一一个在 2017 年营商环境排名推进前十的西部省市。

表 3.4　中国各省份主要年份营商环境总指标得分排名

省份	2000	2004	2008	2012	2013	2014	2015	2016	2017
北京	2	2	2	1	1	1	1	1	1
天津	3	3	3	5	4	4	4	4	4
河北	20	20	17	24	24	24	24	24	25
山西	16	14	15	21	17	14	18	18	22
内蒙古	21	24	14	14	14	20	22	21	15
辽宁	7	6	7	7	7	7	9	10	8
吉林	13	12	11	18	18	16	15	12	19
黑龙江	11	9	13	12	13	13	13	13	13
上海	1	1	1	2	2	2	2	2	2
江苏	9	7	6	4	5	5	5	6	6
浙江	5	5	4	3	3	3	3	3	3
安徽	10	26	24	15	12	12	12	11	11
福建	12	8	8	9	9	9	10	8	9
江西	24	22	23	22	22	21	23	16	16
山东	17	10	10	11	11	11	11	14	14
河南	23	28	27	28	27	26	25	26	26
湖北	18	17	21	19	20	23	21	17	17

①　该报告给出了 2010 年、2012 年和 2016 年的排名，北京分别排第 5、3、4 名，天津分别排第 3、1、5 名，上海分别排第 1、2、1 名，浙江分别排第 4、4、2 名，福建分别排第 9、12、6，广东分别排第 8、11、10 名，福建分别排在 9、12、6 名，重庆分别排在第 11、6、3 名，与本书的排名略有不同，但排在全国前十的省市是基本一致的。

表3.4(续)

省份	2000	2004	2008	2012	2013	2014	2015	2016	2017
湖南	25	21	19	17	21	19	20	23	20
广东	4	4	5	6	6	6	6	5	5
广西	15	18	25	27	28	27	26	28	27
海南	6	13	12	10	10	10	8	9	10
重庆	14	11	9	8	8	8	7	7	7
四川	26	27	22	20	19	18	17	22	24
贵州	30	30	30	30	29	29	30	25	23
云南	28	25	26	26	26	25	27	30	30
陕西	22	19	20	23	23	22	19	20	21
甘肃	29	29	29	29	30	30	29	29	29
青海	27	23	28	25	25	28	28	27	28
宁夏	8	15	18	13	15	15	14	15	12
新疆	19	16	16	16	16	17	16	19	18

注：限于篇幅，仅列示了部分年份。

3.4.2 各省份分指数营商环境的进展与比较

为了详细揭示中国各省份营商环境进展情况，本小节给出各省份营商环境分指数排名和得分变化情况，并选择其中有代表性的省份进行比较说明。

3.4.2.1 法治化营商环境的进展与比较

表3.5给出了中国省级法治化营商环境指标得分的排名。据表3.5可知，北京、天津、上海、江苏、浙江、福建、广东、海南和重庆八个省份长期处于全国排名前10的位次，其中东部省份占7个，西部省份占1个，这反映出相比其他地区，东部地区法治化建设处于领先状态；2000—2017年，安徽和贵州法治化营商环境得分变化绝对值分别为5.48和0.96，致使两个省的排名分别由2000年的第23位和第29位，上升到2017年全国第8位和第9位，这表明这两个省法治化营商环境建设进步较大；江西、湖北和湖南分别由2000年的第22、19、30名上升到2017年的第13、16、17名，也有较大进步，但这三省在17年间排名变化起伏波动较大，其排名不稳定；内蒙古排名由2000年的第9名下滑到2017年的第25名，其法治化营商环境的排名较靠后；新疆、宁

夏这两个西部地区法治化建设排名一直处在第 10 名左右的位次，波动不大。此外，东北三省的营商环境得分排名略微下降，但其排名下降并不意味着法治化营商环境在恶化，只是表明与其他地区相比，东北地区营商环境建设进展较慢。

表 3.5　中国各省份主要年份法治化营商环境得分排名

省份	2000	2004	2008	2012	2013	2014	2015	2016	2017
北京	1	2	1	1	2	1	1	1	1
天津	4	5	5	5	3	3	3	3	3
河北	24	29	23	23	23	24	18	20	26
山西	17	17	25	19	19	14	22	23	21
内蒙古	9	12	12	17	14	28	25	27	25
辽宁	18	14	17	25	25	17	24	25	23
吉林	25	21	20	30	30	30	30	26	29
黑龙江	27	23	27	22	27	25	23	22	27
上海	2	1	2	4	4	4	4	4	4
江苏	12	10	6	3	5	5	5	8	7
浙江	3	4	3	2	1	2	2	2	2
安徽	23	26	24	8	7	7	7	6	8
福建	8	6	7	7	8	8	10	5	6
江西	22	25	18	24	22	23	26	18	13
山东	14	9	9	11	10	10	12	13	14
河南	28	28	21	29	26	22	19	28	24
湖北	19	22	26	20	21	26	29	16	16
湖南	30	27	16	9	13	13	15	15	17
广东	5	3	4	6	6	6	6	7	5
广西	20	24	30	28	29	29	27	30	28
海南	11	13	22	16	11	11	11	12	11
重庆	7	11	11	10	9	9	8	9	10
四川	26	20	13	18	15	15	16	19	18

表3.5(续)

省份	2000	2004	2008	2012	2013	2014	2015	2016	2017
贵州	29	30	29	26	24	27	28	10	9
云南	21	16	28	27	28	20	21	29	30
陕西	15	15	15	13	16	18	14	14	19
甘肃	13	19	14	21	20	21	20	24	22
青海	16	18	10	14	17	16	17	21	20
宁夏	6	7	19	15	18	19	13	17	12
新疆	10	8	8	12	12	12	9	11	15

3.4.2.2 市场化营商环境的进展与比较

表3.6给出了中国各省份主要年份市场化营商环境指标的排名。据表3.6可知，上海、广东、江苏、山东、河南和福建长期处于领先地位，除了河南属于中部地区以外，其他皆在东部地区，反映出东部地区的市场化水平领先于其他地区；北京市场化营商环境建设在2016年以前一直处于中游水平，但到了2017年其全国排名第4，实现了排名的飞跃①；安徽、江西从2000年全国排名第20、19名分别上升到2017年的第10、5名，排名进步很大，且达到中国前列之后这两省名次较稳定，说明这两个省份市场化建设取得了瞩目成效；2000—2017年，浙江、海南和四川这三省市场化营商环境分别从第6、2、12名跌落至第14、12、21名，下降幅度较大，查找这几个省份具体得分可知，浙江和海南两省评分一直稳定增加，其落后的原因是其他地区市场化速度快于这两个省，导致这两省的排名相对落后，四川省评分在2015—2017年出现了下降态势，是市场化程度下降导致了四川省排名的滑落。

表3.6 中国各省份主要年份市场化营商环境得分排名

省份	2000	2004	2008	2012	2013	2014	2015	2016	2017
北京	17	10	18	20	20	19	18	16	4
天津	7	18	3	3	2	1	1	2	1
河北	9	9	12	11	9	13	13	13	13

---

① 通过查找北京营商环境得分变化可发现，北京市2016—2017得分变化绝对值为0.37，即其市场化营商环境改善幅度相对较大。

省份	2000	2004	2008	2012	2013	2014	2015	2016	2017
山西	20	21	23	26	23	21	21	20	19
内蒙古	23	26	24	24	25	25	22	23	22
辽宁	10	7	7	2	3	2	15	19	16
吉林	18	20	17	13	15	15	12	7	20
黑龙江	16	19	20	19	18	18	19	17	17
上海	5	5	9	6	4	3	2	1	3
江苏	3	1	1	1	1	4	3	3	2
浙江	6	3	5	8	10	9	11	14	14
安徽	21	14	10	14	12	8	6	5	10
福建	4	2	2	9	11	11	9	10	7
江西	19	8	13	10	8	12	8	6	5
山东	8	4	8	4	5	5	5	9	8
河南	13	13	11	5	6	6	4	4	6
湖北	15	11	16	15	14	14	14	15	15
湖南	14	15	15	16	17	16	17	18	18
广东	1	6	4	7	7	7	7	11	9
广西	27	27	25	22	24	24	23	24	25
海南	2	17	6	17	16	17	16	12	12
重庆	11	12	14	12	13	10	10	8	11
四川	12	16	19	18	19	20	20	21	21
贵州	26	28	26	27	27	26	26	25	24
云南	29	24	22	21	21	23	25	27	27
陕西	22	22	21	23	22	22	24	22	23
甘肃	28	29	30	28	28	28	28	28	28
青海	30	25	27	30	30	30	30	30	30
宁夏	25	23	28	25	26	27	27	26	26
新疆	24	30	29	29	29	29	29	29	29

3.4.2.3　金融营商环境的进展与比较

表 3.7 给出了中国各省份主要年份金融营商环境指标的排名。据表 3.7 可知，北京、天津、辽宁、上海、广东及海南一直处于全国前十[①]，除辽宁以外全部隶属于东部地区，这表明东部地区民营企业在金融市场具有较强的融资能力；值得强调的是，浙江是金融营商环境建设进程较快的省份，早在 2004 年就进入全国前十，之后稳定在前十之列；吉林省和安徽省分别从第 5、8 名跌落至第 23、26 名，跌幅较大；同样是东北地区，相比于黑龙江和辽宁省，吉林省金融营商环境得分排名跌幅较大，其分值在 2000—2017 年基本处于停滞状态，这说明吉林省还须在金融营商环境建设方面进行改进，改善民营企业融资环境。

表 3.7　中国各省份主要年份金融营商环境得分排名

省份	2000	2004	2008	2012	2013	2014	2015	2016	2017
北京	2	1	1	1	1	1	1	1	1
天津	13	4	4	5	5	7	6	4	4
河北	30	26	23	23	22	22	23	22	19
山西	11	8	10	12	11	10	9	10	10
内蒙古	17	18	22	25	26	26	26	26	18
辽宁	10	6	7	11	12	12	10	7	6
吉林	5	10	17	21	21	21	22	23	23
黑龙江	15	17	27	24	24	23	20	16	15
上海	1	2	2	2	2	2	2	2	2
江苏	29	19	16	17	17	18	19	20	20
浙江	21	9	3	3	3	3	4	8	8
安徽	8	28	24	22	23	24	24	24	26
福建	25	24	15	16	15	14	15	14	17
江西	24	27	28	27	25	25	25	25	25
山东	27	25	26	26	27	27	28	28	28
河南	26	29	30	30	30	30	30	30	30

---

　　① 在王小鲁等人的《中国分省企业经营环境指数 2017 年报告》中，北京、辽宁、上海、海南营商环境的排名分别为第 6、2、9、5 名，这与本书基本相同。

表3.7(续)

省份	2000	2004	2008	2012	2013	2014	2015	2016	2017
湖北	20	22	25	28	28	28	27	27	27
湖南	28	30	29	29	29	29	29	29	29
广东	7	5	9	9	10	11	12	11	11
广西	6	12	11	13	14	15	16	17	14
海南	3	13	14	10	9	8	7	6	7
重庆	18	15	8	8	8	9	11	13	12
四川	19	20	21	19	19	19	21	21	24
贵州	22	21	19	18	18	17	17	15	16
云南	23	23	13	14	16	16	14	18	22
陕西	14	14	20	20	20	20	18	19	21
甘肃	16	16	6	4	4	4	3	3	3
青海	9	11	12	7	7	6	5	5	5
宁夏	4	3	5	6	6	5	8	9	9
新疆	12	7	18	15	13	13	13	12	13

3.4.2.4 基础设施营商环境的进展与比较

表3.8给出了中国各省份主要年份基础设施营商环境指标的排名。通过对具体得分进行比较可发现，各省基础设施营商环境得分均处于平稳上升阶段；北京、黑龙江、上海、江苏、浙江、安徽、湖南、广东、海南和重庆这十个省（市）长期处于全国前十[①]，其中上海在整个样本期间均排名第一，这反映出东部地区在基础设施营商环境建设方面占据优势，但中西部地区也有改进；在2000—2017年间进步较大的省份有江苏和海南，其排名分别由第15、26名上升到第4、6名；期间河北省排名从13名跌落至25名，跌幅较大，说明河北省基础设施营商环境建设方面尽管也在进步，但发展速度落后于其他省份；山东省营商环境评分在2000—2012年变化幅度也较大，整体呈下降态势。

---

① 在王小鲁等人的《中国分省企业经营环境指数2017年报告》中，北京、上海、福建、广东和重庆的基础设施建设状况排名分别为第5、1、6、6、2名，其中福建和广东省得分相同，这再次印证了本研究的稳健性。

表 3.8 中国各省份主要年份基础设施营商环境得分排名

省份	2000	2004	2008	2012	2013	2014	2015	2016	2017
北京	20	14	9	5	5	5	5	5	5
天津	3	9	10	9	9	8	11	13	14
河北	13	15	20	26	26	26	26	24	25
山西	14	23	23	20	19	19	19	19	20
内蒙古	24	24	27	28	28	28	28	28	28
辽宁	19	18	21	19	21	21	21	21	21
吉林	17	26	25	23	23	23	23	23	23
黑龙江	8	7	6	7	6	6	7	10	11
上海	1	1	1	1	1	1	1	1	1
江苏	15	4	5	4	4	4	4	4	4
浙江	10	3	3	2	2	2	2	2	2
安徽	4	10	22	11	10	11	10	8	10
福建	22	19	12	6	7	16	16	17	17
江西	18	22	19	14	13	22	22	22	22
山东	5	20	7	15	15	12	13	12	12
河南	11	17	8	18	17	15	15	18	18
湖北	9	11	13	17	18	17	17	15	15
湖南	2	5	18	10	12	10	9	9	9
广东	12	2	2	3	3	3	3	3	3
广西	16	12	15	21	20	18	18	16	16
海南	26	13	14	8	8	7	6	6	6
重庆	7	8	4	16	11	9	8	7	7
四川	29	27	24	24	25	25	24	25	24
贵州	23	16	17	22	22	20	20	20	19
云南	6	6	11	12	14	13	12	11	8
陕西	21	21	16	13	16	14	14	14	13
甘肃	25	28	29	30	30	30	30	30	30

表3.8(续)

省份	2000	2004	2008	2012	2013	2014	2015	2016	2017
青海	30	29	30	29	29	29	29	29	29
宁夏	27	25	26	27	27	27	27	27	27
新疆	28	30	28	25	24	24	25	26	26

3.4.2.5 政务营商环境的进展与比较

表3.9给出了中国各省份主要年份政务营商环境指标的排名。据表3.9可知,北京、天津、上海、江苏、浙江、广东以及东北三省政务营商环境长期处于全国前列,这可能是因为东部和东北地区长期享受国家减税政策优先试点权,其整体政务环境建设要好于中西部地区;在其余地区中,进步比较快的有内蒙古和重庆,在2000—2017年,这两个地区的排名分别从第30、19名上升到第5、8名,原本处在政务营商环境排名的中下游水平,目前已上升到前十,进步卓越;还需要特别注意的是,河南和海南省分别从2000年的第17、8名跌落至2017年的第29、21名,跌幅较大,需谨慎对待。

表3.9 中国各省份主要年份政务营商环境得分排名

省份	2000	2004	2008	2012	2013	2014	2015	2016	2017
北京	2	2	2	2	2	2	2	2	2
天津	3	3	3	3	3	3	3	3	3
河北	12	12	11	15	17	20	20	21	23
山西	14	8	12	22	20	16	17	20	22
内蒙古	30	30	7	7	9	9	12	8	5
辽宁	4	4	4	4	4	5	6	6	6
吉林	11	10	9	11	10	12	10	9	13
黑龙江	10	9	10	12	11	11	8	12	10
上海	1	1	1	1	1	1	1	1	1
江苏	7	5	5	6	6	6	5	5	7
浙江	6	6	6	5	5	4	4	4	4
安徽	24	22	21	20	19	17	16	16	16
福建	20	14	18	16	15	14	14	14	14
江西	16	23	23	18	16	18	19	19	17
山东	9	13	16	14	13	15	15	15	15

省份	2000	2004	2008	2012	2013	2014	2015	2016	2017
河南	17	27	30	29	29	28	29	28	28
湖北	18	16	24	23	23	23	21	22	24
湖南	21	15	15	24	25	26	25	24	19
广东	5	7	8	9	8	7	7	7	9
广西	28	21	27	28	28	27	28	29	27
海南	8	19	25	25	24	22	22	23	21
重庆	19	17	20	13	14	13	9	10	8
四川	22	25	19	21	21	19	18	17	20
贵州	27	29	28	30	30	30	30	30	29
云南	25	20	17	19	22	24	26	27	30
陕西	23	24	22	26	26	25	24	25	25
甘肃	29	28	26	27	27	29	27	26	26
青海	26	26	29	17	18	21	23	18	18
宁夏	15	18	14	10	12	10	11	13	12
新疆	13	11	13	8	7	8	13	11	11

3.5 四大区域民营企业营商环境的进展与比较

根据区域经济学的研究，一般将中国内地31个省份分为东、中、西、东北①四大区域。四大区域间推动营商环境优化改革的因素各不相同，东部沿海地区依靠外资、政策和区位优势快速集聚科技、人力和资本，营商环境建设最佳；中西部地区主要依靠资源和能源驱动发展，其营商环境建设相对缓慢；黑、吉、辽三省主要靠重工业和国企驱动发展，但近几年来经济下滑、人才流失严重，完全落后于东部其他地区（王思博 等，2018）。接下来，本书通过前面的测度方法计算四大区域总指标和各方面指标得分变化情况，并横向对比四大区域间营商环境的差距，再从时序上分别考察每个区域营商环境得分的变化趋势。

---

① 东部：北京、天津、河北、海南、上海、江苏、浙江、福建、山东、广东；中部：河南、山西、湖北、湖南、安徽、江西；西部：陕西、甘肃、宁夏、青海、新疆、四川、广西、贵州、云南、重庆、内蒙古；东北：黑龙江、辽宁、吉林。

3.5.1 四大区域间横向比较

图 3.2 为四大区域分指标营商环境评分图。据图 3.2 可知，就总体营商环境评分而言，17 年间，东部地区营商环境建设领跑全国，且东部地区与其他地区间营商环境差距逐步拉大且差距相当显著，推测原因可能是东部地区经济发展水平高于其他三个地区，良好的经济发展水平带动了地区营商环境建设（董志强 等，2012）；中部地区、西部地区和东北地区的营商环境得分相差不多，变化趋势也基本一致，呈现趋同化之势。王小鲁 等（2017）的营商环境报告也得出与本研究相似的结论①。接下来，结合图 3.2，本书分别从五个营商环境分指标层面分析四大区域各分指标的变动趋势。第一，四大区域法治化营商环境均有所上升，东部地区得分遥遥领先，中部、西部和东北地区得分基本相同，这表明，中部、西部、东北这三个地区在法治化营商环境建设方面基本处于相同水平；但相较于西部和东北地区，中部地区营商环境发展更好，在2011 年之后其得分上升速度加快，略微领先于其他两个地区。第二，四大区域市场化营商环境得分变化趋势基本相同，东部领先，其余三个地区差距不大。还有两点需要特别说明：东北地区市场化营商环境曾一度领先于中西部地区，但在 2013 年之后呈下降趋势，被反超；与中部和东北相比，西部地区市场化发展最快，在 2017 年相比于中部和东北已略占领先。第三，金融营商环境依然是东部地区领跑，中部、西部和东北地区金融营商环境建设缓慢，推测原因可能是区位劣势和经济发展滞后限制了地区金融发展。第四，四大区域基础设施营商环境改善幅度均很大，截至 2017 年，东部和东北地区评分略优于中部、西部地区。第五，四大区域政务营商环境的得分变化趋势基本一致，整体呈现下降趋势，但在 2012 年开始上升；其中，东部地区由于民企数量多且规模大，导致民企赋税明显高于其他三个地区，民企税收收入是衡量政务营商环境最重要的逆指标，故东部地区政务营商环境评分要低于其他三个地区。综上所述，四大区域均须从降低交易成本着手，彻底推进"放管服"改革，减轻民企税负；中部、西部和东北这三个地区亟需优化金融营商环境，降低民企融资门槛和成本，搞活地区民营经济；东北地区则还需在市场化和法治化方面加大建设力度，发挥市场在资源配置中的作用，提升政府服务质量和办事效率，减少无效干预。

---

① 据《中国分省企业经营环境指数 2017 年报告》，东部得分 3.68，东北 3.58，中部 3.54，西部 3.46，可见，东部地区领先，其余三个地区得分相差不大。

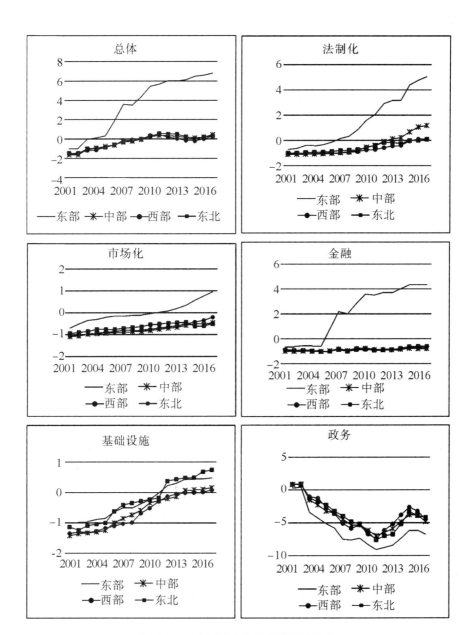

图 3.2　四大区域分指标营商环境评分

3.5.2　四大区域营商环境时序进展与比较

四大区域营商环境不仅存在空间上的差异，还存在时间上的差异。在此需特别说明的是，图 3.3 到图 3.9 中并不包含 2000 年的数据，其原因是在指标标准化过程中本书将 2000 年设为基年，与之后年份使用了不同的计算公式所致，并不具有时序比较之意。

3.5.2.1 东部地区营商环境的进展与比较

东部地区营商环境的进展如图 3.3 所示。就总体营商环境评分而言，2001—2017 年东部地区营商环境整体呈上升趋势，其中，2001—2008 年进步较快，尤其是 2005—2007 年营商环境改善幅度最大，可以看出这段时间的加速是由金融营商环境改善加速所致；2008 年营商环境评分出现下降，主要原因是国内金融业不景气；在 2009 年之后，东部地区营商环境建设进展降速，但仍保持了向上发展的趋势。接下来，结合图 3.3，分别从五个分指标层面分析东部地区营商环境分指标的变动趋势。第一，法治化营商环境建设除了在 2014 年出现停滞之势外，整体保持匀速上升趋势。第二，市场化营商环境建设在 2001—2017 年始终保持增长趋势，这说明东部地区始终注重发挥市场在经济发展中的作用，民营企业所占经济比重不断上升，对外开放程度不断提高，中国特色社会主义市场经济蓬勃发展。第三，金融营商环境在 2001—2005 年发展缓慢，在 2005 年之后高速发展，但在 2008 年之后受国际环境影响呈波动上升之势。第四，基础设施营商环境建设在 2008 年之前一直保持匀速发展，2008 年之后发展速度上升，推测其原因可能是由于扩张性财政和货币政策的实施以及"四万亿投资计划"的启动，即由政府主导的固定资产投资拉动了基础设施营商环境的快速改善；在 2014 年之后，为了适应和消化之前的国有固定资产投资，基础设施建设步入平缓发展期。第五，政务营商环境总体呈下降趋势。据政务营商环境指标体系的权重构成可知，私营企业税收是影响政务营商环境的主要因素，东部地区私营企业纳税能力因其利润增长而上升，这导致企业税费负担上升，进而致使政务营商环境评分下降；在 2012 年之后，政务营商环境评分上升，推测其原因可能是，"营改增""放管服"等改革政策实施带来了制度红利，即政府降税、简化行政审批等改革措施逐渐优化了政务营商环境。综上所述，中国东部地区营商环境建设比较成功，特别是法治化营商环境建设、市场化营商环境建设和基础设施营商环境建设均稳步发展，今后东部地区须在金融营商环境和政务营商环境建设方面有所突破，进而实现营商环境全方位发展。

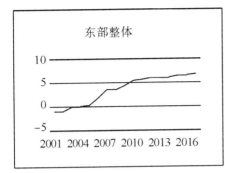

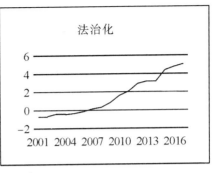

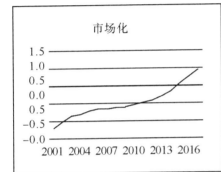

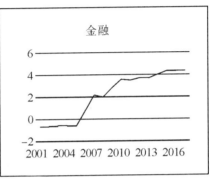

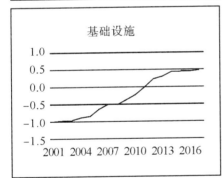

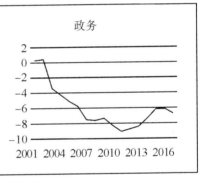

图 3.3　东部地区分指标营商环境评分折线图

3.5.2.2　中部地区营商环境的进展与比较

中部地区营商环境的进展状况如图 3.4 所示。就总体营商环境评分而言，中部地区在 2001—2003 年处在停滞状态，2003—2011 年保持比较平稳的上升趋势，其中市场化建设、融资环境改善和基础设施建设是推进中部地区营商环境优化的主要动力；2007 年以后，金融环境提供的动力基本消失，但法治化营商环境建设迅速发展，成为中部地区营商环境改善的新动力，维持了总体得分的平稳上升；在 2011—2015 年间中部地区营商环境评分呈下降趋势，其原因是基础设施营商环境发展停滞以及政务营商环境评分持续下降；在 2015 年之后，中部地区各省份纷纷出台降低民企经营成本的各类政策，中部地区政务营商环境有所改善，其评分上升，进而带动整体评分恢复上升之势。总之，中部地区总体营商环境评分变化趋势与东部地区基本相同，区别在于中部地区评分在 2011—2015 年间呈下降趋势，而东部地区则一直保持增长态势。接下来，结合图 3.4，分别从五个分指标层面分析中部地区营商环境分指标的变动趋势。第一，中部地区法治化营商环境评分在 2001—2007 年缓慢上升，在 2009 年之后出现大幅度的改善，但在 2014 年同东部地区一样也出现了停滞。第二，中部地区市场化营商环境与东部地区一样始终呈上升趋势。第三，对比东部地区金融营商环境始终呈稳健上升趋势，中部地区金融营商环境建设相对较差，其评分从 2005 年开始上升，但在 2005—2011 年出现 "M 形" 变化，这说明此期间中部地区金融业在国际通缩拉力和国内强刺激政策的双重作用下出现了波动。第四，中部地区基础设施营商环境的变动趋势与东部地区类似，整体呈上升趋势。第五，中部地区政务营商环境的变动趋势也与东部地区相似，整体呈下降趋势，但在 2012 年之后在各种有利政策的拉动下，开始呈上升趋势。综上所述，中部地区营商环境建设须特别重视金融营商环境和政务营商环境建设，拓宽民营企业获得资金的渠道，切实降低民营企业的税负。

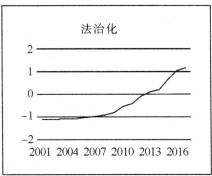

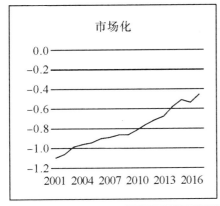

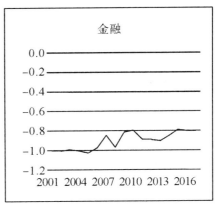

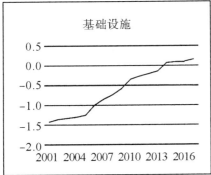

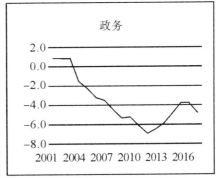

图 3.4　中部地区分指标营商环境评分折线图

3.5.2.3　西部地区营商环境的进展与比较

西部地区营商环境的进展状况如图 3.5 所示。就总体营商环境评分而言，西部地区在 2001—2003 年营商环境基本保持停滞状态；2003—2011 年保持平稳上升趋势；2011—2015 年呈现下降趋势；在 2015 年之后，政府为降低企业经营成本，实行了各种降税减费的改革，如"互联网+税务"和"放管服"改革，在一定程度上推进了西部地区政务营商环境评分上升，进而影响营商环境总分的提升。接下来，结合图 3.5，分别从五个分指标层面分析西部地区营商环境分指标的变动趋势。第一，西部地区法治化营商环境建设得分在整个区间段缓慢上升。第二，西部地区市场化营商环境得分变化趋势与中部地区相同，也整体保持上升趋势。第三，西部地区金融营商环境评分于 2005 年开始上升，在 2005—2011 出现"M 形"变化。第四，西部地区基础设施营商环境的得分趋势与中部地区一样，呈上升之势。第五，西部地区政务营商环境也和其他地区类似整体呈下降趋势，但在政策拉动下近期又略微回升。进一步的研究还发现，西部地区和中部地区营商环境评分变化趋势就总体和分指标两个维度上看，都表现出极其相似的趋势，但与东部相比则存在较大差距，因此西部地区的地方政府可将东部地区营商环境建设作为参照，切实优化西部地区营商环境。综上所述，西部地区营商环境建设须特别重视金融营商环境和政务营商环境的建设，充分发挥金融业对经济发展的拉动作用，同时要注意降低企业税费负担。

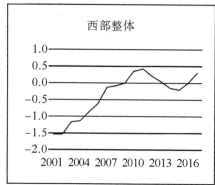

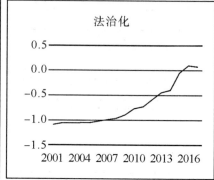

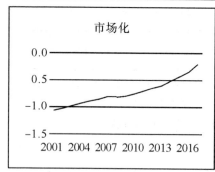

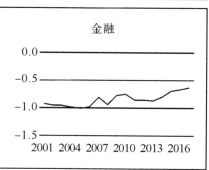

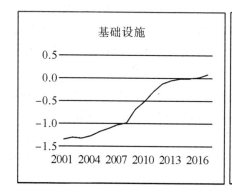

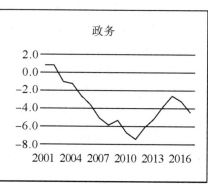

图 3.5　西部地区分指标营商环境评分折线图

3.5.2.4　东北地区营商环境的进展与比较

东北地区营商环境的发展如图 3.6 所示。就总体营商环境评分而言，东北地区 2001—2003 年间营商环境基本没有改变；在 2003—2010 年由于市场化建设和基础设施建设评分的提升而有所上升；在 2011 年达到最高点之后，整体营商环境缺少足够上升空间，呈下降趋势；在 2015 年之后营商环境得分缓慢回升，但并未恢复到 2011 年的最高水平。显然，东北地区总体营商环境的变化趋势和中西部地区基本相同，也须借鉴东部地区营商环境始终保持上升的成功经验，深入推进东北地区营商环境优化改革。接下来，结合图 3.6，分别从五个分指标层面分析东北地区营商环境分指标的变动趋势。第一，东北地区法治化营商环境和中西部地区相似，呈上升态势。第二，东北地区市场化营商环境整体保持上升趋势，但在 2013 年后出现了波动。第三，东北地区金融营商环境呈起伏波动之势，整体变化不大，只在最近几年，才略有改善。第四，东北地区基础设施营商环境呈波动上升趋势。第五，东北地区的政务营商环境也与中西部地区一样整体呈下降趋势，但近期在政策拉动下有回升趋向。总之，东北地区营商环境变化趋势与中西部地区基本相同，但在改善速度上远不如中西部地区，推测其原因可能是，东北地区改革开放以来一直作为国家重工业重镇，经济和产业结构难以优化升级，国有企业占比过高对民营经济和外资经济产生了挤出效应，致使市场活力不足，最终导致东北地区营商环境改善缓慢的局面。当下，东北地区须在营商环境建设过程中通过"拉长板"和"补短板"，借鉴其他地区的经验和教训，加大对外开放程度，积极吸引外资，创新民营企业融资方式，大幅减税，进一步优化地区营商环境。

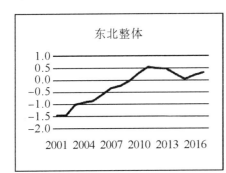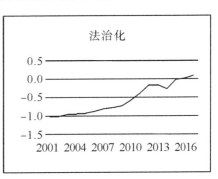

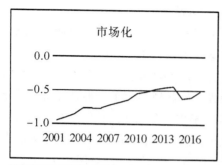
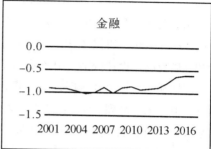
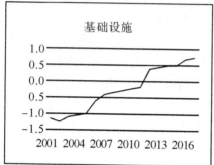
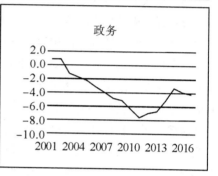

图 3.6　东北地区分指标营商环境评分折线图

3.6　南北区域民营企业营商环境的进展和比较

李克强总理曾指出"中国经济走势分化的情况从'东西差距'变成了以黄河为界的'南北差距'"。事实上，由于南北两大区域在资源配置效率、金融发展、创新投入、劳动力集聚等方面存在差异，近几年，两大区域间出现了明显的分化（郭妍、张立光，2018）。据本书的测算数据，近十年来，中国东、中、西三大地区之间营商环境建设水平呈收敛态势，但南北地区营商环境产生了很大差异。接下来，本书将计算南北两大区域①营商环境截面得分和时序得分，并基于总体和分指标两个维度考察南北营商环境的差异以及两大区域各自营商环境的进展情况。

---

①　南方：江苏、安徽、湖北、重庆、云南、四川、湖南、江西、贵州、广西、广东、福建、浙江、上海、海南；北方：黑龙江、吉林、辽宁、北京、天津、山东、山西、河南、河北、陕西、甘肃、内蒙古、青海、新疆、宁夏。

3.6.1 南北区域间的横向比较

南北两大区域营商环境的进展情况如图 3.7 所示，两大区域营商环境评分变化方向基本一致。2008 年之前，南北两区域营商环境差距不大，在 2002 年北方曾短暂超越南方；但在 2008 年之后，南方与北方营商环境的评分就不再呈收敛趋势了，虽然二者保持同方向变动，但南方营商环境要优于北方，两大区域间差距逐渐增大，这主要是因为南方省份的法治化、市场化、基础设施建设大幅领先于北方地区；在 2008 年之后，南北两大区域营商环境评分均呈波动下降趋势，需谨慎对待。接下来，结合图 3.7，分别从五个分指标层面分析南北两地区营商环境分指标的变动趋势。第一，南北两地区法治化营商环境在 2008 年之前，始终保持较小差距，但在 2008 年之后南方法治化建设加快，在 2009—2017 年始终领先于北方。第二，南方市场化营商环境虽一直保持绝对优势，但尚未拉大与北方的差距。第三，金融营商环境北方略有领先，推测原因是北京、天津等金融业发达地区拉高了北方金融营商环境的得分，北方地区仍然有许多省份金融营商环境相对较差。第四，南方地区在基础设施营商环境建设方面也始终保持较大的领先优势。第五，南方和北方政务营商环境得分及其变化幅度基本一致，这说明南北两区域政务营商环境建设进展基本一致。综上所述，南方地区凭借先进科技实力和地理区位优势，在营商环境的建设过程中处于相对优势地位，但并未与北方拉大差距；南方在法治化、市场化、基础设施营商环境建设等方面可为北方提供参考，在金融和政务营商环境建设方面南北两地区均有待加强。

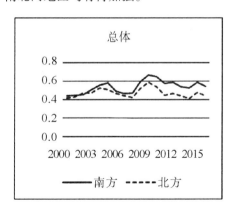

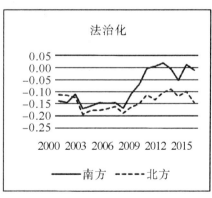

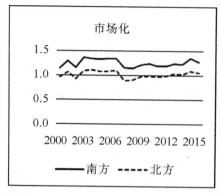

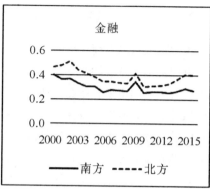

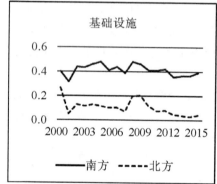

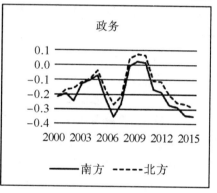

图 3.7　南北区域分指标营商环境评分折线图

3.6.2　南北区域营商环境时序的进展与比较

3.6.2.1　南方地区营商环境的进展与比较

图 3.8 给出了南方地区营商环境评分的折线图。就营商环境整体评分而言，南方地区营商环境评分波动上涨，其中在 2005—2007 年营商环境改善最快，虽然整体保持上升态势，但也出现了两次下降，在 2008 年受国际金融危机影响出现下降，以及在 2014 年受法治化营商环境评分下跌造成了评分下降。接下来，结合图 3.8，分别从五个分指标层面分析南方营商环境分指标的变动趋势。第一，南方地区法治化营商环境在 2008 年之前缓慢上升，于 2014 年短暂下降后又再次呈上升态势。第二，南方地区市场化营商环境在 2000—2017 年始终保持高速稳定的增长趋势，说明南方地区一直注重市场化建设，始终注意提高对外开放程度和推动民营企业经济健康发展，发挥市场在资源配置中的主导地位。第三，南方地区金融营商环境在 2005 年之前基本保持停滞状态，之后快速发展，但在 2007 和 2011 年出现下降，这再次印证前文所提的美国次

贷危机的影响。第四，南方地区基础设施营商环境评分在2003年开始高速上升，在2007—2008年增速放缓，之后在国家扩张性财政政策支持下以更快的速度上升，直到2015年，上升速度开始回落。第五，南方地区政务营商环境呈下降趋势，这主要是由民营企业税负持续上升所致，表现为政务营商环境的评分下降；但政务营商环境在2012年出现上升趋势，这是由于"营改增"和"放管服"等政策带来的制度红利降低了民企税费负担，推动政务营商环境评分上升①。综上所述，南方地区营商环境整体和全国保持一致，南方省份大多为沿海发达地区，法治化程度、市场化程度、金融发展程度均较高，基础设施建设完备，但其税务成本过高，故当下南方地区最重要的任务是持续深化和推进"放管服"及"营改增"改革，降低民企税费负担。

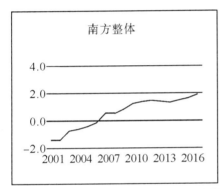

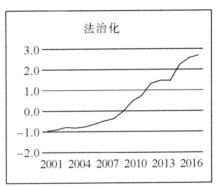

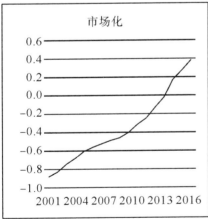

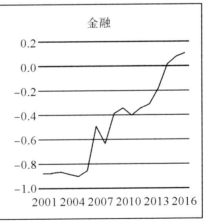

---

① 需要特别注意的一点是，2017年政务营商环境再次小幅下降。由于政务营商环境在本书样本期的最后一年呈下降状态，这里先提出这个变动趋势，暂不做详细分析。

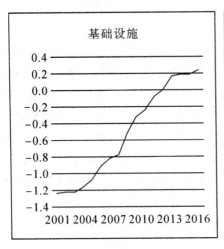
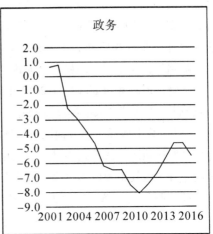

图3.8 南方地区分指标营商环境评分折线图

3.6.2.2 北方地区营商环境的进展与比较

图3.9给出了北方营商环境评分的折线图。就营商环境整体评分而言，北方地区在2011年之前，整体保持上升趋势，2008年受金融危机影响发展速度下降，2011年整体评分开始下降，直到2015年才开始回升。接下来，结合图3.9，分别从五个分指标层面分析北方营商环境分指标的变动趋势。第一，北方地区法治化营商环境除了在2011—2014年出现增速放缓趋势之外，整体呈上升趋势。第二，北方地区市场化营商环境得分整体呈上升趋势，发展态势良好。第三，北方地区金融营商环境2001—2005年处在停滞状态，之后呈波动上升趋势。第四，北方地区基础设施营商环境始终处在上升状态，发展迅速。第五，北方地区政务营商环境整体呈下降趋势，在2012年之后受政策拉动有所回升。综上所述，北方营商环境在总分和各分指标方面变化趋势均与南方地区相似，两区域间发展几乎同步，但在个别分指标上南北两区域产生了分化趋势。在未来时期，北方要紧跟南方步伐，寻找自身的特色和优势，着力缩小南北营商环境差距。

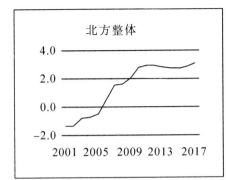

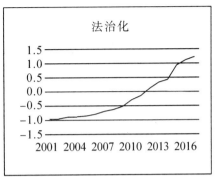

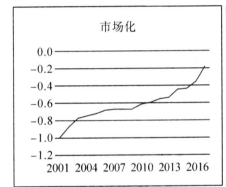

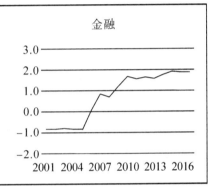

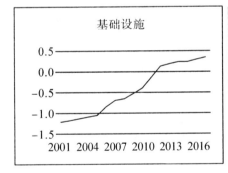

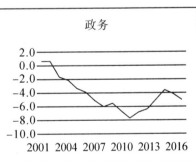

图 3.9　北方地区分指标营商环境评分折线图

3.7 本章小结

本书基于世界银行、经济学人智库、粤港澳大湾区研究院等发布的多份国内外知名报告，构建了由5个方面指数、21个基础指数和23个基础指标组成的地区营商环境评价指标体系，收集2000—2017年中国30个省级地区的宏观数据，并采用主成分分析的方法，对中国整体、各省级地区、四大区域和南北两大区域进行截面和时序比较，考察各地区的评分变化趋势和排名情况。据本书测算，中国民营企业营商环境有以下变动趋势：

第一，从全国层面看，中国2000—2017年整体营商环境有所上升；法治化、市场化和基础设施营商环境的建设状况良好，但仍需在金融和政务营商环境建设方面加大力度；金融营商环境在近几年进展缓慢，在今后发展过程中需特别关注民营企业的融资约束问题，借助金融业的力量助力中小民营企业发展；政务营商环境评分总体呈现下降趋势，今后应继续加大减费降税力度。

第二，从分省层面来看，各省营商环境得分均有提高；相比其他省份，北京和上海等发达地区营商环境改善程度更大，为其他地区优化营商环境提供了可资借鉴的"样板"；从各分指标来看，安徽省的法治化和市场化营商环境建设提升较快；浙江的金融营商环境发展迅速；江苏和海南的基础设施营商环境建设速度较快，为其他省份提供了经验。

第三，从四大区域层面看，中国东部地区营商环境建设在各方面均优于中部、西部和东北地区，为其他区域推动营商环境建设提供了标杆；四大区域营商环境整体发展态势良好，但政务营商环境呈下降趋势，故如何减费降税、降低民企成本已成为四大区域共同关心的话题；中部、西部和东北地区的金融营商环境发展缓慢，这三个地区须关注民营企业融资问题，亟待为民营经济健康发展提供良好的金融营商环境；东北地区营商环境进展缓慢，须紧跟国家政策，加快推进营商环境优化改革。

第四，从南北两大区域层面看，中国南方地区和北方地区营商环境变化趋势基本相同，但因发展理念、起步时间等因素的不同，南方与北方呈现出明显的分化趋势；北方地区需要紧跟南方步伐，寻找自身的特色和优势，着力缩小与南方的差距。

基于上述分析，本书得出几点启示：全国各地区均须进一步落实并推进地区营商环境优化改革，切实降低民企税费负担，着力破解民营企业融资约束问题，解决民企融资手续繁杂、渠道少和成本高等发展难题，发挥金融业的资源配置功能；制定公开透明的政策和制度，努力营造秩序、公平和有效率的法治化环境，为民企发展提供与国企同等的保护性待遇；提高对外开放程度，推进自贸区建设，进一步提升市场化改革水平，打造有利于民企发展的市场化环境；提高政府提供交通、教育和信息等公共服务的质量和水平，降低民企用能成本和物流成本，提供更有利于民企发展的基础设施条件。

4 中国民营企业营商环境的时序变化、横向比较及决定因素

据世界银行《营商环境报告》的界定，营商环境反映了企业在设立、经营、贸易、纳税、执行合同、破产等一系列活动中为遵循政策法规所产生的各种成本条件。新加坡通过优越的营商环境改变了单一的依赖转口贸易的经济模式，吸引近2.6万家跨国公司入驻，大约有30%的财富五百强企业将亚洲总部设在新加坡。在经济全球化持续深化和"一带一路"深入实施的背景下，营商环境日益受到中国各级政府的重视，如2019年的《政府工作报告》将"激发市场主体活力，着力优化营商环境"作为2019年的工作任务。我国民营企业在创造就业和科技创新方面贡献卓著，但其营商环境却有待优化和完善。无疑，在新形势下优化营商环境对民营企业高质量发展至关重要（刘军、付建栋，2019）。

本书第3章已从省级层面对中国民营企业营商环境的时序变化和省域差异进行分析和比较，但尚未从跨国层面和城市层面进行横向比较。为了更全面地认识和评判中国民营企业营商环境与国际发达地区营商环境的差距，也为了更好地把握中国地区间营商环境的区域异质性，本章以世界银行和粤港澳大湾区研究院发布的营商环境报告为基础，从国际和城际两个维度出发，对中国民营企业营商环境的纵向变化和城际差异进行深度分析。接下来，本章先对中国和部分发达国家、发展中国家及亚洲其他国家之间的营商环境时序变化进行比较，再分析直辖市、计划单列市、省会城市等大中城市的营商环境差异性，再从制度性交易成本出发对民营企业营商环境的影响因素进行初步分析。

4.1 中国民营企业营商环境的时序变化：基于跨国比较视角

本书使用世界银行发布的《营商环境报告2006—2019》》① 对中国与部分发达国家、发展中国家及亚洲国家进行营商环境时序变化的跨国比较分析②。据该报告，2006年，中国营商环境在145个经济体中排名108位，不仅落后于发达国家，也落后于同为金砖国家的俄罗斯和南非。此后，中国营商环境呈优化趋势，曾多次入选十大最佳改革者名单。2005—2009年，中国在营商体制上进行全面改革，营商环境排名由108位上升至78位。其中，2007年，中国推出了《中华人民共和国物权法》，对公产和私产的保护一视同仁，进而强化了对投资者的保护；2008年，统一税收减免标准、改革税收计算方法，降低企业所得税税率，使得企业的制度性交易成本大幅下降，同年，受新劳动合同法影响，雇佣员工的成本出现小幅上升，但并未影响中国营商环境整体改善的趋势；2009年，新的企业所得税法统一了国内企业和国外企业的税收制度，中国政府还做出了持续提升营商环境的承诺，建立消费信贷征信系统，不断降低企业获取信贷的成本；2010—2013年，中国持续在市场监管方面深化改革，但其改革力度有所放缓，进而导致营商环境排名出现小幅下滑，由78名下降至96名。

2014—2018年，中国优化营商环境的决心持续加强。比如，2014年，中国取消最低资本要求以及来自审计公司的资本审查报告，进一步降低企业准入门槛；2015年，中国成为亚太地区在营商环境优化改革方面取得最大进步的国家，这一成就的取得主要得益于营业税改革；2016年，国务院提出"放管服"改革，减免企业创办的申请材料，营造便利化营商环境，取消或下放大量审批权，审批效率显著提高；2018年，中国进一步优化民企营商环境，不

---

① 2018年10月31日，世界银行发布以全球190个国家和地区为研究对象的《2019年营商环境报告》，该系列报告在2003年首次发布，2018年为第16期。该报告基于商业法规和产权保护视角对指标进行量化，具体包括企业开办、办理施工许可、获取信贷、获取电力、财产登记、投资者保护、缴纳税款、跨境贸易、执行合同、办理破产等指标。该报告旨在推动全球营商环境的改善，特别强调经济发展质量和经济效率提升，消除不必要的"繁文缛节"。无疑，该报告汇集不同国家所面临的潜在挑战，分享成功实现营商环境优化改革的案例，为他国提供实践经验，为比较研究提供了经典素材。

② 该报告选取北京和上海作为中国大陆的样本城市，北京的权重为45%，上海为55%。

断创新服务方式，统筹服务资源，理顺办事机制，推广"不见面审批"和"最多跑一次"；2019年，中国营商环境世界排名上升到46位，首次进入世界50强。这一成就的取得彰显了中国优化营商环境的力度和决心①。

接下来，本书将分别选取部分发达国家、发展中国家以及同属亚洲区域的其他经济体为研究对象，基于2006—2019年世界银行《营商环境报告》中的数据，比较分析中国与其他经济体营商环境的时序变化和跨国差异②。

4.1.1　与发达国家的比较

在排名前50的国家和地区中，有近60%来自经合组织高收入国家，本书从中选取美国、德国、意大利、新西兰四个国家进行比较，中国营商环境同这些国家相比存在明显劣势。各经济体排名的时序变化如图4.1所示，2019年各分项表现如表4.1所示。由图4.1可知，中国营商环境排名长期大幅度落后于美国、德国、新西兰等发达国家，在2010和2011年与意大利的排名比较接近，仅有4个位次的差距，此后，两国差距有所扩大，但中国营商环境排名于2019年首次超越意大利。具体来看，从2006到2019年，新西兰、美国和德国营商环境排名一直高于中国，且排名较为稳定，而中国和意大利则变化较多，整体而言呈上升趋势。中国由2006年的108位大幅上升为2019年的46位，意大利由2006年的69位小幅上升为2019年的51位。美国和德国营商环境排名小幅下降，美国由2006年的第3位下降至目前的第8位，德国则由2006年的21位下降为2019年的24位。新西兰的表现最为优异，在14年间有4年排名第1，且目前已连续3年位居榜首。据表4.1可知，同选取的发达国家相比，中国的合同执行指标处于首位，企业开办和获取电力指标在5个国家中位于第2，缴纳税款指标排名仅小幅优于意大利，办理施工许可指标处在末位，因此中国在缴纳税款和办理施工许可证方面均有很大的提升空间。

---

① 这也和北京、上海两个样本城市的努力密不可分。世界银行的报告选取样本量过小，选择一个国家里最大的两个城市作为样本，中国仅有北京、上海两个城市成为样本城市。近年来，北京出台了多项有关营商环境优化改革的举措，如在全国范围内率先编制改善营商环境的行动计划；在开办企业方面，由28天缩短至7天，原有的7个环节减少为4个；获取电力供应的办理环节从6天缩短为3天，平均用时由141天下降至34天。与此同时，上海在营商环境优化改革方面也不甘落后，其最显著的进步也体现在电力供应方面，改革后办理电力供应的手续只有2项，用时从145天变为不超过25个工作日；在缴纳税款方面，上海出台"最多跑一次清单"，减少纳税次数；在跨境贸易方面，上海推出"一次申报，分步处置"的在线申请模式，大幅压缩通关时间。总之，两个样本城市的持续努力必然提高了中国营商环境的世界排名。

② 其他经济体的改革实例来自2006—2019世界银行《营商环境报告》。

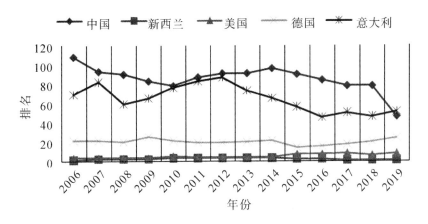

图 4.1　中国及部分发达国家营商环境排名的时序变化

（数据来源：2006—2019 年世界银行《营商环境报告》）

首先，据表 4.1 和图 4.1 可知，新西兰营商环境排名一直位居前 3，在企业开办、获取信贷和财产登记等方面均全球排名第 1，但也存在部分指标落后于中国，如获取电力供应和财产登记。目前，新西兰开办企业的流程全部在线完成，仅需要半天时间，而中国尽管已经压缩该方面的手续，从申请到办理完成，最少需要 22 天。2008 年，新西兰建立全国统一的网上开办企业的程序；2014 年，新西兰基于《信用报告隐私法》引入了更全面的信用报告，征信机构可从金融机构和电话公司搜集个人和公司的信用信息。此外，新西兰鼓励公众参与建设规划，使投资者和开发者在获得建设许可证之前，就能获得可靠的参考依据，进而指导其开发和设计，减少审批过程中的自由裁量权。

表 4.1　中国及部分发达国家的营商环境指标排名

指标	中国	新西兰	美国	德国	意大利
企业开办	28	1	53	114	67
办理施工许可	121	6	26	24	104
获取信贷	73	1	3	44	112
获取电力供应	14	45	54	5	37
财产登记	27	1	38	78	23
投资者保护	64	2	50	72	72

指标	中国	新西兰	美国	德国	意大利
缴纳税款	114	10	37	43	118
跨境贸易	65	60	36	40	1
执行合同	6	21	16	26	111
办理破产	61	31	3	4	22

数据来源：2019 年世界银行《营商环境报告》。

其次，同美国相比较，中国在企业开办、获取电力供应和财产登记方面处在领先，美国在获取信贷和办理破产方面位居全球第 3，大幅度领先于中国。美国作为世界头号经济体，营商环境在 14 年间有所下滑，但始终保持前十。美国营商环境较稳定，其进行的改革少。其中，美国于 2006 年强化了对投资者的保护；美国洛杉矶于 2018 年通过了保护员工权益的法律，对于口头或书面申请病假的员工，每年带薪病假最多有 6 个工作日。

再次，同德国相比，中国在企业开办、财产登记和投资者保护领域处在领先，德国在获取电力供应和办理破产方面位居全球前 5，领先于中国，而开办企业方面，则落后于包括中国在内的其他四个国家。欧洲强国德国营商环境排名表现良好，长期在 20 名左右浮动。具体来看，2008 年，德国财产登记方面的成本出现上升；2009 年，德国推出了有限责任公司新规则，进行开办企业方面的改革，试图扭转大量企业并非在德国注册成立而是利用欧盟的平台在联合王国注册的现状；2011 年，德国在获取电力供应方面的改革成果显著，对电力需求适中的企业可在 40 天之内通上电；2012 年，德国引入了最低工资条款。

最后，中国营商环境与意大利最为接近，领先指标和落后指标均各占一半。意大利跨境贸易环境全球第一，而在获取信贷和缴纳税款方面落后于其他四个国家。意大利排名波动较大，意大利营商环境排名在 2011 年下跌到 87 位，此后，呈现出上升态势，在 2019 年该国营商环境全球排名上升到第 51 位。具体来看，2010 年，意大利进行了司法和破产清算领域的改革，但这些改革需要较长时间才能呈现成效；2012 年，意大利深受全球经济衰退趋势影响，在市场压力下，进行了简化企业破产流程、电力获取和财产登记便利化等系列改革，致力于经济增长和财政的可持续性。

综上所述，中国营商环境呈上升势态，世界排名已逼近意大利的水平，但落后于其他三个发达国家。目前，在缴纳税款和办理施工许可方面中国同发达国家差距很大，而这两个指标均对应企业所面临的制度性交易成本，因此中国亟待进一步优化营商环境、降低企业制度性交易成本；在企业开办、获取电力供应和财产登记方面，中国已接近发达国家的水平，执行合同指标领先于个别发达国家①。

4.1.2 与发展中国家的比较

金砖国家是新兴市场国家的典型代表，也是世界多元文明的体现。其中，作为金砖国家的印度和俄罗斯不仅与中国在地理上相接壤，而且在"一带一路"倡议平台中承担着重要角色。据统计，金砖国家在全球经济总量中的份额不断上升，在 2018 年其份额高达 23.58%。随着国际影响力的不断提升，金砖国家将会为全球经济增长做出卓越贡献（方英、岳斯嘉，2019）。接下来，本书对中国营商环境与其他四个金砖国家的营商环境进行时序变化和跨国差异的比较分析。各金砖国家排名的时序变化如图 4.2 所示，其分项指标排名如表 4.2 所示。据图 4.2 知，在 2019 年，俄罗斯的营商环境最优，而巴西的营商环境最差。在 14 年间，中国、印度和俄罗斯三国的营商环境排名均有显著进步，其营商环境持续优化，相反，南非的营商环境却持续恶化。在金砖国家中，中国排名连续多年位居第 2，表现良好。值得特别强调的是，在 2011 年俄罗斯营商环境位居 124 位，在金砖国家中仅处在第 4 位，但此后其世界排名快速上升，先后超越了巴西、中国和南非，于 2015 年位居第 1，并延续至今。其次，同印度相比，中国营商环境处在领先位置。由表 4.2 可知，尽管中国在办理施工许可、获取信贷和投资者保护等三个领域落后于印度，但其他方面均处在领先地位。其中，企业开办、财产登记和执行合同优势明显。

---

① 执行合同的表现与已有认知不符，笔者认为，主要有两点原因：一是该报告选取样本量过小，仅有北京、上海两个城市成为样本地区；二是这里的合同执行侧重于司法层面，即从提起诉讼到实际支付所包含的一系列程序、解决争议所花费的时间以及诉讼费和律师费与争议债务额的比值。

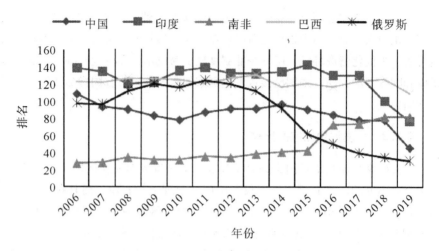

图 4.2　中国及部分发展中国家营商环境排名的时序变化

（数据来源：2006—2019 年世界银行《营商环境报告》）

表 4.2　中国及部分发展中国家的营商环境指标排名

指标	中国	印度	南非	巴西	俄罗斯
企业开办	28	137	134	140	32
办理施工许可	121	52	96	175	48
获取信贷	73	22	73	99	22
获取电力供应	14	24	109	40	12
财产登记	27	166	106	137	12
投资者保护	64	7	23	48	57
缴纳税款	114	121	46	184	53
跨境贸易	65	80	143	106	99
执行合同	6	163	115	48	18
办理破产	61	108	66	77	55

数据来源：2019 年世界银行《营商环境报告》。

第一，同为发展中大国的印度在营商环境优化改革方面也做出了新的探索和实践，并取得丰硕成果。比如，2004 年，印度缩短了企业注册登记的时间；2006 年，印度加快企业获得税务登记账号的过程；2007 年，印度实现外贸货物到港前网上申报并缴纳报关费，完成通关时间由 27 天缩短至 18 天，成为跨境贸易改革的佼佼者；2009 年，印度通过设立部长级委员会来推动跨境贸易改革成果的制度化;2010年,印度推行以技术为核心的变革,借助互联网技术完善电子登记系统,企业可使用网络在线缴纳印花税,取消注册企业所需的最低资本金要求,取消与开办企业和生产相关的牌照制度,大幅度降低注册费用;2017年,印度提高了政务流程效率,实现电网接入程序化、建设许可证申请流水线化,同时拓宽公众和企业获取信息的渠道;在跨境贸易方面,海关、商务部、港口当局和税务局联合办公,推行一个窗口办理所有业务,减少跨境贸易文件合规时间,增加港口设备投资;在电力供应方面,部分城市实现了在收到电力接通申请后的15天之内完成电力连接。此外,印度还进行了方便财产登记、放松开办企业法规方面的改革。在上述系列改革的推动下,印度营商环境排名大幅跃进至77位。

第二,同为金砖国家的南非,其营商环境世界排名由2006年的28位下降至2019年的82位。南非营商环境在2018年之前一直领先于中国,但在2018年被中国赶超,到了2019年,其与中国差距进一步拉大。由表4.2可知,中国在办理施工许可、缴纳税款和投资者保护三个方面落后于南非,在获取信贷上与南非处在同一水平,其他方面均具有优势。2007—2009年,南非进行了降低企业信贷成本和税负的改革,尽管其排名仍在下降,但下降速度放缓了;2009年至今,南非并没有出台优化营商环境的政策,致使其世界排名呈持续下跌趋势。

第三,在2006年,巴西营商环境世界排名第122位,到了2019年,其世界排名上升了16个位次,位居第109位。据图4.2可知,巴西的营商环境一直落后于中国,近几年其营商环境虽有所改善,但改善幅度较小。由表4.2可知,中国仅在投资者保护方面落后于巴西,其他方面均具有优势,且优势显著。近年来,巴西密集出台了优化营商环境的政策。比如,2010年,巴西开始使用电子系统提升其营商环境,运用电子系统减少企业通关时间;2016年,巴西简化了公司执照和印章的申请手续,创业者可在线完成企业开办申请手续;2017年,巴西推出电子原产地证书服务,直接从出口国获得电子版的原产地证书,以此减少进口商的合规时间;2018年,巴西在电力和跨境贸易两个领域实施改革。

第四,俄罗斯营商环境在2007—2013年落后于中国,但自2011年以来其营商环境持续优化,已由124位大幅上升到2019年的31位,并且俄罗斯营商环境世界排名于2014年超越中国,到了2019年其世界排名已领先中国15个位次。由表4.2可知,中国在企业开办、跨境贸易和执行合同三个方面领先俄罗斯,但其他方面均与俄罗斯存在差距。回顾和梳理俄罗斯经济体制改革史可发现，自 2006 年以来，俄罗斯在营商环境优化方面展开了系列改革。比如，在 2006 年俄罗斯改革企业开办法规；在 2007 年俄罗斯设立新的征信局，负责收集和发布包括企业和个人在内的信用信息；在 2010 年俄罗斯通过限定办理财产转移登记的时间期限来简化财产转移流程；2013 年，俄罗斯建立了包括国内全部房地产信息的电子数据库，其营商环境在企业开办、财产登记、电力供应、施工许可、跨境贸易等方面均有所提升，该年度进入营商环境改善最大的十个经济体之列；2014 年，俄罗斯取消了注册公司前必须存入资本金的要求以及企业到银行开户时须通知税务机关的规定，还取消了财产公证的要求，进而缩短了财产登记时间，便利财产转移和交易；2018 年，俄罗斯在电力供应获取和跨境贸易两个领域展开了改革。

综上所述，印度、俄罗斯、巴西及中国营商环境呈优化趋势，南非营商环境呈下滑趋势。2006—2019 年，中国营商环境排名上升 62 个位次，上升幅度略微领先于印度的 61 个位次，落后于增幅最大的俄罗斯的 66 个位次。具体来看，中国在企业开办、跨境贸易及执行合同方面在金砖国家中表现最佳；中国的投资者保护指标在金砖国家中表现最差，印度在该指标上的全球排名第 7，在这一点上中国需要学习和借鉴印度的经验；中国在办理施工许可和缴纳税款方面排名靠后，在这方面需要学习和借鉴俄罗斯的经验。

4.1.3　与亚洲其他国家的比较

亚洲地区是全球经济增速最快的地区，其国际贸易量持续上升，影响着世界经济的格局。中国与日本、韩国在贸易方面类似，均具有出口导向型特征；在营商环境方面，新加坡是全球的典范；日本、韩国及新加坡这三个国家均为"一带一路"重要沿线国。新加坡前总理李光耀提出"亚洲价值观"，认为儒家思想促进了亚洲经济发展。"亚洲价值观"指的是东亚价值观，显然，日本、韩国及新加坡这三个国家均为"儒家文化经济圈"的核心成员（魏萼，1998）。接下来，本书选取日本、韩国及新加坡这三个亚洲国家，并与同为"儒家文化经济圈"的中国进行比较。上述亚洲四国营商环境排名的时序变化见图 4.3 所示，其分项指标排名如表 4.3 所示。据图 4.3 可知，新加坡营商环境是全球的典范，在 14 年间一直占据榜单前两名的位置，其制度优势非常明显。中国和韩国营商环境呈现优化趋势，韩国从 2012 年开始一直跻身前 10，而日本营商环境则不断下滑。就整体情况而言，中国营商环境排名与这三个国家的差距在不断缩小，在未来时期有望超越日本。

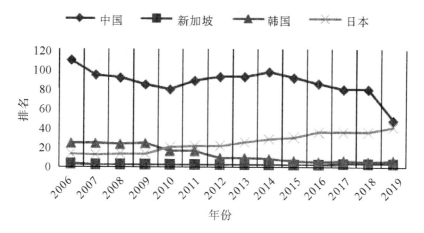

图4.3 中国及部分亚洲国家营商环境排名的时序变化

（数据来源：2006—2019年世界银行《营商环境报告》）

表4.3 中国及部分亚洲国家的营商环境指标排名

指标	中国	新加坡	韩国	日本
企业开办	28	3	11	93
办理施工许可	121	8	10	44
获取信贷	73	32	60	85
获取电力供应	14	16	2	22
财产登记	27	21	40	48
投资者保护	64	32	23	64
缴纳税款	114	8	24	97
跨境贸易	65	45	33	56
执行合同	6	1	2	52
办理破产	61	27	11	1

数据来源：2019年世界银行《营商环境报告》。

据表4.3知，新加坡在合同执行方面居全球第1。中国仅在获取电力供应方面小幅领先于新加坡，其他指标均落后于新加坡，特别是在办理施工许可、缴纳税款方面中国排名在110名以后，而新加坡均为第8名，值得学习和借鉴。新加坡建立了全球首个全国性电子数据交换网络用来综合处理文件，新加坡的贸易网连接了35个行政部门，与进出口和外贸相关的手续均可在线处理，最短可在24小时之内完成企业执照申请，同时新加坡在市场监管方面建立了跨部门的信息服务平台（李娣，2017）。具体来看，2008 年，新加坡现实上网注册登记企业，进一步降低开办企业的成本；2009 年，新加坡开始使用计算机和网络办理施工许可和财产转让；2014 年，新加坡推出了电子诉讼程序。

由图 4.3 知，在 14 年间韩国营商环境排名由 2006 年的 23 位上升至 2019 年的第五位，为东亚地区表现最优异的国家，可见，韩国营商环境优化改革的成效明显，已位居世界前列。由表 4.3 知，中国仅在财产登记方面领先于韩国，其他指标距离韩国的水平均存在不同程度的差距。韩国营商环境成就的取得与其税收政策密不可分。在韩国，纳税人的权益能得到充分保护，政府对模范纳税人进行表彰和奖励，将不创造就业、不增加投资的"僵尸企业"纳入"黑名单"，不享受税收优惠；在缴纳税款方面，借助互联网推广电子发票，鼓励企业在线实施纳税申报，切实减轻企业纳税成本。韩国政府在 2008 年将企业所得税纳税总额小于 2 亿韩元的企业税率由 13% 降至 11%，于 2009 年将纳税总额超过两亿元的企业税率由 25% 降至 22%，此后，于 2010 年再下降 2 个百分点；2009 年，韩国大力实施法律制度改革，完善企业破产清偿制度；到了 2011 年，韩国在开办企业、缴纳税款、执行合同等方面均有所提升，其排名跻身前 10；2014 年，韩国加强了税收合规监管，对频繁和高利润的逃税者实行更严厉的惩罚。

由图 4.3 知，日本营商环境排名呈下降趋势，由 2006 年的 12 位下降至 2019 年的 39 位，特别是在 2009—2016 年，其营商环境排名下跌速度较快。可见，日本的营商环境同中国存在反方向的变化趋势。尽管日本营商环境一直优于中国，但两国差距在不断缩小，到了 2019 年，日本领先中国的优势仅有 7 个位次。由表 4.3 知，中国在企业开办、获取电力和信贷、财产登记及执行合同等方面领先于日本，投资者保护方面的表现相同，其他方面则落后于日本，日本的办理破产指标世界排名第一、表现亮眼。此外，由表 4.3 还可发现，日本在营商环境的不同指标上排名差异巨大，如日本在办理破产、获取电力等方面排名靠前，但企业开办、缴纳税款等指标排名靠后，显然，这种差异会影响创业积极性，因为投资者可能会在企业成长的某个生命周期中面临巨大挑战。2006 年，日本放宽开办企业的法规，降低获取信贷的成本；2010 年，与邻近的韩国相同，受国际大环境的影响，日本完善了企业破产清偿制度；2016 年，日本通过税收改革法案将国家级企业所得税税率从 25.5% 降至 23.9%，并推出 31 项改革措施。

综上所述，在 2006—2019 年，中国营商环境的世界排名上升了 62 个名次，目前仍落后于所选取的三个亚洲国家，但与这些国家的差距不断缩小，与此同时，日本营商环境呈下滑趋势，未来有可能被中国赶超。具体来看，中国在获取电力供应、登记财产以及执行合同指标上与这三个亚洲国家相比存在一定优势，但中国有五个指标处在四个国家的末位，其中，在办理施工许可和缴纳税款方面中国应重点借鉴新加坡的经验，在投资者保护和跨境贸易领域可着重学习韩国的做法，在办理破产方面应以日本为学习榜样。

4.2 中国民营企业营商环境的城际差异：基于大中城市的比较

在区域比较研究领域，已有研究多从跨国、省际、城际、县域等四个维度做比较，但考虑到县域数据难以获取，且前文已从省际和跨国层面全面考察了中国民营企业营商环境的动态演进特征和地区差异性，接下来，本节选取直辖市、计划单列市和省会城市作为研究样本，从城市层面考察中国民营企业营商环境的横向差异，进而补充前文的研究。由于国内外从城市层面考察民营企业营商环境的相关研究较少且缺少长时段的面板数据，如《中国城市营商环境评价报告》也仅有两年数据（2017 年和 2018 年），无法详细展开时序变化方面的比较，仅能对城际差异进行横向比较①。由粤港澳大湾区研究院发布的《2018 年中国城市营商环境评价报告》从三类行政级别不同的城市出发，对直辖市、计划单列市及省会城市的营商环境进行了综合评价②，其城市营商环境排名见表 4.4。

表 4.4 城市营商环境排名

排名	城市	营商环境指数	排名	城市	营商环境指数
1	深圳	0.611	19	大连	0.318
2	上海	0.524	20	南昌	0.313
3	广州	0.512	21	福州	0.313

---

① 近年来，学界有关城市营商环境的研究有所增加。有学者指出，营商环境与城市竞争力存在关联，城市营商环境的优化有助于提升城市竞争力（杨晓兰、倪鹏飞，2017）。还有研究发现，良好的城市营商软环境能显著促进城市经济发展（董志强 等，2012），民营企业创新能力会随城市营商环境的改善而显著增强（陈颖 等，2019）。

② 该报告的营商环境指数有 6 个维度，分别对应城市营商环境中的软环境、市场环境、基础设施环境、社会服务环境以及商务成本环境。

表4.4(续)

排名	城市	营商环境指数	排名	城市	营商环境指数
4	北京	0.51	22	南宁	0.312
5	重庆	0.478	23	合肥	0.303
6	成都	0.405	24	长春	0.301
7	南京	0.398	25	沈阳	0.298
8	杭州	0.397	26	海口	0.297
9	长沙	0.391	27	济南	0.294
10	武汉	0.388	28	乌鲁木齐	0.289
11	西安	0.377	29	西宁	0.271
12	青岛	0.375	30	银川	0.268
13	昆明	0.359	31	太原	0.265
14	贵阳	0.35	32	哈尔滨	0.261
15	宁波	0.331	33	呼和浩特	0.255
16	厦门	0.33	34	兰州	0.248
17	郑州	0.324	35	石家庄	0.237
18	天津	0.322			

数据来源：《2018年中国城市营商环境评价报告》。

4.2.1 来自城市行政级别的观察

据表4.4可知，从总的排名来看，城市的行政级别与营商环境显著相关，行政级别高的城市在营商环境上存在优势，比如，直辖市的营商环境显著优于计划单列市，计划单列市的营商环境领先于省会城市。通过计算可得，直辖市营商环境平均排名7.25名，计划单列市平均排名12.6名。上海的营商环境在四个直辖市中表现最佳，处在榜单的第2位，仅落后于计划单列市深圳的营商环境，北京和重庆的营商环境分居第4位和第5位，天津营商环境排名18位。在计划单列市中，营商环境最好的是深圳（排名第1），营商环境排名最为靠后的是大连（排名第19位），再看其他三个城市的，青岛营商环境排在第12位，宁波和厦门分别位居第15名和第16名。直辖市和计划单列市的营商环境各指标排名参见表4.5和表4.6。

表 4.5　直辖市的营商环境

	上海	北京	重庆	天津
软环境指数	29	21	12	32
生态环境指数	24	16	13	33
商务成本指数	34	35	9	28
基础设施指数	1	2	4	7
市场环境指数	1	2	5	6
社会服务指数	7	1	34	30

数据来源:《2018 年中国城市营商环境评价报告》。

表 4.6　计划单列市营商环境

	深圳	青岛	宁波	厦门	大连
软环境指数	1	9	17	5	31
生态环境指数	6	7	10	15	8
商务成本指数	33	26	29	31	20
基础设施指数	5	13	19	25	14
市场环境指数	3	11	12	23	15
社会服务指数	9	22	26	18	27

数据来源:《2018 年中国城市营商环境评价报告》。

根据表 4.4,上海、北京和重庆这三个直辖市的营商环境均处在前 5 位,天津则排名稍显靠后,位居第 18 位。再结合表 4.5 可知,直辖市在基础设施和市场环境方面表现突出,对整体排名起到正向"抬升"作用。具体来看,上海排名第 2,其经济规模大、交通网络发达、人口总量多且密度大、人均消费水平高,因此能够在服务设施和市场环境方面排名第一。北京在社会服务方面表现最佳,基础设施和市场环境均排名第 2;尽管近年来北京空气质量有所改善,但其生态环境指数的排名依然靠后[①]。重庆表现最好的是基础设施,位居第 4,最差的是社会服务,位居第 34 名。天津市不同衡量指标排名差异显著,其基础设施和市场环境排名靠前,但其他四项指标排名靠后,尤其是软环境表现最差,同时受重化工业集中的产业结构拖累,其生态环境指数排名也靠后。需要特别指出的是,四个直辖市在商务成本方面均表现不佳,原因在于高房价

---

① 生态环境指数包括空气质量、废水排放、绿化率等指标。

和高用能成本，除了西部地区的重庆排进了前 10，其他三个城市均排在 28 名之后。

计划单列市的基础设施和市场环境指标与直辖市相比存在一定差距，但领先于省会城市，且其生态环境建设较完善。深圳营商环境指数位列第 1，除商务成本指数排名靠后之外，其余指标均排名前 10。深圳的研发投入处在全国前列，且其人口结构具有优势，年轻人占比高，与近期北京和上海均出现人口流失相比，深圳常住人口却迅速增加，故排名靠前的市场主体人数和比例成就了深圳排名第 1 的营商软环境；而且深圳在经济总量排名前列的情况下，其生态环境建设较为完善，这一点尤为值得其他城市学习。厦门房价收入比位居全国首位，青岛房价收入比也显著上升，高房价可能会对城市营商环境带来不利影响。宁波营商环境在计划单列市中处于中等水平，各项指标的表现中规中矩。大连的软环境明显落后于其他计划单列市，有待改善。

据表 4.4 可知，营商环境排名靠后的城市均为省会城市，省会城市的营商环境与计划单列市和直辖市的营商环境相比，存在明显的差距。比如，石家庄营商环境处于末位，其重工业超负荷发展造成了空气质量问题和水污染问题，这导致其生态环境指标排名尤其靠后；今后，石家庄在转变产业结构的同时还需要提升科研教育水平，吸引科技型创新性人才，弥补重点高校匮乏的短板，才能提升其营商软环境指标排名。此外，排名靠后的兰州、呼和浩特等省会城市均存着上述问题。

为什么城市级别越高则越具有高质量的营商环境？其依据或机制是什么？城市的行政级别是政府干预的产物，会对经济发展产生直接影响，还会通过投资、人口、财政支出等渠道间接影响经济发展。随着城市行政级别的上升，投资支出会显著上升，同时人口的规模效应会被放大，政府支出的产出效应也会相应升高（王麒麟，2014）。国有经济的分布因受政治权利的干预而多落户在行政级别高的城市，因此城市行政级别还会通过影响国有经济发展进而影响城市发展（邓伟，2011）。无疑，行政级别高的城市能够得到财政资源的倾斜，推动基础设施建设的发展，同时人口的规模效应、国有经济的集中均会对市场环境产生积极影响，因此，行政级别高的城市在基础设施和市场环境方面表现突出，进而提升了其整体营商环境的排名。

4.2.2 基于城市区位的观察

据表 4.4 可知，中国营商环境在东、中、西三大地带的城市之间具有明显的差异性，东部地区的城市营商环境建设最优，中部地区的城市在营商环境建设上要弱于东部地区，西部地区城市的营商环境又弱于中部地区。这与行政级别高的城市集中在东部有一定关系，东部地区的城市占据榜单前4位。中部地区营商环境排名最高的城市是长沙，尽管长沙的营商环境落后于西部城市重庆和成都，但中部城市中营商环境排名靠后的数量较少，故就整体而言中部城市营商环境要优于西部城市营商环境。从表4.4还可发现，西部地区唯一的直辖市重庆的营商环境领跑西部地区，银川、兰州等西北城市的营商环境排名很不理想。

东、中、西三大地区里的城市在营商环境竞争力方面呈现显著差异。东部地区的北京是中国的政治、文化和科技创新中心，有大量优质高校、科研院所和医疗机构，生产性服务业发达，科技投入强度高，从而获得了社会服务指标的排名第1。以中部地区的城市长沙为例，其营商环境全国排名第9，受投资总量和常住人口规模及注册企业总量的影响，长沙的软环境指标全国排名第2。相对而言，长沙的房价低和投资成本低，就业机会多，高铁网络便利，吸引大学生群体和珠三角人口回流，其经济增速保持在高位。再以西部地区的中心城市西安为例，其营商环境在全国排名11位，落户政策吸引了不少人才，常住人口和经济总量有了较大提升，投资和市场主体注册量也快速增加，促使西安营商环境在西部省会城市中处在领先地位。作为西北工业基地的兰州，在经济转向高质量发展过程中未能留住人才，其营商环境不仅与西安差距大，也落后于银川和西宁，亟待以营商环境优化改革为突破口让城市重新焕发生机。

长江以南的城市营商环境要优于长江以北的城市，且南北差距在拉大。在排名前10的城市中，长江以北的城市仅有北京，而在排名后10位的城市中，仅有海口处在长江以南。具体而言，以长江以南的南京和杭州这两个省会城市为例，这两个城市的营商环境全国排名前10，其地理位优越、人均GDP超过京沪、社会消费品总额增加迅速，均具有较强的竞争力。南京高校资源集中，轨道交通便利，政府对营商环境问题关注度高，于2018年推出了《南京优化营商环境100条》，试图打造营商环境示范城市。杭州市场主体数量多、比例高，金融环境优越，民营企业发展基础好，常住人口持续增加，经济高质量发展程度高。再以长江以北的东北三大省会城市为例，在东北三省的省会城市里，营商环境排名最靠前的是全国排名第24位的长春，但目前长春经济在结构转型升级过程中艰难前进，其人口老龄化加重、经济增速严重下滑，大量高学历年轻人口外流，其营商软环境持续恶化。哈尔滨和沈阳均面临同样的困境。

沿海城市营商环境优于内陆城市。据表4.4可知，内陆城市与沿海城市在营商环境方面存在明显差距，排名后 5 位的城市均为内陆城市。计划单列市均在东部沿海地区，经济发展水平高，这进一步抬升了沿海城市营商环境的优势。比如，地处沿海的广州处在前 5 名①，身居内陆的兰州则排名垫底。自1984 年首批沿海开放城市设立以来，中国沿海开放城市对长三角、珠三角和环渤海经济圈的形成和发展产生了积极影响。沿海城市经济基础扎实、区位优势明显、且易于开展国际经济合作，再加上国家给予的优惠政策条件，其对外贸易份额和利用外资总额均在国内排名靠前，经济发展方面成就显著（徐大伟 等，2010）。与内陆城市相比，沿海城市吸纳的人力资源质量高、数量多，对城市营商环境优化具有促进作用，也能有效促进民营经济高质量发展。因此，沿海城市营商环境优于内陆城市。

4.2.3　对行政和区位因素的初步检验

前文分析了行政级别和地理区位对城市营商环境的影响，接下来，本小节通过回归分析对上述结论进行初步检验。学术界普遍认同经济发展水平会对营商环境产生影响，而人均 GDP 能较好衡量地区发展水平，因此可选择人均GDP 为控制变量，实证检验行政和区位因素对城市营商环境的影响。在回归分析中，被解释变量为营商环境指数，解释变量为直辖市、计划单列市、东部地区城市和沿海城市等虚拟变量②。考虑到同期变量之间具有严重的内生性问题，选取滞后期的人均 GDP 作为控制变量③。城市行政级别和区位对营商环境的回归分析结果详见表 4.7。据表 4.7 可知，回归分析的结果在一定程度上印证了前文的判断，对行政级别高的城市、东部地区城市和沿海城市，其营商环境较高，但由于样本量过小的问题，在控制人均 GDP 的情况后，结果不理想。具体来看，在不控制地区经济发展变量的情况下，除了计划单列市变量之外，各虚拟变量均会对营商环境产生正向影响。在加入控制变量后，直辖市虚拟变量的估计系数显著大于 0，沿海城市虚拟变量的估计系数虽为正值但不显著，本书认为这与样本量过小有关。

---

① 需要特别强调的是，作为沿海城市的广州，其营商环境明显领先于其他省会城市，这得益于与其他一线城市相比该城市具有较低的房价，使其商务成本具有较大优势。

② 研究样本为 2018 年 35 个大中城市。

③ 人均 GDP 数据来自 2015《中国城市统计年鉴》，其他数据来自《2018 年中国城市营商环境评价报告》。

表 4.7 营商环境的决定因素：行政与区位

模型	(1)	(2)	(3)	(4)	(5)	(6)	(7)	(8)
直辖市	0.123 3***	0.107 9*						
	(0.043 9)	(0.054 4)						
计划单列市			0.051 0	-0.011 0				
			(0.053 2)	(0.040 8)				
东部地区城市					0.058 3*	-0.003 2		
					(0.029 7)	(0.026 6)		
沿海城市							0.064 7*	0.016 4
							(0.034 8)	(0.027 2)
人均 GDP		0.140 5***		0.158 1***		0.155 9**		0.140 4**
		(0.050 5)		(0.052 3)		(0.058 8)		(0.052 1)
观察值	35	35	35	35	35	35	35	35

注：（1）***、**和*分别表示在 1%、5%和 10%水平上显著，括号内为稳健性标准误（即所有模型均考虑了异方差问题）；（2）本表因变量为 2018 年 35 个大城市的营商环境指数，来自《2018 年中国城市营商环境评价报告》；计划单列市、东部地区城市、沿海城市均为虚拟变量。

4.2.4 小结

综上，本节对直辖市、计划单列市和省会城市营商环境的城际差异进行横向比较，基于比较发现：中国城市的行政级别与营商环境相关联，行政级别高的城市在营商环境上更优，领先于行政级别低的城市；城市的地理区位会影响其营商环境，东部地区城市营商环境最好，中部次之，西部较差；处在长江以南的城市，其营商环境明显优于长江以北的城市；位于沿海地区的城市，其营商环境优于内陆城市。

4.3 中国民营企业营商环境的影响因素分析

已有研究表明，中国民营企业营商环境的制度性交易成本过高已引起决策层的高度重视，无疑，降低制度性交易成本对民营经济健康发展至关重要，中央政府已将降低民企制度性交易成本确立为经济体制改革的重要目标（李炳堃，2018），拟借助降低制度性交易成本来优化民企营商环境（程波辉，2017）。结合前文对营商环境的比较分析，本节立足于制度性交易成本视角综合考察民营企业营商环境的决定因素，这包括计划经济体制惯性、法治化进程、金融制度、行政体制效率、官本位意识、地方政府间竞争等因素。接下来，本节就这些影响因素对城市营商环境的影响展开分析。

4.3.1 计划经济体制惯性

计划经济体制对中国经济发展影响深远。本书认为，计划经济体制的惯性会对民营企业营商环境产生不利影响。在计划经济时期，政府在赶超战略的指引下按照所有制性质和规模来对企业进行分类管理，重点扶持重化工业和先导性产业，这有效推动了中国工业化进程和关键性产业的发展（刘志彪，2019）。在计划经济时期，国有企业通过行政手段从商业银行获得贷款，但在国有银行的信贷审批权和行长任命权上收后，行政力量干预国企融资的情况有所缓解，然而，国有企业和国有银行同属于国家这一产权主体，彼此之间形成了一种软约束的融资关系，其借贷关系实际是"钱从自己的左手跑到右手"，即使国企经营绩效较差，银行也会选择放贷，这增加了民营企业获取信贷的难度（王玲，2013）。在实际中，民营企业很难获得国有银行的信贷支持，只能被迫选择高利率的抵押贷款。统计显示，2013—2018年，民营企业获得的贷款余额占全部企业贷款余额的比重呈下降趋势，由48%降至36%。其次，在公共服务获取上，国有企业具有更大的体制优势获得各类公共服务；但民营企业受制于与各级政府的沟通成本高，难以高效及时地获得公共服务，再加上许多政府官员对民营企业重视程度不够，致使民营企业在市场准入、获取资源和行政审批领域存在劣势，甚至在产权保护类案件中，民营企业的诉求也难以得到支持。尽管中国市场化进程在不断提升，但优先支持国有企业的计划经济体制惯性并未随市场经济发展而退出历史舞台，民营企业在生产经营过程中屡遭区别对待，尽管官方在不断辟谣但仍时而会流传出取消民营经济的"声音"。这在某种程度上折射出中国民营经济的尴尬处境，政策环境的不确定性加重了民营企业家对市场前景的忧虑。总之，民营企业在多个领域与国有企业进行非公平竞争，由经济体制性因素衍生出融资难、融资贵、政商关系复杂、税负重等一系列问题。

接下来，以东北地区为例说明计划经济体制惯性对民营企业营商环境的不利影响。新中国成立后，由于苏联对东北的工业支援，加之中国对苏的友好政策，在计划经济体制下，政府对东北地区的经济支持要高于其他地区，东北快速发展成为全国重化工业基地，当时的东北经济在一定程度上有效支撑了全国经济建设（时佳羽，2016）。但是近年来，东北地区经济下行压力大，转型和升级缓慢。计划经济体制造就了东北的腾飞，也为东北的衰落埋下伏笔。东北地区进入计划经济早，退出计划经济晚，国有企业包袱较重，结构性和体制性因素阻碍了东北经济发展（张占斌，2015）。有证据表明，在计划经济向市场经济转型过程中，体制因素显著阻碍东北地区经济增长，体制因素束缚也是当下东北经济大幅下滑的深层次原因（褚敏、踪家峰，2017）。由于东北地区经济体制改革相对滞后，目前国有经济占比依然偏高，再加上国有企业的低效率和政府的保护性补贴政策，这均不利于营商环境的优化，甚至还会对民营企业发展产生挤出效应，致使东北地区陷入衰落。

前文从理论和实例上分析了计划经济体制惯性对民营企业营商环境的不利影响。接下来从实证角度检验计划经济体制惯性对营商环境的影响。在市场化进程中，大量国有企业成为所在地区经济增长的"包袱"，导致该地不能提供优质的公共服务，相对而言，国有经济占比低的地区可以通过良好的公共服务来吸引影响经济增长的要素（刘瑞明，2011）。在计划经济时期，各城市国有经济的比重不同，意味着各城市计划经济体制惯性的大小有所差别。本书选择1990年全民所有制工业产值在工业总产值中的比重来衡量计划经济的惯性①，

---

① 数据来自《1991中国城市统计年鉴》。

使用2018年城市营商环境指数衡量地区营商环境状况。相关性分析的结果如表4.8所示：营商环境与计划经济惯性的相关系数为-0.449且在1%水平下显著，即计划经济的惯性与营商环境显著负相关。为进一步验证计划经济体制惯性对营商环境的影响，本书还进行了回归分析。核心解释变量为计划经济的惯性，选择人均GDP作为控制变量，被解释变量为营商环境指数，实证结果见表4.9。从表4.9模型（1）可以看出，在不控制人均GDP的情况下，计划经济的惯性对营商环境的影响为负，其影响系数为-0.2592且在5%的水平上显著；模型（2）在控制人均GDP之后，计划经济的惯性对营商环境的影响依旧为负（即系数为-0.0947），但由于样本量过小，其显著性已下降。综上，结合东北衰落的案例、相关性及回归分析的结果，本书初步证明，受计划经济的惯性影响越大的城市，其营商环境越靠后。

表4.8 营商环境和计划经济体制惯性的相关性分析

皮尔逊相关系数	-0.449 **
显著性水平	0.007
样本数	35

注：** 表示在1%级别（双尾）相关性显著。

表4.9 营商环境的决定因素：计划经济体制惯性与知识产权保护

模型	（1）	（2）	（3）	（4）	（5）
计划经济体制惯性	-0.2592 **	-0.0947			-0.0820
	(0.1155)	(0.1314)			(0.1317)
知识产权保护			0.2491 **	0.1767 **	0.1706 **
			(0.1059)	(0.0769)	(0.0749)
人均GDP		0.1240 *		0.1398 **	0.1153 *
		(0.0612)		(0.0511)	(0.0595)
观察值	35	35	35	35	35

注：（1）***、** 和 * 分别表示在1%、5%和10%水平上显著，括号内为稳健性标准误（即所有模型均考虑了异方差问题）；（2）本表因变量为2017年35个中大城市的营商环境指数，来自《2018年中国城市营商环境评价报告》；解释变量为经济体制和产权保护，经济体制用全民所有制工业产值占比衡量，来自1991年《中国城市统计年鉴》，产权保护用专利数量与科技人员之比衡量，来自2018年《中国城市统计年鉴》。

4.3.2 法治化进程

法治化是营商环境的核心和关键，而产权保护是法治化营商环境的重要体现。有证据表明，地区司法公正程度和产权保护水平对企业成长和全要素生产率具有显著影响，且产权保护具有基础性作用（杨进、张攀，2018）。在中国的法治化进程中，存在营商环境相关的法律制度不健全、部分立法滞后于社会经济发展要求、法律法规对公权力的有效约束不够、产权保护意识薄弱和保护力度弱、不同所有制市场主体待遇不同、缺乏契约精神等一系列问题，这导致民营企业合法权益得不到有效保护，进而制约民企健康发展。在财产安全方面，中国法律规定公民合法的私有财产神圣不可侵犯，但对于"合法"二字缺乏细致的衡量标准。个别民营企业在资本积累初期可能违反了当时的法律和政策，随着企业规模的扩大和影响力的上升，民营企业家担心其行为受到追究，其财产有被没收的风险，致使部分民营企业家将财产转移至国外（刘言，2015）。据中国社科院发布的《全球政治与安全报告》，中国正在成为全世界最大的移民输出国，移民潮问题可能与中国的产权保护不力相关。近年来，中国对私人财产的保护力度在增大，但仍须进一步完善（刘红军、唐学芳，2013）。

就立法而言，行政垄断问题较突出，不利于法治化营商环境的构建。在《中华人民共和国反垄断法》中仅对部分行政垄断行为进行列举，涵盖范围较小，国有企业通过行政力量进行垄断的行为未被列入，导致行政垄断现象较普遍。民营企业除了要应对市场自然形成的垄断，还要面对行政垄断，不仅不利于民营企业的成长，还会滋生腐败，降低政府公信力（刘志彪，2019）。在司法层面，存在地方保护主义和政府偏袒国有企业的现象。有证据表明，在一审诉讼中，当原告与法院所在地相同时，会对原告获得有力判决产生正向影响（龙小宁、王俊，2014）。民营企业在财产遭遇侵害时，立案判案和执行均很困难，当与国有企业发生经济纠纷时，司法判决和执行可能会偏袒国企，有时候还会出现因保护国有资产而牺牲民营企业利益的判决结果（王建军、何光营，2015）。在行政执法方面，民营企业经常要接受来自不同执法部门的监管，个别执法机关执法程序不规范、重处罚轻规范、选择性执法、以权谋私的现象经常出现。

知识产权保护是民营企业法治化营商环境的核心要素，会影响民企创新意愿和创新行为。有证据表明，知识产权保护相关法律的执行和完善有助于民营企业研发创新的不断增强，坚定民企加大研发支出的决心（余其营，2010）。

接下来，本书先对营商环境指数和产权保护进行相关性分析，再使用知识产权保护衡量地区法治化水平，进而检验法治化水平对营商环境的影响。借鉴樊纲等（2003）在构建知识产权保护指标时曾采用专利授权数和科技人员数之比衡量知识产权保护[①]，本书也使用该指标衡量城市知识产权保护水平。相关性分析的结果如表4.10所示：知识产权保护指标与营商环境的相关系数为0.339且在5%水平下显著，这说明知识产权保护与营商环境指数正相关。进一步，使用回归分析检验知识产权保护和营商环境的关系，估计结果见表4.9。从表4.9模型（3）可看出，知识产权保护变量的估计系数为0.2491且在5%水平下显著，这表明知识产权保护对营商环境产生了显著的正影响；模型（4）在模型（3）的基础上控制了人均GDP后，结果发现，知识产权保护变量的估计系数为0.1767且在5%水平下显著，知识产权保护依旧显著影响营商环境。在模型（5）中，同时控制计划经济体制惯性和知识产权保护变量，结果发现，计划经济体制惯性的估计系数依旧为负，知识产权保护的估计系数为正，这进一步验证了计划经济体制惯性的负面影响和知识产权保护的正面影响。

表4.10　营商环境和知识产权保护的相关性分析

皮尔逊相关系数	0.339[*]
显著性水平	0.046
样本数	35

注：[*] 表示在5%级别（双尾）相关性显著。

总之，法治环境在民营企业营商环境中具有基础性作用，法治化进程和知识产权保护影响着民营企业制度性交易成本的进一步下降，但民营企业在立法、司法、行政执法、产权保护等方面均处在不利地位。关于营商环境和知识产权保护的实证分析表明，法治化水平越高、知识产权保护越好的城市，其营商环境越好。

4.3.3　金融体制

民营企业在发展过程中必然涉及融资问题，金融体制的完善有助于增加金融机构的数量、拓宽民营企业的融资渠道进而降低其融资成本，并促进金融营商环境优化。民营企业的融资渠道包括直接融资和间接融资。当前中国金融市场结构以间接融资为主，呈现出以国有银行为主体的信贷型融资结构。在间接

[①]　数据来自2018年《中国城市统计年鉴》。

融资过程中，大多数民营企业存在资本存量水平低、固定资产规模小、资信程度不高、财务信息不规范等问题，缺乏抵押物和担保人，这导致银行对民营企业存在"所有制歧视"和"规模歧视"；而国有企业的规模较大，同国有商业银行一样属国有产权，且有政府作为隐形担保人，不存在信贷歧视问题。据统计，在2016年大型国有控股企业获得的信贷资源占比高达73%，民营企业仅得到了16%，这一比例与其在国民经济中的份额不相称（沈昆荣，2019）。在直接融资上，由于上市门槛较高，且投资者难以低成本搜集民营企业信息，导致绝大部分民营企业无法使用直接融资渠道。金融体制的缺陷让民营企业难以在正规融资渠道获得资金支持，影子银行、地下钱庄等非正规金融成为民营企业融资的重要途径之一。但政府部门会经常性地对非正规金融部门进行打压，使民营企业获得非正规部门贷款的空间收窄。综上所述，民营企业在不同融资渠道均处在不利地位，其融资问题的解决依赖于金融生态环境的进一步改善。总之，良好的金融体制能够引导金融机构服务于民营企业，降低民营企业的融资成本，对民营企业扩大规模和提高研发创新能力有不可或缺的作用（孙俊杰、彭飞，2019），因此，当前中国金融体制影响着民营企业营商环境的优化，好的金融体制对民企营商环境产生促进作用，而差的金融体制会阻碍民营企业营商环境的优化。

4.3.4　行政体制效率

行政体制是国家体制的重要组成部分，中国以建立与社会主义市场经济相协调的行政体制为目标（马宝成、安森东，2018）。当下，中国行政体制存在行政层级偏多、同级部门职能交叉重叠等问题，致使民营企业和政府部门沟通成本高，对民营企业营商环境产生不利影响。从中央到乡镇，中国形成了五级行政架构，行政层级数量之多居世界之最，导致行政体制效率不高（魏雪晶，2008）。尽管各级政府出台了优化营商环境的政策措施，但受行政层级多的影响，在落实过程中还是出现了各类问题，如多通过会议来落实文件的现象突出、底层执行人员存在未能领悟政策要义等，导致优化营商环境的政策措施的效力大打折扣。在行政审批权下放的过程中，下级政府部门对行政审批业务流程不熟悉，导致审批服务效率不升反降。同时，同级政府机构存在职能重叠、职责交叉、权力和职责不相匹配的问题，且政府部门之间缺乏配合协调，审批范围过宽，程序过于复杂，审批标准不够规范，同一事项牵扯多个行政部门，有时需要向不同部门递交同样的手续，对民营企业而言，其制度性交易成本长期居高不下。民营企业和政府机构出现"清"而不"亲"的关系，部分行政人员为了避免和企业打交道过程中给自身带来麻烦，不作为和不敢作为，选择疏远民营企业甚至在岗位上不作为（谢志强、王涛，2016）。综上所述，行政层级问题和职责交叉问题与政府部门效率直接挂钩，进而制约民营企业营商环境的优化。

近年来，中国政府机构"放管服"改革的步伐不断加快，通过设立行政审批中心集中行政审批权实现集中办公，来缩减审批时间。无疑，行政审批中心的设立降低了企业进入市场的制度性交易成本（毕青苗 等，2018）。中国各地区纷纷基于互联网推出"极简审批"模式，大批量下放和取消行政审批事项，充分激发市场活力，改善民企营商环境。有证据表明，行政审批制度改革有助于扩大企业投资，且对民营企业的影响更大（范少君 等，2015）。行政审批体制改革作为中国体制改革的重要组成部分，对政府、企业和市场之间的利益关系进行调整，构建一套符合社会主义市场经济要求的行政体制，有助于增强民营企业家创新创业的意愿，降低民营企业的制度性交易成本。总之，政府行政体制效率会影响民营企业营商环境，行政效率越高的城市，其营商环境排名越靠前。

4.3.5 官本位意识

官本位即官员在经济社会系统中处在核心位置。官本位意识的形成与封建社会时期的制度因素相关，包括同官员级别相关的特权制度、森严的社会等级制度和单一化的人才选拔、培养及激励制度（齐秀生，2002）。自上而下的官僚体制在 2 000 多年的中央集权制中逐渐生成，官员成为社会实际的"主人"，拥有管理和支配他人的权利，是百姓的"父母官"。辛亥革命终结了封建专制，但官本位意识却具有较强的惯性，延续至今。显然，官本位意识不仅与为人民服务的"初心"相背离，而且还会拉大政府机构和民营企业间的"距离"，阻碍民营企业营商环境的优化。官本位意识一方面影响官员对民营企业的态度和行为，另一方面会对民营企业家精神产生影响，两方面均与民营企业营商环境相关联。官本位意识突出强调官员在社会中的"主角"地位，具有官本位意识的官员在决策过程中忽视企业的参与、忽略企业自身的能动性和创造力、限制企业家发表与自身利益相关的言论（李景鹏，2009）。具有官本位意识的官员想当官但不想干事，过度追求"按部就班"，缺乏优化民营企业营商环境的动力，重形式而不重实效，爱做表面文章、空喊口号，甚至禁止民营企业家批评和指责。在官本位意识较普遍的地区，由于与政府部门的正当沟通渠道被限制，部分民营企业不得不通过寻租获取公共服务，甚至还会发生政企合谋，使民营企业丧失活力和创造力，因此，领导的官本位意识会制约当地民营经济健康发展。此外，官本位意识与官僚主义作风、形式主义、奢靡主义、享乐之风相关联，其社会危害较大（李太森，2014）。拥有官本位意识的官员难以真正的全心全意为民营企业服务，甚至会在工作中会损害民企利益。当前社会，长江以北的城市官本位意识较长江以南的城市更为普遍，而在营商环境方面，长江以南的城市优于长江以北的城市，可见，官本位意识的严重程度会影响到城市营商环境质量。

4.3.6　地方政府间的竞争

地方政府为了促进地区经济增长会在财税、土地、营商环境等不同领域展开竞争。地方政府间的财税竞争和土地竞争会通过改变民营企业所面临的制度性交易成本进而间接影响营商环境的优化，而地方政府在营商环境上的竞争会直接促进民企营商环境的提升。

首先，财税竞争集中表现为地方政府在招商引资过程中通过税收优惠和财政补贴的手段来吸引民营企业到该地安家落户。税收竞争具体表现在税率设置、税收监管和纳税制度等方面，其中，企业所得税是地方政府间税收竞争的关键，下调企业所得税税率的做法是地方政府间竞争的常用手段。此外，地方政府还会向中央申请税收减免的优惠政策（潘孝珍、庞凤喜，2015）。当前，地方政府间的竞争还包括财政政策的竞争，比如，地方政府根据产业扶持政策增加针对高新技术和清洁能源的财政补贴力度。有证据显示，地方政府间的财政竞争表现出显著的策略模仿行为，地方政府间的空间互动对民营企业的科技创新具有推动作用（陈志军，2017）。无疑，适当的财税竞争有利于为企业营造良好的营商环境，促进地区经济的发展；反之，地方政府间过度的财税竞争必然导致财政收入减少，甚至还可能引致权钱交易和腐败问题，比如民营企业通过寻租行为换取税收优惠，这会对营商环境产生负面影响。其次，土地竞争主要表现为地方政府通过低廉的工业用地价格吸引民营企业落户，即借助要素价格优势来达到招商引资的目的。但有研究发现，地方政府以低于征地成本价出让土地的现象大量存在，其行为违反了《协议出让国有土地使用权规定》的相关条款（杨临宏、谭飞，2013），破坏了民营企业的法治化营商环境，对营商环境产生了负面影响。

需要特别强调的是，在当下，营商环境竞争已成为地方政府招商引资的重要手段。竞争表现在各级地方政府纷纷出台了推动地区营商环境优化的系列政策，如天津市政府于2017年11月出台"津八条"，成都市政府设立了"国际化营商环境建设年"，西安则推出《服务民营经济高质量发展十条措施》。上海市政府也出台相关政策，并特别强调与优惠政策和低要素成本相比，只有优化营商环境才是最持久、最有效的推动经济高质量发展之道；截至2019年8月，上海市已将其营商环境改革推进到更高级的阶段，在"一网通办"、数据归集方面做出了新的探索，不同行政部门之间可按需共享，切实解决重复提交审批手续的问题，提升了行政审批效率。除上述地区之外，其他地方政府也有推出类似政策，同时展开硬件竞争和软件竞争，这包括办理审批事项网上预约、在审批中心设置自助服务终端、树立"店小二"精神、压缩审批事项办理时间、向企业做出有关行政审批事项的承诺、积极引导行政部门主动与企业对接等方面。无疑，地方政府间展开的营商环境竞争在一定程度上降低了民营企业制度性交易成本，起到了优化民营企业营商环境的作用。

综上所述，地方政府间的合理竞争有助于民营企业营商环境的优化，有助于形成融洽的政商关系，推动行政审批制度改革，提升行政部门的效率。但不当的或过度的竞争则会对民营企业营商环境产生负面影响，甚至还会滋生腐败、扭曲政商关系。

4.4　本章小结

本章从国际和城际两个维度出发，以世界银行和粤港澳大湾区研究院发布的营商环境报告为基础，分析中国民营企业营商环境的时序变化和城际差异，并对其决定因素展开论证。在跨国层面，本章选取部分发达国家、发展中国家和亚洲国家与中国展开比较，中国营商环境在2006—2019年呈上升态势，企业开办、获取电力供应和合同执行等指标表现良好；中国营商环境落后于发达国家，但也有部分指标与其接近；在金砖国家中，中国营商环境进步幅度位居第二，小幅落后于俄罗斯；同新加坡、韩国等亚洲国家相比，中国营商环境较差，但今后有望赶超日本。在城市层面，本章选取直辖市、计划单列市和省会城市进行比较，结果发现，城市行政级别和地理区位均会对营商环境产生影响，具体表现为：行政级别高的城市优于行政级别低的城市；东部城市营商环境最好，中部次之，西部较差；处在长江以南的城市，其营商环境明显优于长江以北的城市；位于沿海地区的城市，其营商环境优于内陆城市。最后，本章从制度性交易成本视角出发，分析了计划经济体制惯性、法治化进程、金融制度、行政体制效率、官本位意识、地方政府间竞争等因素对民营企业营商环境的决定作用。

5 中国民营企业营商环境优化改革的动力机制

5.1 问题的提出

在中国经济体制改革实践中，一旦底层政府的改革实践被证明是行之有效的，就会被中央政府予以认可，于是，自下而上的制度变迁便成为中国体制改革的可选路径之一。国务院于 2015 年 8 月印发的《国务院关于推进国内贸易流通现代化 建设法治化营商环境的意见》文件首次提出"法治化营商环境"的概念，开始从国家层面推进营商环境建设。此后，各地纷纷将优化营商环境写入政府文件，并出台了一系列具体举措来推进区域营商环境优化改革。其实，早在 20 世纪 90 年代中期，就有地区在推进营商环境建设，如深圳早在1995 年就率先试水行政审批制度改革，开始精简行政审批事项，主动转变政府服务职能，此后，在深圳改革示范作用的引导下，各地区在逐步推动营商环境优化改革。时至今日，各地区在推进营商环境优化改革方面不断试验新的政府服务方式和手段，不断在改革的边际上进行突破，"敢为天下先"，逐步形成了区域营商环境优化升级"锦标赛"。那么，究竟是什么因素驱动了中国各地区早在中央政府明确提出"建设营商环境"之前就主动发起实施营商环境优化改革？或者说中国各地区推动营商环境优化改革的内生动力机制是什么？显然，上述问题的答案关系到如何在新形势下持续向纵深推进中国营商环境优化改革，确保"放管服"改革不断取得新成效，不断缩小中国与国际一流营商环境的差距，进而充分释放市场主体活力和社会创造力。

近年来，开始有学者立足于制度经济学和公共治理理论阐释营商环境优化改革的实践逻辑和路径选择（袁莉，2018；娄成武、张国勇，2018；宋林霖、何成祥，2018），梳理和总结西方发达国家和地区推进营商环境建设的经验

（罗秦，2017；胡兴旺、周淼，2018；杨继瑞、周莉，2019），研判中国营商环境建设的现状及其存在的问题（李玉梅、桑百川，2018；张杰、宋志刚，2018；张三保、曹锐，2019），实证检验营商环境影响企业微观行为的机制和逻辑（夏后学 等，2019；于文超、梁平汉，2019）。但遗憾的是，据笔者掌握的国内外文献来看，目前仍未有人基于中国的数据资料分析和考察各地区推进营商环境的动力机制问题，更没有研究基于制度竞争视角分析地方政府在推进营商环境优化改革上所呈现的横向竞争效应。另一方面，在有关地方政府竞争的既有研究中，有人分析了中国地方政府竞争的生成逻辑和实现形式（周业安、赵晓男，2002；汪伟全，2004），考察了地方政府竞争的经济后果问题（赵祥，2009；方红生、张军，2009；吴群、李永乐，2010；邓玉萍、许和连，2013），讨论并检验了地方政府竞争的存在性问题（黄纯纯、周业安，2011；傅强、朱浩，2013），但尚未有研究探讨地方政府竞争对营商环境优化改革的影响，未能分析地方政府竞争的重要形式之一，即制度竞争在区域营商环境建设的作用，这为本章基于制度竞争视角考察地方营商环境优化改革的空间策略互动效应提供了丰富的文献基础。

不同于已有研究，本章的可能贡献体现在以下几点：第一，从体制改革动力的形成视域丰富有关营商环境优化改革方面的文献。尽管既有研究考察了中国营商环境建设的现状、问题、评价体系、外部经验借鉴及未来变革方略，实证研究了地区营商环境影响企业微观行为决策的机制与效应，但尚未有人基于中国式分权制度背景考察地方政府之间的制度竞争在地区营商环境优化改革中的动力及其作用，本章首次基于制度竞争这一独特视角揭示了地区营商环境优化改革的内在动力机制，并基于省域层面的空间面板计量模型证实了该动力机制的存在。第二，本章补充了地方政府竞争实现方式方面的研究。无疑，中国地方政府之间存在着激烈的竞争，这既包括财政补贴、倾向性财政支出、土地政策、税费优惠政策、产业政策、公共品供给等方面的竞争，也包括企业所得税、营业税、增值税、财产税、城市建设税等各种形式的税收竞争，既有研究对此进行了深入考察和检验，但既有研究尚未系统考察制度竞争作为地方政府间横向竞争的一种新手段所具有的当代现实意义及其经济效应，因此有必要基于中国的数据资料进行证实和确认地区间确实存在这种新形态的制度竞争方式。第三，本章还拓展了财政分权经济后果方面的研究文献。既有研究表明，中国式财政分权体制造就了地方政府之间为增长而竞争的格局，中央政府会借助转移支付政策协调地区间因分权所造成的财权和事权不平衡问题；本章研究发现，尽管地方制度竞争促进了地区营商环境优化改革向纵深推进，但当前的转移支付政策弱化了中国地方政府推动营商环境优化改革的空间策略互动强度，无疑，该发现拓展了中国式分权之经济后果方面的研究文献；不仅如此，基于空间面板计量模型的实证结果还发现，中国地方政府在营商环境优化改革上所展现的制度竞争效应还依赖于地方经济增长状况和地区开放程度，该发现为决策者有效规制和引导各地区有序推进营商环境建设提供了明确的政策含义。

本章结构安排如下：5.1 节提出问题并梳理已有研究成果；5.2 节阐述研究背景与理论假说；5.3 节给出用来检验假说的空间面板计量模型、空间权重矩阵及变量的设定；5.4 节基于空间面板数据模型进行实证分析；5.5 节是稳健性检验和进一步分析；5.6 节总结本章研究结论及启示。

5.2 制度背景与理论假说

自 1994 年分税制改革以来，中国各级地方政府作为独立利益主体的行为特征越来越明显，在辖区利益最大化的原则下做出各种决策和策略性反应，于是，横向来看，各地区地方政府之间借助各类政策和地方性法规的出台展开横向竞争的态势越来越明显。无疑，在当前财政分权体制背景下，对地方的分权致使各地区间的横向竞争越发激烈。已有证据表明，在实践中，地方政府间的横向竞争已不容忽视，其主要的竞争手段和形式包括税收竞争（周业安 等，2013；龙小宁 等，2014）、财政补贴竞争、"招商引资"优惠政策竞争（皮建才 等，2015）、土地政策竞争（谢贞发、朱恺容，2019）、研发补贴竞争（李世奇、朱平芳，2019）、开发区设立竞争（邓慧慧 等，2018）、财政支出竞争（周亚虹 等，2013）等。不仅如此，近年来在经济体制改革进程中各地方政府开始通过加快推进营商制度变革展开横向制度竞争，即通过加快推进本辖区营商环境建设进而达到吸引外部生产要素不断流入和本地区经济快速发展之目的，最终在地方政府间横向竞争中"拔得头筹"。

为了便于刻画地方政府间的制度竞争，假设可将各地区划分为两类：一类地区在时序上率先实施营商环境优化改革，拟借助地区营商环境的优化和完善吸引人才、资本、技术等外部生产要素的流入，进而做大本地区税基（即经济规模），可将这类地区看成制度变革之先发地区；另一类地区在时序上尚未进行营商环境优化改革，对其他地区的营商环境优化改革仍持观望态度，但会对相邻地区改革所带来的竞争压力渐进做出反应，可将这类地区看成制度变革之后发地区。无疑，在既定的资源和要素刚性供给约束下，若地理上相邻地区的地方政府率先实施营商环境优化改革，这不仅会降低先发地区企业运营的制度性交易成本，还能够为辖区内各类企业提供更优质的公共服务，使先发地区里的企业具有更强的市场竞争能力，进而诱致各类优质生产要素竞相流入在营商制度上率先发起变革的先发地区。一旦周边相邻地区的地方政府发觉到先发地区的营商环境优化改革已对本地区发展造成了"负外部性"，即将本地区的优质生产要素"吸走"，则后发地区的地方政府就会模仿地理相邻地区的营商环境优化改革实践，从而加快推进本地区营商环境建设。后发地区为了最大限度降低或规避相邻地区先发改革对本地区造成的不利影响，会通过制度学习来模仿相邻地区的营商制度改革实践，以吸引更多外部生产要素流入，进而加快推进本地区经济发展。当然，后发地区的制度学习过程不仅有助于后发地区克服制度变革所面临的"知识不足"问题，还有助于降低后发地区实施营商制度变革的探索性成本，在政治上还能降低制度创新所引致的政治风险，不必担心"枪打出头鸟"问题。

另外，地区间在营商环境优化改革上所呈现的制度竞争还会影响民企等市场主体的进入或退出决策。基于蒂伯特的"用脚投票"模型可知，民企等市场主体会对各地区营商环境建设状况进行评判，并在事前比较和研判营商环境欠佳的地区和营商环境优良的地区给其生产经营活动带来的成本差异，一旦营商环境优良的地区能够为其生产运营活动带来更多的收益或更低的成本，那些业已进入市场的在位企业可能会主动选择退出营商环境建设落后的地区并迁入营商环境优良的地区，那些计划进入市场的投资者和创业者也会在事前选择到营商环境优良的地区创业投资。这必然会对营商环境欠佳地区的地方政府造成一种无形的压力，即面临税基流失问题，因此营商环境欠佳的地区为了不让本辖区的企业外迁，也为了能在事前吸引更多的优质企业落户或投资，就不得不模仿先发地区营商环境建设经验及其制度创新试验，即借助制度学习以更优营商环境吸引外部投资者进入。无疑，地方政府之间通过营商制度变革和制度学习过程所呈现出的"你追我赶"之博弈态势，最终造就了地方政府间的横向制度竞争（靳文辉，2017），即先发地区率先推进营商环境优化改革，而相邻的后发地区则采取模仿策略，也加快推进营商环境优化改革，以减少与先发地区间的"制度距离"。

显然，上文描述的地区制度竞争是地区之间在选择营商规则或营商规则体系时所呈现的竞争（冯兴元，2001）。各地区为了设计出或优化出更有利于本辖区民营企业等市场主体健康发展的营商制度规则所展开的制度变革"竞赛"，比如，在实践中地方政府围绕完善辖区市场竞争机制、鼓励企业公平竞争、鼓励企业研发创新、激活企业家精神充分发挥等，在商事制度、政府行政服务平台建设、地方司法制度改革、地区公共品供给、税务营商环境提升等领域积极推进各类制度变革试验，通过营商环境建设试验来吸引外部生产要素的流入，进而促进当地经济发展（汪伟全，2010）。在此，本章特别强调在地理上相邻的同级地方政府之间的制度竞争，如江苏省和浙江省，这两个地区不仅在地理上相近，而且具有相似的经济发展水平、基础设施建设状况、区位条件和地方亚文化，当中央政府对这两个地区的行政官员进行绩效考核时，不是基于绝对绩效进行考核，而是基于相对绩效进行考核，也就是说将这两个地区进行横向比较则更具可比性，因此这两个地区在营商环境建设方面所呈现出来的制度竞争强度会更大。当这两个地区中的某个地区在营商环境优化改革方面"敢为天下先"时，则会触发另一个地区的策略性反应。比如，江苏省于2019年年初颁布了《加快推进"不见面审批（服务）"进一步优化营商环境的实施意见》（简称"1+10"文件），从企业创办、不动产登记、施工许可、办税、跨境贸易便利化、信贷获取、水电气接入、知识产权保护等方面打造国际一流的区域营商环境，其营商环境优化改革方案不可谓不具体、不可谓不详细，该方案所涉及的部门非常多，仅文件就高达72页；此后，与其相邻的浙江省联合省内15个政府职能部门制定了《浙江省优化营商环境 办理破产便利化行动方案》（简称"10+N行动方案"），这一营商环境优化改革力度很大，实施措施非常详细，可操作性很强，特别是在国内首次试点个人破产制度，可谓开改革之先河。可见，就江浙两省的实际竞争状况而言，相邻地区之间的横向制度竞争是异常激烈的，即当相邻地区率先推进营商环境优化改革时，则本地区也会加快推进营商环境优化改革。基于此，本章提出有待检验的假说1。

假说1：在地方政府横向制度竞争的作用下，地理上相邻地区的地方政府在营商环境优化改革竞争中会采取相互模仿的空间竞争策略。

地方政府在营商环境优化改革上所展现的制度竞争效应还依赖于地区财政分权程度、地方财政自给能力、地区经济增长状况及经济开放程度。首先，地方政府间横向制度竞争的强度依赖于地区财政分权程度。一个地区的财政分权程度越大，则意味着该地区财政支出与收入相关联的程度越大，也就越能有效调动地方政府官员发展经济的积极性；并且，财政分权程度越高也意味着地区财政自主度较大，即地方政府自有收入在其财政支出中的占比较高，这表明地方政府对辖区内市场主体的回应能力较强（陈硕、高琳，2012），这类地方政府往往也具有较强的财政能力、市场维护能力及为辖区内市场主体提供更优公共服务的能力（邵传林，2015），因而有能力对辖区内市场主体的诉求和偏好做出快速响应。尤其是在分税制设立之后，地方政府为了获得更大的税基，有动力也有能力在管辖区内塑造营商制度软环境，主动发起营商环境优化改革来为辖区内的市场主体营造好的营商环境。因此，可预期，财政分权强化了中国地区间的横向制度竞争，即一个地区的财政分权程度越大，其营商环境优化改革的空间策略互补效应就越大。

其次，在分税制改革之后，为了应对地方政府财权和事权不匹配问题，中央向地方提供了大量的转移支付（吴敏 等，2019）。比如，仅以 2019 年为例，中央一般公共预算收入为 8.93 万亿元，向地方提供的转移支付预算额高达7.54 万亿元，占到中央财政支出的 214.81%。无疑，转移支付作为中央政府协调区域间发展的财政手段在发挥积极作用的同时，还可能会弱化地区间的横向制度竞争。一个地区的地方政府对中央政府财政支持的依赖程度越大，该地区通过优化营商环境改革来做大辖区税基的动力会越不足，即越是依赖上级"喂奶"的地区，越是希望上级政府在未来时期给予更大力度的财政支持，毕竟借助营商制度变革助推发展经济进而做大地方税基的难度较大，不如直接向上级索要来得简单、方便。确实有证据表明，转移支付未能对地方政府供给公共品产生有效激励（李永友、张子楠，2017）。显然，推进营商环境优化改革即是供给"制度"这类特殊公共品，转移支付会弱化地方政府对一流营商环境的制度供给。不仅如此，转移支付还降低了那些获得较高转移支付的地区的实际经济增长率（王贤彬、周海燕，2016）。本章的一个判断是，转移支付作为中央政府协调区域间发展的财政手段会弱化地区间的制度竞争，中央转移支付的力度越大则越是不利于地方政府间的横向竞争，即一个地区所获得的中央转移支付越多，其地方政府推动营商环境优化改革的空间策略互补效应会越小。

再次，地区经济增长状况会对地方政府间营商环境制度竞争产生间接性影响。如果将地区经济增长率看作地方政府官员推动地区经济发展所取得绩效的一种衡量指标，那么一个地区的经济增长较快则意味着该地区地方政府通过推进营商环境优化改革所能获得的未来回报率就越高，即该地区官员发展经济所取得的"预期成绩"会较好。进言之，地方政府官员在经济增长较快的地区有更强的动力推进辖区实施营商环境优化改革，以便分享营商制度变革所带来的高经济增长回报率，进而彰显其经济发展"成绩"；相反，在辖区经济增长较慢的地区，地方政府官员通过推进营商环境优化改革所能获得的未来回报率不高，因而其推进营商环境优化改革的动力会不足，较易出现"懒政""庸政""不作为"现象。因此，地区经济增长会强化中国地方政府间的横向制度竞争程度，即一个地区的经济增长越快，其地方政府推动营商环境优化改革的空间策略互补效应就越大。

最后，地区开放程度也会影响地方间的横向制度竞争。在对外开放程度越大的地区，该地区会面临来自国内外的各种竞争压力，该地区地方政府对国内外竞争压力的感知会比较敏感，因而更愿意加快推进本地区营商环境优化改革，或者说其推动本地区实施营商环境优化改革的动力会充足。如在跨国公司、世界500强等外资企业较多的地区，该地区地方政府常遭遇各类外部市场主体对其营商环境建设状况的不满甚至是指责，国际企业巨头甚至还向国际媒体披露或反映其制度"诉求"，要求所在地政府向国际一流营商环境看齐，甚至以转移公司总部或工厂相胁，这必然会给开放地区的地方政府带来较大的外部压力，不得不基于市场主体的各类"诉求"来供给"制度"，即努力打造国际化一流营商环境。与之相反，在地区开放程度较小的地区，由于该地区相对封闭，来自国内外市场主体的舆论压力较小，该地区地方政府对外部竞争压力的感知较"木讷"，因而推进本地区营商环境优化改革的动力会不足。因此，地区经济开放度会强化中国地方政府间的横向制度竞争，即一个地区的开放程度越高，其地方政府推进营商环境优化改革的空间策略互补效应就越大。由此，本章提出假说2。

假说2：在财政分权程度较大、转移支付较小、经济增长较快及地区开放度较高的地区，地方政府通过加快推进营商环境优化改革来实施制度竞争的强度会更大，地区间制度竞争所带来的空间策略互补效应就越大。

5.3 研究设计

5.3.1 空间计量模型的设定

考虑到各地区推进营商环境优化改革在时序上是动态博弈的，且各地方政府间的制度竞争是渐次展开的，接下来，本章基于空间面板模型进行实证检验。为了检验假说1和假说2，现设定如下空间面板计量模型：

$$Do - business_{it} = \alpha_0 + \rho \sum_{j \neq i}^{N} w_{ij} Do - business_{jt} + X_{it}\beta + \mu_i + \nu_t + \varepsilon_{it} \quad (5-1)$$

$$Do-business_{it} = \alpha_0 + \rho \sum_{j \neq i}^{N} w_{ij} Do-business_{jt} + \varphi \sum_{j \neq i}^{N} w_{ij} Do-business_{jt} \times Interm_{it}$$
$$+ X_{it}\beta + \mu_i + \nu_t + \varepsilon_{it} \qquad (5-2)$$

在模型（5-1）式和模型（5-2）式中，ρ 为空间自回归系数，w_{ij} 为空间权重矩阵元素，μ_i 为地区固定效应，ν_t 为年度固定效应，ε_{it} 为随机扰动项；因变量 $Do-business_{it}$ 表示地区 i 第 t 年的营商环境；X_{it} 为控制变量集，包括地区经济发展状况（GDP）、地区人口规模（Pop）、产业结构（Stru）、城市化率（City）、教育水平（Edu）、财政分权（Fisal）、转移支付（Transfer）、经济增长率（Growth）、开放程度（Trade）等变量；为了检验假说 2，模型（5-2）在模型（5-1）的基础上增加了空间滞后因变量与调节变量 $Interm_{it}$ 的交乘项，在具体的估计过程中可分别使用财政分权（Fisal）、转移支付（Transfer）、经济增长率（Growth）和开放程度（Trade）等变量替换模型（5-2）中的 $Interm_{it}$ 变量。相关变量的定义见表 5.1。

参考 Brueckner（2003）、Huang 和 Du（2016）、Akai 和 Suhara（2012）、李世奇和朱平芳（2019）等学者的前期研究，本章使用空间面板计量模型估计模型（5-1）和模型（5-2）中的空间自回归变量的系数 ρ，并基于 ρ 的符号及其显著性研判地方政府制度竞争的实施策略。当空间自回归变量的系数 ρ 大于 0 且在统计上显著时，则判定为空间策略互补，即相邻地区地方政府推进营商环境建设的空间竞争策略为相互模仿；当空间自回归变量的系数 ρ 小于 0 且在统计上显著时，则判定为空间策略替代，即相邻地区地方政府推进营商环境建设的空间竞争策略为相互替代。此外，在模型（5-2）中，如果空间滞后因变量（$\sum_{j \neq i}^{N} w_{ij} Do-business_{jt}$）与调节变量（$Interm_{it}$）的交乘项的估计系数 φ 大于 0 且在统计上显著，则表示调节变量 $Interm_{it}$ 强化了地区间的空间策略互动效应；若交乘项的估计系数小于 0 且在统计上显著，则表示调节变量弱化了地区间的空间策略互动效应。

表5.1 变量定义

变量	定义	计算方法	观察值	平均值	标准差	最小值	中位数	最大值
Do-business	地区营商环境总指数	由法治化营商环境指标体系、市场化营商环境指标体系、金融营商环境指标体系、基础设施营商环境指标体系和政务营商环境指数构建而成五大方面指标体系构建	540	0.929	5.258	-1.74	-0.067	40.135
Law	法治化营商环境	由律师数量、知识产权保护程度、交通事故案结率等二级指标构建而成	540	0.113	1.986	-1.181	-0.641	11.379
Market	市场化营商环境	由非国有经济投资、私营经济就业人数、对外开放程度、市场资源分配中的效率、政府在资源规模等二级指标构建而成	540	-0.443	0.71	-1.232	-0.677	3.558
Finance	融资营商环境	由金融发展水平、金融机构从业人员、资本化率、金融机构建等二级指标构建组成	540	0.136	5.047	-1.111	-0.856	38.498
Infrastructure	基础设施营商环境	由水电燃气成本、信息便利度、公共交通便利度、阅读便利度、公共教育、医疗卫生等二级指标构建组成	540	-0.419	0.718	-1.584	-0.551	1.34
Administration	政务营商环境	由服务支出、私营企业税负、社会公平等二级指标构建而成	540	-4.204	3.923	-14.164	-3.676	1.037
GDP	地区经济发展水平	省（区、市）实际人均GDP的常用对数	540	3.119	0.834	1.015	3.236	4.86

变量	定义	计算方法	观察值	平均值	标准差	最小值	中位数	最大值
Pop	地区人口规模	总人口的常用对数	540	3.551	0.759	1.643	3.642	4.716
Stru	地区产业结构	第三产业产值与第二产业之比	540	0.988	0.499	0.494	0.869	4.242
City	城市化率	城镇总人口占比	540	0.489	0.152	0.182	0.472	0.896
Trade	开放程度	进出口贸易总额/GDP	540	0.031	0.038	0.002	0.013	0.172
Edu	地区教育水平	高校在校学生数/总人口	540	1.484	0.726	0.212	1.521	3.579
Growth	经济增长率	同比经济增长率	540	0.109	0.028	-0.025	0.11	0.238
Fisal	财政分权	省（区、市）人均财政支出比全国人均财政支出	540	0.949	0.526	0.359	0.806	3.621
Fisal_in	财政分权	省（区、市）人均财政收入比全国人均财政收入	540	0.577	0.542	0.176	0.379	3.294
Transfer	转移支付	省（区、市）转移支付/公共财政收入	540	1.231	0.881	0.108	1.169	5.404
Transfer_m	转移支付	省（区、市）人均转移支付的自然对数	540	7.507	0.946	5.358	7.575	9.835

5.3.2 空间权重矩阵的设定与说明

空间权重矩阵的选择和设定直接影响空间计量模型的实证估计结果。纵观既有研究，主要基于地理相邻空间权重矩阵、地理距离空间权重矩阵以及经济距离空间权重矩阵，或者是基于经济与地理距离的嵌套矩阵选择和设定空间权重矩阵。在空间计量研究中，最常用的空间权重矩阵就是地理相邻矩阵 W_1，即若地区 i 与地区 j 在地理上相邻，即当 $i \neq j$ 时，$w_{ij} = 1$，否则 $w_{ij} = 0$；其次，地理距离矩阵 W_2 也较常用，其中 w_{ij} 为地区 i 的省会城市与地区 j 的省会城市之间的欧氏距离 d_{ij}（Euclidean distance）的倒数，即当 $i \neq j$ 时，$w_{ij} = 1/d_{ij}$，否则 $w_{ij} = 0$；最后一种常用的矩阵是经济距离矩阵 W_3，其中 w_{ij} 为地区 i 的人均实际 GDP 与地区 j 的人均实际 GDP 的逆距离，即当 $i \neq j$ 时，$w_{ij} = 1/abs(PGDP_i - PGDP_j)$，否则 $w_{ij} = 0$。当然，上述所有空间权重矩阵均须进行行标准化处理（Huang、Du，2016）。

5.3.3 数据来源与说明

有关营商环境变量的计算及其衡量设定可参见本研究报告第 3 章，不再赘述。本章中的地区是指省级层面，即不包括西藏和港澳台的 30 个省域。地区层面的宏观变量来自《中国统计年鉴》和各省统计年鉴；转移支付变量的数据来自《中国财政年鉴（2001—2018）》；本章研究样本的时间范围为 2000年至 2017 年。

表 5.2　相关系数矩阵

	Do-business	Law	Market	Finance	Infrastructure	Administration	GDP	Growth	Fisal
Do-business	1.000								
Law	0.637 ***	1.000							
Market	0.606 ***	0.757 ***	1.000						
Finance	0.978 ***	0.518 ***	0.514 ***	1.000					
Infrastructure	0.296 ***	0.492 ***	0.518 ***	0.227 ***	1.000				
Administration	−0.280 ***	−0.397 ***	−0.326 ***	−0.091 **	−0.194 ***	1.000			
GDP	0.428 ***	0.618 ***	0.523 ***	0.285 ***	0.593 ***	−0.644 ***	1.000		
Growth	−0.163 ***	−0.342 ***	−0.273 ***	−0.162 ***	−0.438 ***	−0.147 ***	−0.212 ***	1.000	
Fisal	0.446 ***	0.326 ***	0.532 ***	0.399 ***	0.187 ***	−0.265 ***	0.475 ***	0.021	1.000
Transfer	−0.299 ***	−0.462 ***	−0.476 ***	−0.218 ***	−0.246 ***	0.322 ***	−0.390 ***	0.060	−0.082 *

5.4 实证分析

5.4.1 对空间相关性的检验

要判断各地区营商环境优化改革是否在空间上存在策略互动的可能，需要先检验作为因变量的地区营商环境是否具有空间相关性[①]。表5.3和表5.4分别给出了Moran's I检验结果和Geary's C检验结果。基于Moran's I检验结果可知，除了金融营商环境变量（Finance）之外，对于地区营商环境变量及其分指标变量，由检验结果得出的Moran's I总是高于Moran's I的期望值（-0.002）且在1%的水平上显著，这表明地区营商环境指数在空间上存在显著的正向关系，即各地区在推进营商环境优化改革上存在显著的空间策略互补特征。据表5.4基于Geary's C检验结果可知，对于地区营商环境变量及其分指标变量，由检验结果得出的Geary's C几乎总是小于Geary's C的期望值（1）且在5%的水平上显著，这再次证实了地区间的空间策略互补特征。此外，为了更直观地揭示地区营商环境的空间相关性特征，在图5.1中，我们给出了地区营商环境与其空间滞后项的散点图和线性拟合图；据图5.1可看出，地区营商环境确实具有显著的空间相关性。

表5.3 因变量空间相关性检验结果（Moran's I检验）

变量	I	E (I)	sd (I)	z	p 值
Panel A：基于空间相邻权重矩阵的结果					
Do-business	0.096	−0.002	0.03	3.277	0.001
Law	0.57	−0.002	0.031	18.492	0
Market	0.425	−0.002	0.031	13.791	0
Finance	−0.016	−0.002	0.03	−0.471	0.319
Infrastructure	0.748	−0.002	0.031	24.041	0
Administration	0.627	−0.002	0.031	20.196	0

———————

① 统计相关性的结果由表5.2展示，不再赘述。

变量	I	E（I）	sd（I）	z	p 值
Panel B：基于空间距离权重矩阵的结果					
Do-business	0.051	−0.002	0.013	3.916	0
Law	0.347	−0.002	0.014	25.349	0
Market	0.244	−0.002	0.014	17.837	0
Finance	−0.025	−0.002	0.013	−1.715	0.043
Infrastructure	0.705	−0.002	0.014	50.895	0
Administration	0.511	−0.002	0.014	36.904	0
Panel C：基于经济距离权重矩阵的结果					
Do-business	0.211	−0.002	0.026	8.235	0
Law	0.467	−0.002	0.027	17.609	0
Market	0.482	−0.002	0.027	18.127	0
Finance	0.094	−0.002	0.026	3.728	0
Infrastructure	0.696	−0.002	0.027	25.953	0
Administration	0.499	−0.002	0.027	18.643	0

表 5.4　因变量空间相关性检验结果（Geary's C 检验）Ⅱ

变量	C	E（C）	sd（C）	z	p 值
Panel A：基于空间相邻权重矩阵的结果					
Do-business	0.735	1	0.075	−3.531	0
Law	0.414	1	0.046	−12.714	0
Market	0.473	1	0.044	−12.042	0
Finance	0.842	1	0.079	−2.005	0.022
Infrastructure	0.275	1	0.033	−22.172	0
Administration	0.385	1	0.033	−18.391	0
Panel B：基于空间距离权重矩阵的结果					
Do-business	1.039	1	0.031	1.248	0.106
Law	0.704	1	0.02	−15.162	0
Market	0.788	1	0.019	−11.353	0

表5.4(续)

变量	C	E（C）	sd（C）	z	p 值
Finance	1.12	1	0.033	3.689	0
Infrastructure	0.298	1	0.014	−48.593	0
Administration	0.497	1	0.015	−34.136	0
Panel C：基于经济距离权重矩阵的结果					
Do-business	0.676	1	0.059	−5.532	0
Law	0.405	1	0.037	−15.94	0
Market	0.417	1	0.036	−16.367	0
Finance	0.788	1	0.062	−3.449	0
Infrastructure	0.32	1	0.028	−24.384	0
Administration	0.456	1	0.028	−19.155	0

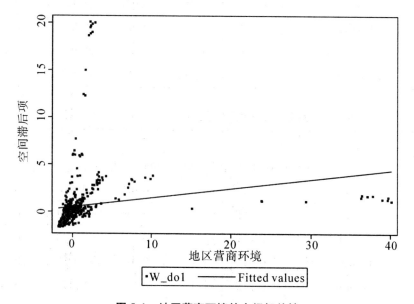

图 5.1　地区营商环境的空间相关性

5.4.2　对假说 1 的检验

表 5.5 汇报了以地区营商环境作为因变量的空间策略互动模型（1）的回归结果。表 5.5 模型（1）和（2）在不考虑因变量空间相关性的条件下基于

表 5.5 制度竞争的空间溢出效应检验

模型	(1)	(2)	(3)	(4)	(5)	(6)	(7)	(8)
空间权重矩阵			W_1	W_1	W_2	W_2	W_3	W_3
GDP	6.581 2	8.001 3*	4.923 1**	5.087	7.151 4	7.617 3***	5.296 9	6.972 7*
	(3.930 3)	(4.438 4)	(2.478 5)	(3.158 8)	(2.739 1)	(2.931 3)	(3.671 4)	(3.972 6)
Pop	20.165 6**	18.914 6*	15.426 2***	17.002 9*	24.151 7	24.179 0	22.210 2*	19.434 6**
	(9.846 2)	(9.473 0)	(5.711 6)	(6.945 8)	(5.528 8)	(5.709 8)	(11.354 4)	(9.450 9)
Stru	8.134 5*	7.887 1*	5.184 1**	5.362 3	7.361 2***	7.403 6***	7.620 3*	6.612 3*
	(3.987 9)	(3.965 2)	(2.464 8)	(2.833 4)	(2.191 3)	(2.249 4)	(4.069 9)	(3.659 6)
City	-4.182 9	-4.857 0	-0.178 8	-1.408 2	1.735 1	0.800 5	-0.903 6	-0.323 7
	(4.135 2)	(3.816 4)	(1.872 3)	(1.700 6)	(2.703 9)	(2.307 0)	(4.080 8)	(3.207 4)
Trade	39.819 2	41.783 1	12.366 1	17.453 7	-8.119 5	-3.770 9	38.941 0	40.666 4*
	(28.773 0)	(28.629 4)	(10.214 5)	(12.311 0)	(10.672 7)	(12.479 1)	(25.663 4)	(21.880 6)
Edu	-3.461 3*	-3.153 8*	-1.277 4*	-0.844 9	-0.753 8	-0.687 3	-3.307 6*	-2.356 7*
	(1.819 7)	(1.587 7)	(0.634 5)	(0.645 8)	(0.646 9)	(0.667 7)	(1.702 7)	(1.175 1)
Growth		6.557 9		14.912 7*		15.433 6**		8.026 2
		(8.342 5)		(6.373 2)		(7.061 8)		(6.425 9)
Fisal	-2.453 9		-1.190 4		-1.335 5		5.296 9	-4.945 0**

模型	(1)	(2)	(3)	(4)	(5)	(6)	(7)	(8)
空间权重矩阵			W_1	W_1	W_2	W_2	W_3	W_3
		(3.016 0)		(1.394 1)		(1.806 0)		(2.338 9)
Transfer		−0.185 7		0.311 4		0.090 1		−0.374 7
		(0.713 5)		(0.472 4)		(0.495 0)		(0.555 5)
$W \cdot Do\text{-}business$			0.657 5***	0.620 1***	0.492 1***	0.547 9***	−0.048 3	−0.069 6
			(0.097 7)	(0.152 2)	(0.171 1)	(0.138 2)	(0.398 3)	(0.333 5)
地区和时间固定效应	Yes	Yes	Yes	Yes	Yes	Yes	Yes	Yes
估计方法	FE	FE	SAC	SAC	SAC	SAC	SAC	SAC
N	540	540	540	540	540	540	540	540
Log-pseudolikelihood	−0.000 1	−0.000 1	−0.000 1	−0.000 1	−0.000 1	−0.000 1	−0.000 1	−0.000 1
R^2	0.644 6	0.653 0	0.055 4	0.039 7	0.047 4	0.045 8	0.027 1	0.022 0
$R^2\_between$	0.016 7	0.013 2	0.013 3	0.005 4	0.006 5	0.003 9	0.007 8	0.002 1
R^2_within	0.644 6	0.653 0	0.241 5	0.261 5	0.234 0	0.230 8	0.458 3	0.422 6

注：（1）因变量为 $Do\text{-}business$；（2）***、** 和 * 分别表示在1%、5%和10%水平上显著，括号内为稳健标准误，在省级层面进行聚类调整，表5.6至表5.14类同，不再赘述；（3）FE 为面板固定效应模型，SAC 为空间面板自相关模型；（4）W_1 为地理相邻矩阵，W_2 为地理距离矩阵，W_3 为经济相邻矩阵。

常用的双向固定效应模型进行估计①。表5.5模型（3）和（4）采用极大似然估计法并基于地理相邻矩阵 W_1 对模型（5-1）进行空间计量估计，结果发现，空间滞后因变量（$W \cdot Do\text{-}business$）的估计系数显著大于0，即空间策略互动系数 ρ 大于0且在统计上显著时，这表明相邻地区地方政府推进营商环境建设的空间竞争策略为相互模仿，即假说1成立。模型（5）和（6）基于地理距离矩阵 W_2 对模型（5-1）进行空间计量估计，也发现空间策略互动系数的估计值大于0且在统计上显著，再次印证了假说1。模型（7）和（8）基于经济相邻矩阵 W_3 对模型（5-1）进行空间计量估计，结果发现，空间策略互动系数的估计值小于0但并不显著，这与假说1不一致。我们认为，地方政府在推动营商环境优化改革上主要是参考地理上相邻或相近的"邻居"地区的营商制度变革实践做出自身决策，且这种空间效应在地理距离相近的地区之间更显著，而不是参考在经济发展程度上更相似的地区的行为做出营商环境优化改革，因而也就不难理解为何模型（7）和（8）基于经济相邻矩阵 W_3 得出了与假说1不一致的实证结果。这与邓慧慧 等（2019）的发现相似，他们发现中国地方政府多基于地理邻近城市是否建设开发区来决策自己是否建设开发区。因此，在后文的实证研究过程中，本书主要基于地理相邻矩阵 W_1 和地理距离矩阵 W_2 进行实证估计。

为了进一步保证本章结论的稳健性，接下来，本章使用营商环境总指数的5个分指标（Law、Market、Finance、Infrastructure、Administration）作为因变量，并分别基于地理相邻矩阵 W_1、地理距离矩阵 W_2、经济相邻矩阵 W_3 估计模型（5-1）式，实证结果见表5.6、表5.7和表5.8。据表5.6的估计结果可知，在表5.6的模型（1）、（2）和（3）中，空间滞后因变量（$W \cdot Do\text{-}busi\text{-}ness$）的估计系数显著大于0；在模型（5）中，空间滞后因变量（$W \cdot Do\text{-}business$）的估计系数大于0但不显著；只有在模型（4）中，空间滞后因变量（$W \cdot Do\text{-}business$）的估计系数与假说1不一致，但并不显著。综上，表5.6的结果表明，地理上相邻地区的地方政府在营商环境优化改革竞争中会采取相互模仿的空间竞争策略，这包括在法治化营商环境、市场化营商环境以及金融营商环境建设等领域均采取空间互补策略。

① 表5.5汇报模型（1）和（2）是为了与其他考虑因变量空间相关性的模型结果进行比较，进而表明控制被解释变量的空间滞后项是正确的设定。

表 5.6 基于地理相邻权重矩阵（W_1）的营商环境分指标检验结果

模型 因变量	(1) Law	(2) Market	(3) Finance	(4) Infrastructure	(5) Administration
GDP	0.967 3	0.542 6	5.398 7*	-0.006 4	-0.264 6
	(1.034 5)	(0.368 4)	(3.215 7)	(0.454 9)	(2.861 0)
Pop	3.970 0***	0.875 4	15.579 2**	-2.888 7***	-3.703 5
	(1.447 5)	(0.712 5)	(6.534 7)	(0.562 4)	(4.370 0)
Stru	0.632 4	0.275 8	4.715 5*	0.143 1	-1.098 6
	(0.720 2)	(0.232 8)	(2.590 8)	(0.159 0)	(1.088 7)
City	-0.071 3	0.083 8	-1.396 7	0.550 9	-0.346 1
	(1.287 9)	(0.347 4)	(1.720 5)	(0.340 0)	(3.179 9)
Trade	-6.763 6	1.119 7	10.697 5	1.330 9	-5.377 9
	(9.228 1)	(2.990 3)	(11.922 3)	(1.533 9)	(24.299 5)
Edu	-0.361 6	-0.045 7	-0.437 7	0.077 0	1.394 3
	(0.385 2)	(0.097 7)	(0.608 0)	(0.159 7)	(1.337 5)
Growth	1.985 0	1.919 3*	9.888 9**	-2.730 8**	-5.775 4

表5.6（续）

模型	(1)	(2)	(3)	(4)	(5)
因变量	Law	Market	Finance	Infrastructure	Administration
	(3.101 8)	(1.085 7)	(4.862 4)	(1.294 1)	(8.216 8)
Fisal	-0.605 1	-0.397 3***	-0.985 2	-0.271 9	-1.743 4
	(0.711 1)	(0.143 3)	(1.099 3)	(0.179 7)	(1.411 2)
Transfer	-0.078 9	-0.083 1	0.909 0*	-0.051 6	2.234 9***
	(0.175 6)	(0.106 7)	(0.523 5)	(0.064 2)	(0.634 0)
$W \cdot Do\text{-}business$	0.793 9***	0.612 9***	0.703 6***	-0.260 5	0.237 6
	(0.092 4)	(0.170 7)	(0.102 7)	(0.291 5)	(0.292 6)
地区和时间固定效应	Yes	Yes	Yes	Yes	Yes
N	540	540	540	540	540
Log-pseudolikelihood	-0.006 6	-3.126 9	-0.000 1	49.890 4	-0.009 7
R^2	0.150 8	0.116 6	0.012 5	0.000 2	0.054 5
$R^2\_between$	0.059 0	0.087 7	0.000 2	0.004 2	0.172 6
R^2_within	0.475 8	0.173 1	0.084 4	0.041 1	0.008 9

表 5.7　基于地理距离权重矩阵（W_2）的营商环境分指标检验结果

模型 因变量	(1) Law	(2) Market	(3) Finance	(4) Infrastructure	(5) Administration
GDP	0.896 5	0.548 6	7.933 4**	0.025 7	0.010 2
	(1.581 2)	(0.448 1)	(3.118 4)	(0.421 7)	(2.594 3)
Pop	5.751 9***	1.242 1	23.734 3***	−2.583 0***	−3.793 2
	(2.149 3)	(0.937 4)	(6.184 1)	(0.413 2)	(4.417 3)
Stru	1.113 5	0.366 3	7.243 9***	0.163 1	−1.205 3
	(0.874 9)	(0.296 9)	(2.346 2)	(0.125 5)	(1.099 1)
City	0.679 2	0.110 1	0.174 8	0.453 7	−0.353 6
	(1.692 7)	(0.441 6)	(2.379 0)	(0.364 6)	(3.103 6)
Trade	−19.822 3**	0.251 2	−8.509 8	1.234 8	−9.215 4
	(9.393 7)	(4.396 4)	(16.566 6)	(1.535 4)	(17.217 4)
Edu	−0.282 4	0.006 9	−0.384 6	0.106 8	1.510 2
	(0.561 8)	(0.158 2)	(0.664 1)	(0.131 3)	(1.219 1)
Growth	−0.840 9	2.138 9	10.531 6	−2.672 0**	−6.736 8

模型	(1)	(2)	(3)	(4)	(5)
因变量	Law	Market	Finance	Infrastructure	Administration
	(6.407 0)	(1.389 3)	(6.571 2)	(1.277 6)	(8.013 4)
Fisal	-0.340 6	-0.413 0*	-0.288 1	-0.250 5	-1.758 2
	(1.051 4)	(0.243 7)	(1.599 9)	(0.166 8)	(1.361 0)
Transfer	0.017 7	-0.121 6	0.704 1	-0.052 8	2.346 1***
	(0.263 2)	(0.122 7)	(0.532 7)	(0.066 1)	(0.638 7)
$W \cdot Do\text{-}business$	0.546 1***	-0.535 7	0.607 5***	-0.884 7***	0.239 9*
	(0.095 0)	(0.945 3)	(0.112 1)	(0.304 6)	(0.139 1)
地区和时间固定效应	Yes	Yes	Yes	Yes	Yes
N	540	540	540	540	540
Log-pseudolikelihood	-0.006 9	-7.076 8	-0.000 1	55.855 6	-0.009 8
R^2	0.062 9	0.019 0	0.015 5	0.000 0	0.038 1
$R^2\_between$	0.001 4	0.005 8	0.000 4	0.003 4	0.176 5
R^2_within	0.521 7	0.229 1	0.078 3	0.104 2	0.103 3

表 5.8 基于经济权重矩阵 (W₃) 的营商环境分指标检验结果

模型 因变量	(1) Law	(2) Market	(3) Finance	(4) Infrastructure	(5) Administration
GDP	0.716 6	0.531 3	7.436 9*	-0.053 2	0.174 9
	(1.407 8)	(0.407 8)	(4.093 3)	(0.396 1)	(2.629 7)
Pop	5.026 0**	0.918 3	19.743 3**	-2.531 9***	-3.458 8
	(2.115 3)	(1.034 3)	(9.475 2)	(0.409 7)	(4.267 9)
Stru	0.907 8	0.344 1	6.508 5*	0.098 7	-1.244 1
	(0.846 6)	(0.284 7)	(3.661 2)	(0.124 8)	(1.081 9)
City	1.076 5	0.097 0	-0.574 3	0.356 6	-0.111 1
	(1.710 8)	(0.418 7)	(3.477 2)	(0.352 8)	(2.934 3)
Trade	-17.058 3*	1.483 8	48.439 0*	1.711 5	-10.213 7
	(10.081 3)	(4.905 5)	(25.488 1)	(1.749 1)	(16.347 8)
Edu	-0.214 3	-0.030 7	-2.440 3*	0.087 4	1.457 2
	(0.480 2)	(0.166 9)	(1.292 7)	(0.124 5)	(1.217 9)
Growth	2.563 7	2.421 3**	9.001 3	-2.660 6**	-6.496 8

模型	（1）	（2）	（3）	（4）	（5）
因变量	Law	Market	Finance	Infrastructure	Administration
	(5.478 2)	(1.111 7)	(6.750 4)	(1.310 9)	(8.061 7)
Fisal	-0.610 9	-0.390 5**	-5.421 0**	-0.136 9	-1.676 2
	(0.867 3)	(0.184 1)	(2.251 0)	(0.169 6)	(1.317 5)
Transfer	0.043 7	-0.112 7	0.270 6	-0.059 5	2.431 7***
	(0.241 2)	(0.116 9)	(0.577 1)	(0.058 5)	(0.650 2)
$W \cdot Do\text{-}business$	0.341 8***	0.262 7	-0.213 8	-0.629 0***	0.227 2**
	(0.119 5)	(0.186 2)	(0.320 5)	(0.204 9)	(0.114 6)
地区和时间固定效应	Yes	Yes	Yes	Yes	Yes
N	540	540	540	540	540
Log-pseudolikelihood	-0.007 0	7.741 1	-0.000 1	64.239 1	-0.009 8
R^2	0.021 4	0.084 4	0.006 0	0.003 9	0.036 0
$R^2\_between$	0.000 6	0.050 1	0.000 0	0.026 2	0.205 6
R^2_within	0.562 0	0.194 0	0.261 1	0.012 2	0.159 9

从表5.7基于地理距离矩阵 W_2 的营商环境分指标检验结果可知，模型（1）、（3）和（5）中，空间滞后因变量（$W\cdot Do\text{-}business$）的估计系数显著大于0，这印证了假说1；在模型（2）中，空间滞后因变量（$W\cdot Do\text{-}business$）的估计系数小于0但不显著，未能印证假说1成立；在模型（4）中，空间滞后因变量（$W\cdot Do\text{-}business$）的估计系数显著小于0，这与假说1不一致，这可能是因为地方政府在基础设施营商环境建设方面实施了空间替代策略，即相邻地区加大基础设施营商环境建设的力度，由于公交、教育、医疗卫生、水电燃气基础设施、信息基础设施等基础设施营商环境具有较强的正外部性，可对相邻地区产生较强的外溢作用，容易引致搭便车问题，使得本地区选择采取"搭便车"决策从而减少本地区基础设施营商环境建设的力度。此外，表5.8基于经济权重矩阵（W_3）的营商环境分指标进行了检验，其结果与表5.7类似，在一定程度上佐证了假说1，尽管并非所有的分指标检验结果均与假说1一致。

5.4.3　对假说 2 的检验

为了检验假说2，表5.9和表5.10基于模型（5-2）式给出了空间计量模型的估计结果。首先，用财政分权（Fisal）和转移支付（Transfer）替换模型（5-2）式中的调节变量 $Interm_{it}$，再分别与因变量的空间滞后项交乘。据表5.9模型（1）的估计结果可知，财政分权变量与空间滞后项的交乘项（$W\cdot Do\text{-}business\times Fisal$）的估计系数 φ 为 0.716 5 且在 1% 水平上显著，这说明地区财政分权强化了地区间的空间策略互补效应；模型（2）和模型（3）分别基于地理距离矩阵 W_2 和经济相邻矩阵 W_3 进行稳健性检验，结果发现，交乘项（$W\cdot Do\text{-}business\times Fisal$）的估计系数均显著大于0，与模型（1）的结果一致；这表明，财政分权强化了中国地区间的横向制度竞争，一个地区的财政分权程度越大，其营商环境优化改革的空间策略互补强度就越大。其次，据表5.9模型（4）—（6）可知，仅在模型（5）中，转移支付变量与空间滞后项的交乘项（$W\cdot Do\text{-}business\times Transfer$）的估计系数 φ 显著为负，在模型（6）中为负值但不显著，这表明，仅有较弱的证据表明中央的转移支付政策会弱化了地区间制度竞争，即一个地区所获得的中央转移支付越多，其地方政府推动营商环境优化改革的空间策略互动强度会越小。

表 5.9 财政分权与转移支付的异质性影响

模型	(1) W_1	(2) W_2	(3) W_3	(4) W_1	(5) W_2	(6) W_3
空间权重矩阵						
$W \cdot Do-business \times Fisal$	0.716 5***	1.075 1***	0.237 3*			
	(0.172 0)	(0.275 8)	(0.129 2)			
$W \cdot Do-business \times Transfer$				0.331 2	-0.201 8*	-0.546 0
				(0.214 5)	(0.106 1)	(0.347 0)
$W \cdot Do-business$	0.276 2**	0.253 1	-0.189 8	0.639 6***	0.547 5***	-0.058 2
	(0.109 1)	(0.251 3)	(0.152 5)	(0.093 4)	(0.139 7)	(0.351 2)
控制变量	Yes	Yes	Yes	Yes	Yes	Yes
地区和时间固定效应	Yes	Yes	Yes	Yes	Yes	Yes
N	540	540	540	540	540	540
Log-pseudolikelihood	-9.4e+02	-9.6e+02	-1.1e+03	-1.1e+03	-1.0e+03	-1.1e+03
R^2	0.146 8	0.087 4	0.031 1	0.041 4	0.048 1	0.022 7
$R^2\_between$	0.078 7	0.018 6	0.004 8	0.003 7	0.005 7	0.002 6
R^2_within	0.280 3	0.254 6	0.429 0	0.252 1	0.234 1	0.439 2

表 5.10 地区经济增长与开放程度的异质性影响

模型	(1)	(2)	(3)	(4)	(5)	(6)
空间权重矩阵	W_1	W_2	W_3	W_1	W_2	W_3
$W \cdot Do-business \times Growth$	3.375 0**	6.841 2***	1.545 6			
	(1.389 8)	(1.925 3)	(1.391 2)			
$W \cdot Do-business \times Trade$				6.996 5***	14.186 4***	3.014 5
				(1.856 7)	(3.851 2)	(2.967 7)
$W \cdot Do-business$	0.553 5***	0.312 4*	-0.098 8	0.666 5***	0.599 1***	-0.107 7
	(0.076 2)	(0.162 4)	(0.270 5)	(0.068 3)	(0.115 9)	(0.211 5)
控制变量	Yes	Yes	Yes	Yes	Yes	Yes
地区和时间固定效应	Yes	Yes	Yes	Yes	Yes	Yes
N	540	540	540	540	540	540
$Log-pseudolikelihood$	-1.0e+03	-1.0e+03	-1.1e+03	-1.0e+03	-9.9e+02	-1.1e+03
R^2	0.043 6	0.037 1	0.024 0	0.083 1	0.081 0	0.032 1
R^2_between	0.003 8	0.002 3	0.002 5	0.021 6	0.017 1	0.005 1
R^2_within	0.305 3	0.283 1	0.435 3	0.271 1	0.231 1	0.422 5

再者，在表5.10模型（1）—（3）中，地区经济增长变量与空间滞后项的交乘项（$W \cdot Do\text{-}business \times \text{Growth}$）的估计系数 φ 均大于0，且在模型（1）和模型（2）中至少在5%的水平上显著，这表明，地区经济增长强化了中国地方政府间的横向制度竞争程度，一个地区的经济增长越快，其地方政府推动营商环境优化改革的空间策略互补强度就越大。最后，在表5.10模型（4）—（6）中，地区开放度变量与空间滞后项的交乘项（$W \cdot Do\text{-}business \times \text{Trade}$）的估计系数 φ 均大于0，且在模型（4）和模型（5）均在1%的水平上显著，这表明，地区经济开放度强化了中国地方政府间的横向制度竞争，即一个地区的开放程度越高，其地方政府推进营商环境优化改革的空间策略互补强度就越大。总之，表5.9和表5.10的空间计量估计结果初步验证了假说2是成立的。

5.5 进一步分析

5.5.1 基于不同空间权重矩阵的稳健性检验

为了综合测度地区间的空间相关关系，本书借鉴曾艺 等（2019）、韩峰和李玉双（2019）等学者曾基于地理与经济距离嵌套矩阵作为空间权重矩阵的方法，基于地理与经济距离嵌套矩阵进行稳健性检验。事实上，该矩阵是在地理权重矩阵与经济权重矩阵的基础上，选择不同权重进行加权，即 $W_{13} = \varphi W_1 + (1-\varphi)W_3$，其中 $\varphi \in (0, 1)$，显然，该矩阵同时考虑了地区间的地理邻近与经济联系，能更全面反映地区间的空间相关性。基于上述空间嵌套矩阵矩阵的模型估计结果见表5.11。表5.11模型（1）—（6）分别使用地区营商环境总指数以及5个分指标作为因变量对模型（5-1）式进行空间计量估计，结果发现，在模型（1）、（2）、（4）、（5）和（6）中，空间滞后因变量（$W \cdot Do\text{-}business$）的估计系数显著大于0，这再次印证了假说1。模型（7）—（10）基于（2）式进行空间计量估计，结果发现：在模型（7）中，财政分权与空间滞后因变量的交乘项（$W \cdot Do\text{-}business \times \text{Fisal}$）的估计系数为0.817 9且在1%的水平上显著；在模型（8）中，转移支付与空间滞后因变量的交乘项（$W \cdot Do\text{-}business \times \text{Transfer}$）的估计系数为 $-0.150\ 5$ 且在1%的水平上显著；在模型（9）中，地区经济增长与空间滞后因变量的交乘项（$W \cdot Do\text{-}business \times \text{Growth}$）的估计系数为4.294 3且在1%的水平上显著；在模型（10）中，地区开放程度与空间滞后因变量的交乘项（$W \cdot Do\text{-}business \times \text{Trade}$）的估计系数为10.984 2且在1%的水平上显著；显然，模型（7）—（10）的估计结果再次印证了假说2是成立的。

表 5.11 基于地理与经济距离嵌套矩阵的稳健性检验

模型	(1)	(2)	(3)	(4)	(5)	(6)	(7)	(8)	(9)	(10)
因变量	Do-business	Law	Market	Finance	Infrastructure	Administration	Do-business	Do-business	Do-business	Do-business
$W \cdot$ Do-business	0.596 1***	0.573 9***	0.063 5	0.500 3***	1.175 6***	0.266 9**	-0.039 9	0.593 0***	0.451 3***	0.520 2***
	(0.101 5)	(0.089 4)	(0.409 1)	(0.149 2)	(0.417 6)	(0.124 1)	(0.260 7)	(0.103 6)	(0.150 9)	(0.111 6)
$W \cdot$ Do-business×Fisal							0.817 9***			
							(0.147 2)			
$W \cdot$ Do-business×Transfer								-0.150 5***		
								(0.032 2)		
$W \cdot$ Do-business×Growth									4.294 3***	
									(1.333 7)	
$W \cdot$ Do-business×Trade										10.984 2***
										(2.068 7)
控制变量	Yes	Yes	Yes	Yes	Yes	Yes	Yes	Yes	Yes	Yes
地区和时间固定效应	Yes	Yes	Yes	Yes	Yes	Yes	Yes	Yes	Yes	Yes
N	540	540	540	540	540	540	540	540	540	540
Log-pseudolikelihood	-1.0e+03	-6.9e+02	-11.234 7	-1.1e+03	64.659 0	-9.8e+02	-8.1e+02	-1.0e+03	-9.5e+02	-9.3e+02
R^2	0.045 7	0.065 7	0.039 2	0.012 6	0.000 7	0.030 8	0.111 4	0.045 0	0.043 2	0.072 9
R^2_between	0.002 3	0.001 1	0.015 4	0.000 0	0.011 1	0.185 1	0.044 8	0.001 8	0.001 9	0.009 4
R^2_within	0.231 2	0.519 5	0.220 8	0.094 3	0.095 9	0.168 4	0.260 7	0.231 1	0.295 5	0.285 3

注：在本表中，φ 的取值为 0.8。

5.5.2 对关键性解释变量的再衡量和说明

陈硕和高琳（2012）曾指出财政分权的不同度量指标在不同的时段具有不同的适用性。在上文中主要使用支出指标衡量财政分权，因此有必要使用收入指标和财政自主度指标进行稳健性检验。在表5.12模型（1）—（3）中，使用"省人均财政收入比全国人均财政收入"度量财政分权变量（Fisal_in），结果发现，财政分权与空间滞后因变量的交乘项（$W \cdot Do\text{-}business \times Fisal\_in$）的估计系数均大于0，且在模型（1）和模型（2）中通过了显著性检验；在表5.13模型（1）—（3）中，使用"财政收入与财政支出的比值"度量财政自主度变量（Self），结果发现，财政自主度与空间滞后因变量的交乘项（$W \cdot Do\text{-}business \times Self$）的估计系数均大于0，且在模型（1）和模型（2）中通过了显著性检验；在表5.13模型（4）—（6）中，使用"财政收入除以财政收入和转移支付之和"度量财政自主度变量（Self_p），结果发现，财政自主度与空间滞后因变量的交乘项（$W \cdot Do\text{-}business \times Self\_p$）的估计系数均大于0，且在模型（4）和模型（5）中通过了显著性检验。上述分析表明，即使使用其他指标度量地区财政分权程度，依然能够得出地区财政分权和地区财政自主能力强化了地区间在营商环境优化改革上的空间策略互补行为的结论。

不用于前文使用转移支付与财政收入的比值度量转移支付变量（Transfer），接下来，使用人均转移支付的自然对数度量转移支付变量（Transfer_m），进而替代（2）式中的调节变量（$Interm_{it}$），估计结果见表5.12模型（4）—（6），据此可知，转移支付与空间滞后因变量的交乘项（$W \cdot Do\text{-}business \times Transfer\_m$）的估计系数均显著小于0，这再次表明，中央转移支付政策弱化了地区间在营商环境优化改革上的空间策略互补行为，这与假说2是一致的。

表 5.12 基于调节变量的稳健性检验

模型	(1)	(2)	(3)	(4)	(5)	(6)
空间权重矩阵	W_1	W_2	W_3	W_1	W_2	W_3
$W \cdot Do\text{-}business \times Fisal\_in$	0.730 5***	1.408 1***	0.232 0			
	(0.112 0)	(0.321 7)	(0.160 8)			
$W \cdot Do\text{-}business \times Transfer\_m$				-0.167 2***	-0.134 4**	-0.135 6**
				(0.047 9)	(0.061 7)	(0.059 8)
$W \cdot Do\text{-}business$	0.522 9***	0.189 2	-0.124 2	-0.012 8	0.176 1	-0.013 2
	(0.131 7)	(0.281 4)	(0.158 6)	(0.014 6)	(0.139 0)	(0.013 4)
控制变量	Yes	Yes	Yes	Yes	Yes	Yes
地区和时间固定效应	Yes	Yes	Yes	Yes	Yes	Yes
N	540	540	540	540	540	540
Log-pseudolikelihood	-9.0e+02	-9.2e+02	-1.1e+03	-1.0e+03	-1.0e+03	-1.1e+03
R^2	0.237 6	0.158 5	0.028 3	0.006 5	0.041 8	0.004 9
$R^2\_between$	0.199 0	0.100 2	0.000 9	0.000 4	0.007 2	0.000 1
R^2_within	0.307 1	0.265 5	0.407 7	0.271 2	0.274 3	0.487 9

表 5.13 基于财政自主度的检验

模型	(1)	(2)	(3)	(4)	(5)	(6)
空间权重矩阵	W_1	W_2	W_3	W_1	W_2	W_3
$W \cdot Do\text{-}business \times Self$	1.269 3**	1.685 2***	0.496 8			
	(0.552 1)	(0.529 1)	(1.103 1)			
$W \cdot Do\text{-}business \times Self\_p$				1.267 5***	1.736 8***	0.533 5
				(0.474 4)	(0.620 0)	(1.594 3)
$W \cdot Do\text{-}business$	0.269 0***	0.181 9	0.071 7	0.236 7***	0.153 4	0.047 7
	(0.056 4)	(0.262 3)	(0.057 2)	(0.073 5)	(0.240 3)	(0.065 6)
地区和时间固定效应	Yes	Yes	Yes	Yes	Yes	Yes
N	540	540	540	540	540	540
Log-pseudolikelihood	-1.1e+03	-9.8e+02	-1.1e+03	-1.1e+03	-9.9e+02	-1.1e+03
R^2	0.007 1	0.062 8	0.014 5	0.008 2	0.058 6	0.015 4
$R^2\_between$	0.000 5	0.015 0	0.003 4	0.000 7	0.013 7	0.004 1
R^2_within	0.422 8	0.268 2	0.514 9	0.418 5	0.263 4	0.521 9

5.5.3 对空间因素影响的再分析

表5.14列出了地区营商环境的空间性决定因素。第一，从表5.14模型（2）的估计结果可知，相邻地区财政分权（$W \cdot Fisal$）的估计系数为-2.998 7且仅在10%的水平上显著，这表明相邻地区的财政分权程度可能会影响本地区的法治化营商环境建设，这可能是因为在财政分权体制背景下存在司法地方保护主义行为，即采取了"以邻为壑"的策略，进而对周围相邻地区的法治化营商环境产生了不利影响。第二，据模型（5）的估计结果可知，相邻地区转移支付（$W \cdot Transfer$）的估计系数为-0.256 4且在5%的水平上显著，这表明相邻地区获得更多的转移支付会影响本地区的基础设施营商环境建设，这可能是因为当地方政府预期到其他相邻地区获得了更多的转移支付，尤其是用于铁路、公路等基础设施的专项转移支付时，他们会在基础设施营商环境建设方面采取了"搭便车"决策从而减少本地区基础设施营商环境建设的力度；事实上，由于公交、教育、医疗卫生、水电燃气基础设施、信息基础设施等基础设施营商环境具有较强的正外部性，可对相邻地区产生较强的外溢作用，容易引致搭便车车问题。第三，从模型（2）和模型（3）的估计结果可知，相邻地区经济增长变量（$W \cdot Growth$）的估计系数显著大于0，这表明相邻地区的经济增长会影响本地区的法治化营商环境建设和市场化营商环境建设，这是因为周围相邻地区的经济增长给本地区造成了外部压力，迫使本地区地方政府不得不加快推进本地法治化营商环境建设和市场化营商环境建设，进而应对外部竞争压力。第四，从模型（6）的估计结果可知，相邻地区开放程度（$W \cdot Trade$）的估计系数显著小于0，这表明相邻地区的开放程度会对本地区的政务营商环境建设产生不利影响，这可能是因为相邻地区的开放程度增加表明相邻地区吸引了更多的外部要素进入，为了不再地区间的要素竞争上失败，本地区通过税费减免来减缓相邻地区对外部要素的争夺，即相邻地区之间主要采取减税的方式展开地区横向要素的争取；由于本书中政务营商环境度量的最主要的一个分指标就是地区税收负担指标，因此该变量越大表示税费负担越重、地区政务营商环境越差。总之，基于地区营商环境空间决定因素的再检验所得出的实证结果基本与前文假说的预测相一致，进一步印证了上文假说是成立的。

表 5.14 对地区营商环境空间决定性因素的再检验

模型	(1)	(2)	(3)	(4)	(5)	(6)
因变量	Do-business	Law	Market	Finance	Infrastructure	Administration
W · Fisal	-2.646 5	-2.998 7*	-0.077 3	1.769 1	-0.169 7	3.185 5
	(1.972 9)	(1.631 3)	(0.499 0)	(3.039 6)	(0.302 3)	(2.202 3)
W · Transfer	0.127 7	-0.507 1	0.106 1	0.403 0	-0.256 4**	-1.340 2
	(0.551 3)	(0.374 0)	(0.113 4)	(0.836 9)	(0.113 2)	(1.032 0)
W · Growth	6.639 5	18.424 9**	4.185 8**	2.578 9	0.191 8	-6.068 5
	(9.016 8)	(8.802 9)	(2.011 6)	(14.853 9)	(2.285 9)	(12.312 0)
W · Trade	22.758 3	27.413 7	2.831 4	-59.708 5	0.368 0	-53.324 6***
	(31.840 1)	(18.724 8)	(6.129 5)	(72.010 1)	(2.502 3)	(17.286 1)
W · Do-business	0.590 2***	0.702 6***	0.620 0***	0.636 9**	-0.241 1	0.461 0***
	(0.120 8)	(0.123 8)	(0.178 4)	(0.282 2)	(0.303 1)	(0.111 7)
控制变量	Yes	Yes	Yes	Yes	Yes	Yes
时间和地区固定效应	Yes	Yes	Yes	Yes	Yes	Yes
N	540	540	540	540	540	540
Log-pseudolikelihood	-1.0e+03	-6.3e+02	5.120 2	-1.1e+03	54.338 1	-9.5e+02
R^2	0.041 7	0.003 7	0.077 9	0.019 5	0.000 2	0.017 5
R^2_between	0.002 5	0.021 2	0.061 6	0.002 1	0.002 9	0.092 2
R^2_within	0.228 9	0.039 3	0.119 3	0.092 0	0.025 7	0.300 4

5.5.4　基于其他空间计量模型的检验

常用的空间面板计量模型有空间自回归模型（SAR）、空间自回归模型（SAC）、空间误差模型（SEM）、广义空间面板随机效应模型（GSPRE）以及空间杜宾模型（SDM），但在上文的实证研究中仅基于 SAC 模型对模型（5-1）式和模型（5-2）式进行估计，未使用其他模型进行检验。接下来，对此进行讨论。首先，重新基于空间自回归模型（SAR）对（1）式和（2）式进行估计，结果发现，在 SAR 模型中，空间自回归系数 ρ 的估计值仍显著大于 0，且交乘项的估计系数 φ 大于 0 且在统计上显著，与 SAC 模型的估计结果非常相似。其次，重新基于空间误差模型（SEM）估计地区营商环境的空间效应，结果发现，在 SEM 模型中，空间误差系数 λ 的估计值显著大于 0，表明各地区在推动营商环境优化改革上具有空间策略互补特征。再次，当使用空间杜宾模型（SDM）进行估计时，发现未能通过 Wald 检验和 LR 检验，于是，空间杜宾模型（SDM）退回到了空间自回归模型（SAR）和空间误差模型（SEM）。最后，考虑到广义空间面板随机效应模型（GSPRE）的假设条件太过于严格，本书样本无法满足，本章仅基于固定效应模型进行估计①。综上所述，即使选用其他空间面板模型，假说 1 和假说 2 也不受影响。

5.6　本章小结

在当前中国式分权体制背景下，地方政府之间的横向制度竞争在推进营商环境优化改革上具有促进作用。本章结合中国财政分权体制背景，基于制度竞争理论模型阐释同级别的不同地区地方政府在推进营商环境建设上具有空间策略互补特征。基于中国 2000—2017 年 30 个省级面板数据，运用空间计量面板数据模型估计地区营商环境优化改革的空间策略反应方程，并得到了较稳健的实证结果：在地方政府横向制度竞争的作用下，地理上相邻地区的地方政府在营商环境优化改革竞争中会采取相互模仿的空间竞争策略；在财政分权程度较大、转移支付较小、经济增长较快及地区开放度较高的地区，地方政府通过加快推进营商环境优化改革来实施制度竞争的强度会更大，地区间制度竞争所带来的空间策略互补效应就越大。不论是基于不同空间权重矩阵进行各类稳健性

----

① 限于篇幅，未呈现这部分实证结果。

检验，如基于地理与经济距离嵌套矩阵作为空间权重矩阵重新估计空间计量模型，还是基于收入指标和财政自主度指标衡量财政分权变量进行稳健性检验，抑或是基于其他各类常用空间计量模型进行检验，均表明上述研究结论具有较好的稳健性。

上述结论对引导和规制地方政府行为和有效促进国际一流营商环境建设均具有重要的现实意义，具体概况如下：第一，既然同级地方政府间的横向制度竞争促进了相邻地区采取相互模仿的空间竞争策略，进而加快推进本地区营商环境优化改革，以减少与先发地区间的"制度距离"，那么这就要求中央政府在对同级别地方政府官员进行绩效考核时，可借助标尺竞争激励地方政府进一步将国际化、法治化、市场化营商环境建设纳入官员绩效考核体系，并通过营商环境建设的相对绩效进行排序，充分发挥地方政府制度竞争机制在进一步深化"放管服"改革中的助推作用。第二，注意防范财政转移支付政策在地区营商环境建设中的负面效应，谨防个别过度依赖转移支付政策的地区的地方政府在推动营商环境建设上所表现出来的"不作为"现象，建议将转移支付额度适当与地区营商环境建设的相对绩效进行挂钩，应基于营商环境建设的相对排序增减转移支付额度，以提高地方政府实施营商环境优化改革的积极性。第三，地方政府在推进营商环境建设时应进一步协同推进地区经济更大程度的开放，高度重视地区开放度所"折射"出来的从外地迁入本地的民营企业等市场主体的制度诉求问题，应基于本地企业的诉求推进营商环境优化改革，尤其是外资企业和外来内资民企对本地区营商环境建设过程中"痛点"问题的反映，基于市场主体的制度需求提高营商制度供给的精准度，进而提高民企等市场主体对营商环境建设的获得感。

6 营商环境优化改革与民营企业成长

6.1 问题的提出

民营经济健康发展事关中国经济全局。近年来，中央出台了一系列政策措施助力民营企业健康发展，并在商事制度变革、放宽市场准入、完善监管方式等营商环境优化改革领域作出新的部署。既有研究表明，在决定民营企业成长的诸多因素中，有政治资源（胡旭阳、史晋川，2008；Guo et al.，2014）、社会资本结构（王珺 等，2003）、金融制度与结构（Demirgüç-Kunt、Maksimovic，1998；赵驰 等，2012；应千伟，2013）、法治化水平（Miroshnychenko et al.，2019）、政府干预（沈维涛、王贞洁，2008）、制度环境（Zhou、Peng，2012；曾萍 等，2013）等。显然，营商环境也是决定民营企业更好成长的重要因素。事实上，早在 2001 年国务院启动行政审批制度改革之前就有城市在积极推进营商环境优化改革，已呈现出千帆竞渡、百舸争流的局面（朱羿锟 等，2019）。一个自然而然的问题是，营商环境优化改革是否促进了民营企业成长？若答案是肯定的，民企所在地区推进营商环境优化改革能在多大程度上促进其成长？上述问题的答案对新形势下促进民营经济健康发展具有重大现实意义。

回顾和梳理已有研究可知，学界侧重于考察民营企业发展的制度性因素，侧重于分析营商环境优化改革的经济影响，直接考察中国营商环境优化改革影响企业成长的文献并不多。在民企成长制度性决定因素的研究领域，以考察制度性因素对企业创新、融资决策等财务行为的研究居多（Demirgü-Kunt 和Maksimovic，1998），比如，有人考察了腐败、法制环境等因素对企业行为的影响（Wang、You，2012；佟明亮，2015），但直接分析制度性因素影响民企成长的文献则较少，仅有一篇文献分析了投资者保护对企业成长的影响（Miroshnychenko et al.，2019）。就营商环境优化改革的经济影响方面的研究而言，已有研究集中在考察营商环境对中小企业技术创新、创业、进出口贸易、经济发展等的影响上（张美莎 等，2019；邢文杰、刘彤，2015；史长宽、梁会君，2013；董志强 等，2012），还有人考察了营商环境对服务业发展、OFDI 和贸易持续期的影响（江静，2017；周超 等，2017；张龑、孙浦阳，2016）。上述研究多基于世界银行营商环境调研数据从跨国层面和省域层面展开实证研究，但这方面的研究缺乏微观基础，还需结合企业层面数据进行宏微观数据匹配研究才能得出令人信服的结论。此后，有人展开了这方面的研究，使用城市营商环境数据和企业微观数据分析了营商环境优化对企业微观行为的影响（夏后学 等，2019；刘军、付建栋，2019）。但就本书掌握的文献而言，仍鲜有文献基于中国的数据资料直接考察营商环境优化改革对企业成长的影响，尤其是鲜有学者基于国企和民企比较视角考察营商环境优化改革影响企业成长的机制，亟待补充这方面的研究。

为此，本章基于中国地级市行政审批制度改革所提供的准外生制度实验考察营商环境优化对民企成长的影响。始于 20 世纪 90 年代末的大规模政府行政体制改革为学界考察营商环境优化改革提供了绝佳的制度场景。首先，这次以各地级市成立行政审批服务中心为标志的体制变革在全国 300 多个地级市交错相继发生，而不是同时发生，这为考察处于不同改革进程里的企业成长提供了多样化的时空场景，有助于识别营商环境改革对民企成长的因果性作用机制。其次，本章基于 333 个地级市行政审批改革所提供的外生制度实验既有助于克服世界银行营商环境数据多属主观指标所具有的非客观性缺陷和非连续性特征，也有助于克服跨国研究中同一指标缺乏同一口径的问题，尤其是在使用跨国微观企业数据进行实证研究时，始终难以克服不同国家和地区由于财务制度和统计口径不一致所导致难以进行横向比较的难题，显然，本书不存在上述问题。最后，为了控制内生性问题，本书并不是单纯考察营商环境优化改革对民企成长的影响，而是通过与国企相比，考察民企与国企是否从外部营商环境优化改革中获取了同样的"制度红利"，进而研判民企从营商环境优化改革中的相对收益大小，为下一步制度改革提供更具针对性的政策建议。

6.2 理论分析与假说提出

6.2.1 行政审批制度改革、营商环境优化效应与民企成长

自国务院于 1999 年启动行政审批制度改革以来，从省级地方政府到地市

级地方政府，再从县级地方政府到乡（镇）级地方政府，纷纷成立行政审批中心，这标志着中国行政审批权力的具体运作方式开始发生重要变化（徐增辉，2008）。据统计，截至2007年12月底，在333个地级市中有249个城市建立了行政审批中心；截至2015年12月底，仅有7个地级市未成立行政审批中心（毕青苗 等，2018）。作为中国行政审批制度改革重要创新方式的行政审批中心能够将各种审批事项统一集中到同一家服务大厅，将分置于不同职能部门的审批权集中到政务服务大厅，力争实现"只进一扇门"目标（李军鹏，2018）。无疑，一部分地区率先设立政务服务大厅，要求各政府职能部门派机关处室和人员入驻，这极大提升了地方政府行政审批效率，也有利于行政审批的"阳光化"和"透明化"，直接促进了地区营商环境的改善。本书将上述行政审批制度改革所带来的这种好处称为"制度红利"。就其本质而言，行政审批中心的设立以"制度红利"的形式体现了营商环境的改善。上述制度改革所引致的"制度红利"对民企成长的助推作用大，还是对国企成长的助推作用大？接下来，本章就"制度红利"影响民企成长的成因和机制从以下方面展开讨论。

第一，行政审批中心的设立有助于降低民企与地方政府机构"打交道"的制度性交易成本。在企业成长过程中，民企为保证自身"合法性"须征得辖区政府主管机关的审批或行政许可。在成立行政审批中心之前，民企须分别到各职能部门办理行政审批手续，且许多审批具有前置性，即只有事先获得了某部门的行政许可，才能到其他部门办理后续手续，这导致企业合法化的成本很高。在设立行政审批中心后，各政府职能部门须入驻行政审批中心，集中办理各种行政审批事项，这在一定程度有助于节约民企办手续的成本。与民企相比，国有企业在政治上具有一定的行政级别，离各类政府职能机关的"制度距离"更近；尤其是地方政府出资组建的国企更易获得各类职能审批部门的认可，甚至可"先开工、后办证照"，故国企对行政审批制度改革所带来的"制度红利"并不像民企那样敏感。

第二，行政审批中心的设立也有助于降低民企与行政审批部门之间的信息不对称程度。与国企相比，民企的"知名度"不高，甚至很多新创中小微民企没有任何知名度，行政审批机构需耗费较大的信息搜寻成本才能全面评判其真实状况。当行政审批中心集中办理业务时，民企可实时获得反馈消息、了解审批进程；行政审批中心的设立也有助于民企及时向审批机构提供准确、有效的信息和材料，因而审批程序的透明化降低了暗箱操作的概率，也减少了行政审批部门的"自由裁量权"，这在一定程度上提高了民企通过审批的概率。而具有较高地域知名度的国企与行政审批部门之间的信息不对称程度较低，因而可能无法受益于行政审批制度改革所带来的制度性交易成本节约之好处。

第三，行政审批中心的设立在一定程度上有助于防范各行政审批职能部门设租或抽租行为。依据制度经济学的经典论证，当不同的行政审批机构分别基于本部门租金最大化原则对拟申请行政许可或行政审批的民企实施进入管制时，民企要想获得所有行政审批机构的一致许可，其制度性交易成本将会异常高（Shleifer、Vishny，1993）。若能将分立的各行政审批机构入驻于同一行政审批中心，则可形成各机构相互制衡、相互监督的审批方式，这便于防范各行政审批职能部门的设租或抽租行为。另一方面，作为"准政府机构"的国企具有政治优势和信息优势，更了解行政审批体制的运作方式，并不会经常性遭遇行政审批部门的"刁难"，因而对行政审批制度改革所带来的"制度红利"并不敏感。

第四，行政审批中心的设立亦有助于引导民营企业家将其企业家才能更多地用于生产性活动。行政审批中心的设立会在事前影响民营企业家行为结构。在行政审批中心设立之后，民营企业家会迅速发现并抓住营商环境优化带来的福利，即制度性交易成本的节约，主动调整其行为结构，从借助"跑关系""找门路"等灰色手段争取行政审批机构的许可，转向研发创新等生产性行为（Guo et al.，2014），其行为结构的优化不仅有助于从事前抑制"攫取之手"，还有助于激励民营企业家创新创业。作为体制内历来就享有优惠政策的国企决策者并不会对"制度红利"做出行为优化的反应，其行为仍具有准官员特征，因而也就难以有效激活企业家精神。

第五，行政审批制度改革所带来的"制度红利"还有益于稳定民营企业家投资预期，使民营企业家安心从事投资和生产活动。地区行政审批制度改革的启动和实施能够改善民企营商环境，为助推民营经济高质量发展释放了强烈的政策信号，为民营企业家新增投资提供新的"制度红利"。而国有企业一直享受着各种政策优惠和资源优势，并不会对行政审批制度改革的"制度红利"做出敏锐反应。

尽管不同地区相继启动了行政审批制度改革，但各地区在行政审批制度改革的力度上具有迥然的地域差异。同样是成立了行政审批中心，有的地级市行政审批中心入驻的政府机构较多，其能够审批的事项也较多，这些地区为民企发展释放了更多的制度红利；另一些地区迫于同级别的周边城市带来的制度竞争压力，也不得不启动改革，但在改革力度上远不如那些率先设立行政审批中心的地区大，因此各地区形成了不同的行政审批制度改革进程，并引致了不同的营商环境优化改革效应。结合前述分析可知，相比国企，民企在行政审批制度改革力度较大的地区获益更大，因而其成长也较快。基于此，本书提出假说1。

假说1：相比国有企业，行政审批制度改革所引致的"制度红利"更有利于促进民营企业成长，并且该效应在行政审批制度改革力度较大的地区更强。

6.2.2　行政审批制度改革、行业异质性与民企成长

鉴于不同行业具有独特的产业属性，如高科技行业和非高科技行业、管制型行业和非管制型行业，行政审批制度改革所引致的"制度红利"可能会对不同行业里的企业成长具有异质性影响。与非高科技企业相比，高科技企业不仅需要获得所在地政府机构的行政审批，还需所在地政府提供资质认证、创新成果孵化、研发资助、知识产权保护等高质量公共服务，因而有更多机会与政府机构接触。但借助于一个"大众化"的行政审批中心往往难以满足高科技企业对"含金量"较高的公共服务的需求，因而民营高科技企业对行政审批制度改革并不会很敏感，其"获得感"较弱；只有当含金量较高的行政审批权力下放到行政审批中心时，才会对民营高科技企业产生显著的正向影响。当前中国"放管服"改革还停留在数量型精简和下放阶段，下放的审批权往往是无关紧要的权力，最核心的、最重要的审批权在政务服务大厅是难以获取的（徐现祥，2018）。与之相反，非高科技民企对行政审批中心所能提供的服务类型和种类并不像高科技民企那样具有特殊需要，其对公共服务的需求仅限于"通用型"服务，因而其"获得感"较强。另外，考虑到国企的强势地位和政策优势，不论是在高科技行业抑或在非高科技行业，并不会向民企那样对行政审批制度改革所引致的"制度红利"做出显著反应。

尽管有不少地区成立了行政审批中心，但各地区行政审批制度改革的推进程度依然千差万别。随着行政审批制度改革向纵深推进，更大力度的行政审批制度改革所带来的营商环境优化效应对非高科技民企成长的促进作用更强。相比改革力度较小的地区，非高科技民企在行政审批制度改革力度较大的地区能获得行政审批中心所提供的更多种类的审批事项和服务事项及更便利的服务窗口，因此会拥有较强的"获得感"。另一方面，鉴于国企并不会对行政审批制度改革所带来的营商环境优化产生"获得感"，即使考虑行业异质性问题，也不会对国企产生明显的成长促进作用。基于上述讨论可得出假说2。

假说2：相比国有企业，行政审批制度改革对民企成长的促进效应在非高科技行业更强，并且该效应在行政审批制度改革力度较大的地区更强。

有证据表明，与非管制型行业相比，管制型行业里的企业更频繁与各级政府部门打交道，更需要获得各类主管部门的行政审批或行政许可（Paunov，2016），但这可能会诱发民营企业家的机会主义行为，即借助贿赂审批人员以绕过行业管制或通过行贿加速行政审批过程（Xu、Yano，2016）。比如，医药行业属于高管制行业，此行业里的民企须经过官方主管机构的"繁琐"批准才能获得新药的生产许可，但这容易诱发败德行为。从逻辑上讲，行政审批制度改革有助于在事前遏制"攫取之手"和民营企业家的寻租行为，刺激民营企业家将才能更多地用在经营管理上，进而促进民企健康发展。因此，与非管制型行业相比，行政审批制度改革所带来的营商环境优化效应在管制型行业对民企成长的影响更大。不难想象，更大力度的行政审批制度改革所带来的"制度红利"对管制型行业里的民企成长具有更强促进作用。就拥有体制优势的国企而言，不论是处在管制型行业抑或非管制型行业均对行政审批制度改革不敏感，他们总能低成本获取牌照和资质，因而并不会对行政审批制度改革所带来的"制度红利"做出反应。基于上述分析，可推出假说3。

假说3：相比国有企业，行政审批制度改革所引致的"制度红利"对民企成长的促进效应在管制型行业更大，并且该效应在行政审批制度改革力度较大的地区更强。

6.3　研究设计

6.3.1　计量模型与变量界定

为检验上文假说，现设定如下模型：

$$Firm\_Growth_{i(t+1)} = \beta_0 + \beta_1 T \times Private_{it} + \sum_j \beta_j * X_{it} + \varepsilon_{it} \qquad (6-1)$$

在上式中，下标 i 标记企业，下标 t 标记年度；因变量（$Firm\_Growth_{i(t+1)}$）为企业 i 第 $t+1$ 年的增长率；民企虚拟变量为 $Private_{it}$；变量 T_{it} 在企业登记注册地成立政务服务中心之后赋值为1；民企虚拟变量与政务服务中心虚拟变量的交乘项为 $T \times Private_{it}$，该交乘项用于识别处在已设立行政审批中心地区里的民企，以区别于处在已设立行政审批中心地区里的国企，因此本书侧重于考察相比国企，民企成长受益于行政审批改革的相对大小。根据 Fisman 和 Svensson（2007）、Zhou 和 Peng（2012）等学者的研究，公式（6-1）加入控制变量集 X_{it}，这包括企业层面变量和固定效应变量集（即控制时间、行业或个体效应），进而控制其他可能影响企业成长的因素。相关变量的详细界定详见表 6.1。

表 6.1 变量定义

变量	名称	计算方法	数据来源
企业成长	*Firm_Growth*	对企业员工总数取常用对数，再减去滞后 3 期的对数值	Wind 数据库
企业成长	Grow	总资产的增长率	
企业规模	Size	总资产的常用对数	
年龄	Age	样本年度与企业上市年度之差的常用对数	
销售增长	SalesGrowth	销售额年增长率	
负债率	Debt Ratio	短期债务和长期债务之和除以账面资产	
股东持股	Block-holding	第一大股东持股比重	
市场竞争	HHI	赫芬达尔指数	
CEO 兼董事长	CEO DUAL	董事长兼任 CEO 则赋值为 1，否则为 0	
投资支出	Invest	投资支出与总资产之比	
代理成本	Agency	销售费用和管理费用在营业收入中的比值	
营业收入	Income	营业收入与总资产之比	
营业外支出	Payout	营业外支出与利润总额之比	
民企	*Private*	控股股东为民资则赋值为 1，否则为 0	
设立行政审批中心	*T*	设立行政审批中心之后取值为 1，否则为 0	毕青苗 等，2018
进驻部门数量	depart_Q	进驻行政审批中心的部门数量合计	
进驻事项数量	item_Q	进驻行政审批中心的事项数量合计	
进驻窗口数量	window_Q	行政审批中心设立的窗口数量合计	
地区人均 GDP	GDP_m	实际人均 GDP 的常用对数	《中国统计年鉴》
地区人口数	Pop	总人口的常用对数	

为检验行政审批改革力度对"制度红利"的交互作用，还需设定如下模型：

$$Firm\_Growth_{i(t+1)} = \beta_0 + \beta_1 T \times Private \times Reform_{it} + \sum \beta_j * X_{it} + \varepsilon_{it}$$

$$(6-2)$$

在式（6-2）中，变量 $Reform_{it}$ 表示企业 i 登记注册的地区在第 t 年的行政审批制度改革力度变量；民企虚拟变量、政务服务中心虚拟变量及行政审批制度改革力度变量的交乘项为 $T \times Private \times Reform_{it}$，即为检验假说1、2和3是否成立的关键解释变量；该交乘项的含义在于：相对于国企，更大力度的行政审批改革是否能更进一步地促进处在已设立行政审批中心地区里的民企成长。本书拟使用进驻部门数量（depart_Q）、进驻事项数量（item_Q）和进驻窗口数量（window_Q）这三个变量衡量行政审批制度变革力度，进而替换式（6-2）中的 $Reform_{it}$。

6.3.2 数据来源说明

企业样本为2000年至2017年所有A股上市公司，其数据来源于Wind数据库，地区数据来自《中国统计年鉴》，地级市行政审批改革数据资料来源于毕青苗等在2018年的研究成果。考虑到企业层面的员工总数数据从2000年开始比较完整，在这之前部分上市公司数据缺失严重，故使用从2000年开始的数据。最后，本章根据企业注册地归属信息（即公司注册地城市）将企业层面的微观数据与地级市层面的行政审批数据进行宏微观数据匹配及合并。

6.4 实证检验

6.4.1 单变量分析

表6.2对企业成长变量（Firm_Growth）进行单变量分析。表6.2分4种情况对企业成长变量（Firm_Growth）进行讨论。第1种情况：在不带协变量的条件下考察行政审批制度改革启动前后，民企成长与国企成长在统计上是否具有显著差异；据表6.2第3行至第5行的统计结果可知，在行政审批改革之前，虽然国企成长变量的均值（0.166）略大于民企成长变量的均值（0.144），但其差异并不显著；在行政审批改革之后，情况发生了"逆转"，民企成长变量的均值（0.257）远大于国企成长变量的均值（0.171）且具有

统计显著性；企业成长的倍差值（DIFF-IN-DIFF）为0.108且在1%的水平上显著，即行政审批制度改革促使民企以更快速度成长，这也表明本章样本满足共同趋势假说。

第2种情况：在考虑协变量（depart_Q）的条件下考察行政审批制度改革启动前后，民企成长与国企成长在统计上是否具有显著差异；据表6.2第6行至第8行的统计结果可知，在行政审批改革之前，虽然国企成长变量与民企成长变量在统计上不存在显著差异；在行政审批改革之后，民企成长变量的均值（0.212）远大于国企成长变量的均值（0.087），且在1%的水平上显著；企业成长的倍差值（DIFF-IN-DIFF）为0.161且在1%的水平上显著，这初步验证了假说1。此外，第3种情况和第4种情况的单变量分析结果相似。但若要稳健地验证本章假说，须进一步检验。

表6.2　单变量分析

是否带协变量	结果变量	行政审批改革之前			行政审批改革之后			DIFF-IN-DIFF
		国企	民企	Diff（BL）	国企	民企	Diff（FU）	
否	*Firm_Growth*	0.166	0.144	-0.022	0.171	0.257	0.086	0.108
	Std. Error	0.018	0.007	0.019	0.019	0.006	0.020	0.028
	P>|t|	0.000	0.000	0.259	0.000	0.000	0.000	0.000
是（depart_Q）	*Firm_Growth*	0.136	0.099	-0.036	0.087	0.212	0.125	0.161
	Std. Error	0.054	0.050	0.020	0.055	0.050	0.022	0.030
	P>|t|	0.012	0.047	0.071	0.113	0.000	0.000	0.000
是（item_Q）	*Firm_Growth*	0.057	0.011	-0.046	0.004	0.113	0.110	0.156
	Std. Error	0.051	0.047	0.020	0.052	0.048	0.023	0.031
	P>|t|	0.257	0.812	0.024	0.940	0.019	0.000	0.000
是（window_Q）	*Firm_Growth*	-0.054	-0.119	-0.065	-0.125	0.002	0.128	0.193
	Std. Error	0.047	0.038	0.025	0.047	0.038	0.026	0.036
	P>|t|	0.254	0.002	0.009	0.007	0.955	0.000	0.000

注：（1）Diff（BL）表示在行政审批改革之前民企成长的均值减去国企成长的均值；Diff（FU）表示在行政审批改革之后民企成长的均值减去国企成长的均值；DIFF-IN-DIFF表示在行政审批改革之后两类企业成长变量的差值减去在行政审批改革之前两类企业成长变量的差值；（2）Std. Error为统计标准误，*P>\|t\|*为对应的P值。

6.4.2　对假说1的检验

表6.3基于（6-1）式进行了回归分析。表6.3模型（1）和模型（2）基

于 OLS 进行估计，模型（3）和模型（4）基于双向固定效应模型（FE）进行估计。模型（1）仅在控制了民企虚拟变量（*Private*）和政务服务中心虚拟变量（*T*）以及行业和时间固定效应，结果发现，$T \times Private_{it}$ 变量的估计系数为 0.142 且在 1% 的水平上显著。模型（2）在模型（1）的基础上增加了 7 个企业层面的控制变量，进一步发现，$T \times Private_{it}$ 变量的估计系数为 0.118 且在 1% 的水平上显著。这初步验证了假说 1，即相比国企，行政审批制度改革所引致的"制度红利"对民企成长具有更强的助推作用。模型（3）和模型（4）基于双向固定效应模型对式（6-1）进行估计，估计结果表明假说 1 仍成立。若以表 6.3 模型（4）的估计结果为基准进行例算可发现，与国企相比，当民企从未启动行政审批改革的城市搬迁到已启动行政审批改革的城市，其企业成长将增加 0.171 1，这相当于企业成长变量样本均值的 83.46%，即行政审批制度改革所引致的"制度红利"对民企成长助推作用在经济上是非常大的。

表 6.3　对假说 1 的检验

模型	（1）	（2）	（3）	（4）
T×Private	0.142 0***	0.118 0***	0.199 0***	0.171 1***
	（0.029 4）	（0.027 7）	（0.062 1）	（0.058 1）
Private	−0.070 1**	−0.069 2***	−0.188 4***	−0.159 6**
	（0.028 1）	（0.026 8）	（0.069 9）	（0.062 8）
T	−0.085 0***	−0.077 2***	−0.145 7***	−0.118 8***
	（0.019 9）	（0.019 0）	（0.045 4）	（0.041 7）
Size		0.105 7***		0.166 9***
		（0.005 4）		（0.016 2）
Age		−0.143 4***		−
		（0.010 1）		−
Sales Growth		0.298 0***		0.224 9***
		（0.014 6）		（0.015 5）
Debt Ratio		−0.283 0***		−0.441 8***
		（0.027 4）		（0.065 1）
Block-holding		0.064 5**		0.398 2***
		（0.032 2）		（0.110 9）
HHI		0.091 7		0.026 4
		（0.085 1）		（0.128 0）
CEO DUAL		0.021 1*		0.016 7
		（0.011 0）		（0.022 0）
时间固定效应	是	是	是	是
行业固定效应	是	是	否	否
个体固定效应	否	否	是	是
N	18 116	17 599	18 116	17 599
估计方法	OLS	OLS	FE	FE

注：（1）因变量（*Firm_Growth*）为第 $t+1$ 年的取值，所有解释变量均为第 t 年的取值；（2）***、** 和 * 分别表示在 1%、5% 和 10% 水平上显著，括号内为稳健标准误；（3）行业固定效应用两位数行业代码计算。表 6.4 至表 6.13 类同，不再赘述。

表 6.4 基于式（6-2）对假说 1 进行再检验。在表 6.4 中，分别用进驻部门数量（depart_Q）、进驻事项数量（item_Q）和进驻窗口数量（window_Q）替代式（6-2）中的变量 $Reform_{it}$，于是，式（6-2）中的交乘项变成了 $T \times Private \times depart\_Q$、$T \times Private \times item\_Q$ 和 $T \times Private \times window\_Q$，再进行回归分析。据表 6.4 模型（1）的估计结果可知，$T \times Private \times depart\_Q$ 的估计系数为 0.020 4 且在 1% 的水平上显著；模型（4）在模型（1）的基础上加入了更多的控制变量，结果发现，$T \times Private \times depart\_Q$ 的估计系数为 0.044 5 且在 1% 的水平上显著，这表明，在行政审批中心入驻了较多部门的地区，行政审批制度改革所引致的"制度红利"对民企成长具有更强的正向促进作用。模型（2）和模型（5）使用 $T \times Private \times item\_Q$ 以及模型（3）和模型（6）使用 $T \times Private \times window\_Q$，进一步印证了假说 1，即相比国企，行政审批制度改革所引致的"制度红利"在改革力度较大的地区对民企成长具有更强的促进作用。此外，若基于时间固定效应和个体固定效应模型重新基于表 6.4 对式（6-2）进行估计可再次印证假说 1，不再详述。

表 6.4 对假说 1 的再检验

模型	（1）	（2）	（3）	（4）	（5）	（6）
$T \times Private$ ×depart_Q	0.020 4***			0.044 5***		
	(0.003 1)			(0.007 9)		
$T \times Private$ ×item_Q		0.013 5***			0.028 4***	
		(0.002 1)			(0.005 1)	
$T \times Private$ ×window_Q			0.018 2***			0.040 6***
			(0.003 1)			(0.007 4)
depart_Q				−0.004 3		
				(0.013 6)		
item_Q					−0.005 7	
					(0.008 8)	
window_Q						0.002 4
						(0.009 6)
控制变量	是	是	是	是	是	是

表6.4(续)

模型	(1)	(2)	(3)	(4)	(5)	(6)
时间和行业固定效应	是	是	是	是	是	是
样本量	17 287	14 831	11 086	16 807	14 440	10 751
R^2_adj	0.079 7	0.082 8	0.081 2	0.159 3	0.163 5	0.160 2

注：列（1）至列（3）的控制变量为 Size 和 Age，列（4）至列（6）的控制变量为 Size、Age、Sales Growth、Debt Ratio、Block-holding、HHI、CEO DUAL、Private 和 T。

6.4.3 对假说 2 和假说 3 的检验

本节将检验行政审批改革对不同行业里的企业成长是否同样重要。第一，据科技部《高新技术产业分类目录》，将科技服务业、医药制造业等划分为高科技行业，其余为非高科技行业。表 6.5 第（1）列将样本限制在非高科技行业，结果发现 $T \times Private$ 的估计系数为 0.204 1 且在 1%水平上显著；第（2）列将样本限定在高科技行业时发现，$T \times Private$ 的估计系数大于 0 但不显著。因此，上述发现初步表明，假说 2 是成立的，即相比国有企业，行政审批制度改革对民企成长的促进效应在非高科技行业更强。接下来，根据 Xu 和 Yano（2016）的划分方法，将所有样本企业划分为管制型行业和非管制型行业，表 6.5 第（3）列和第（4）列分别对应于非管制型行业和管制型行业，结果发现，在模型（3）中 $T \times Private$ 的估计系数为 0.148 0 且在 1%水平上显著，在模型（4）中 $T \times Private$ 的估计系数为 0.267 9 且在 1%水平上显著。这与假说 3 相一致，即相比国企，行政审批制度改革所引致的"制度红利"对民企成长的促进效应在管制型行业更大。

表 6.5 对假说 2 和假说 3 的初步检验

模型	(1)	(2)	(3)	(4)
分组	非高科技行业	高科技行业	非管制型行业	管制型行业
$T \times Private$	0.204 1 ***	0.050 8	0.148 0 **	0.267 9 ***
	(0.064 2)	(0.127 2)	(0.069 3)	(0.102 0)
控制变量	是	是	是	是
时间和个体固定效应	是	是	是	是

表6.5(续)

模型	（1）	（2）	（3）	（4）
分组	非高科技行业	高科技行业	非管制型行业	管制型行业
样本量	14 395	3 204	11 744	5 855
R^2_between	0.105 7	0.171 4	0.101 5	0.137 2

注：控制变量包括 *Private*、*T*、*Size*、*Sales Growth*、*Debt Ratio*、*Block-holding*、*HHI* 及 *CEO DU-AL*；表6.7 至表6.9 相同。

为了进一步检验假说2，有必要分别将样本限制在非高科技行业和高科技行业上，并使用公式（6-2）进行估计，估计结果见表6.6。在表6.6模型（1）中，样本仅限于非高科技行业，结果发现，*T×Private×*depart_Q 变量的估计系数为0.067 8且在1%的水平上显著；在模型（2）中，样本仅限于高科技行业，结果发现，*T×Private×*depart_Q 变量的估计系数为0.016 3但不显著；对比模型（1）和模型（2）的实证结果可知，对非高科技行业中的民营企业成长所产生的促进效应在行政审批制度改革力度较大的地区更强。模型（3）和模型（4）使用 *T×Private×*item_Q 作为交乘项，模型（5）和模型（6）使用 *T×Private×*window_Q作为交乘项，也得出了同样的实证发现。综上所述，表6.6的估计结果初步验证了假说2。

表6.6　对假说2的再检验

模型	（1）	（2）	（3）	（4）	（5）	（6）
分组	非高科技行业	高科技行业	非高科技行业	高科技行业	非高科技行业	高科技行业
*T×Private×*depart_Q	0.067 8***	0.016 3				
	(0.017 4)	(0.033 6)				
*T×Private×*item_Q			0.049 1***	−0.000 9		
			(0.011 6)	(0.020 0)		
*T×Private×*window_Q					0.063 7***	0.016 1
					(0.015 9)	(0.027 4)
控制变量	是	是	是	是	是	是
时间和个体固定效应	是	是	是	是	是	是
样本量	13 724	3 083	12 049	2 391	8 637	2 114
R^2_between	0.108 6	0.174 2	0.117 0	0.188 9	0.103 6	0.187 6

为了进一步检验假说3，有必要分别将样本限制在非管制型行业和管制型

行业上，并使用公式（6-2）进行估计，估计结果见表6.7。在表6.7模型（1）中，样本仅限于非管制型行业，结果发现，$T×Private×depart\_Q$ 变量的估计系数为 0.046 9 且在 5% 的水平上显著；在模型（2）中，样本仅限于管制型行业，结果发现，$T×Private×depart\_Q$ 变量的估计系数为 0.084 2 且在 1% 的水平上显著；对比模型（1）和模型（2）的实证结果可知，对管制型行业中的民营企业成长所产生的促进效应在行政审批制度改革力度较大的地区更强。模型（3）和模型（4）使用 $T×Private×item\_Q$ 作为交乘项，模型（5）和模型（6）使用 $T×Private×window\_Q$ 作为交乘项，均得出了同样的实证发现。综上所述，表6.7的估计结果初步表明假说3也是成立的。

表 6.7　对假说 3 的再检验

模型	（1）	（2）	（3）	（4）	（5）	（6）
分组	非管制型行业	管制型行业	非管制型行业	管制型行业	非管制型行业	管制型行业
$T×Private×depart\_Q$	0.046 9 **	0.084 2 ***				
	(0.018 6)	(0.027 5)				
$T×Private×item\_Q$			0.030 1 ***	0.058 3 ***		
			(0.011 6)	(0.018 5)		
$T×Private×window\_Q$					0.041 5 ***	0.081 4 ***
					(0.016 1)	(0.024 9)
控制变量	是	是	是	是	是	是
时间和个体固定效应	是	是	是	是	是	是
样本量	11 136	5 671	9 703	4 737	7 032	3 719
R^2_between	0.104 5	0.138 7	0.108 0	0.150 5	0.109 1	0.126 6

6.4.5　稳健性检验

1. 关于因变量和解释变量的再设定

首先，考虑因变量的衡量问题。在上述实证分析中，仅使用企业职工人数的三年间增长率作为企业成长的唯一衡量变量。为了保证本章研究结论的稳健性，接下来使用总资产增长率（即去年同比增长率）衡量企业成长，估计结果见表6.8和表6.9。表6.8模型（1）至模型（3）的估计结果再次验证了假说1和假说2，但模型（4）和模型（5）的估计结果与假说3不一致，即假说3未能得到有效验证。表6.9模型（1）至模型（5）的估计结果再次验证了假说1和假说2，但表6.9模型（6）和模型（7）的估计结果与假说3不一致，即假说3未能得到有效验证。这也表明，对于管制型行业中的企业而言，不论是国有企业抑或民营企业均未能从中获取行政审批改革的制度红利。这可能是由于管制型行业自身比较特殊，仅仅下放行政审批权难以有效促进管制型行业里的民企健康成长，必须协同推进"放管服"改革，尤其是在有效监管方式探索上，亟待从事前审批监管转向事中事后监管，巧用大数据和互联网等电子化手段赋能政务监管效能。

表 6.8　稳健性检验 I

模型	（1）	（2）	（3）	（4）	（5）
分组	全样本	非高科技行业	高科技行业	非管制型行业	管制型行业
$T×Private$	0.074 3**	0.120 4***	−0.166 1*	0.100 0**	0.066 0
	（0.036 2）	（0.040 5）	（0.097 4）	（0.040 4）	（0.092）
控制变量	是	是	是	是	是
时间和个体固定效应	是	是	是	是	是
样本量	17 591	14 387	3 204	11 739	5 852
R^2_between	0.104 4	0.100 5	0.153 9	0.108 9	0.103 3

注：（1）本表模型中的因变量均为 Frim_Grow 且在回归时取第 t+1 年的值，所有解释变量均为第 t 年的取值；（2）控制变量包括 Size、Sales Growth、Debt Ratio、Block-holding、HHI、CEO DUAL、Private 和 T。表6.9类同，不再赘述。

其次，考虑核心解释变量的衡量问题。毕青苗 等（2018）构建的行政审批数据还搜集了不包含服务部门的进驻部门数量和不包含服务事项的进驻事项数量这两个指标，但由于这两个指标数据缺失严重，本书未将这两个指标作为核心变量衡量行政审批制度改革力度，但若基于这两个指标衡量行政审批制度改革力度则可再次印证假说1、假说2和假说3。

表 6.9 稳健性检验 II

模型	(1)	(2)	(3)	(4)	(5)	(6)	(7)
分组	全样本	全样本	全样本	非高科技行业	高科技行业	非管制型行业	管制型行业
$T×Private×depart\_Q$	0.018 4*			0.031 8***	−0.049 0*	0.025 1**	0.015 7
	(0.009 7)			(0.010 9)	(0.025 7)	(0.010 2)	(0.019 7)
$T×Private×item\_Q$		0.015 3**					
		(0.006 4)					
$T×Private×window\_Q$			0.015 6*				
			(0.009 5)				
控制变量	是	是	是	是	是	是	是
时间和个体固定效应	是	是	是	是	是	是	是
样本量	16 799	14 434	10 745	13 716	3 083	11 131	5 668
$R^2\_between$	0.103 1	0.101 4	0.114 2	0.099 0	0.153 9	0.106 6	0.103 8

2. 关于样本时间区间问题

首先，考虑到毕青苗 等（2018）的统计数据截至 2015 年 12 月底，但本书中的企业财务数据更新到了 2017 年，有必要删掉 2015 年之后的样本重新对（1）式和（2）式进行回归，即将样本时间范围限定在 2000 年至 2015 年，则可佐证上文假说。其次，考虑到个别城市在 2000 年之前就设立了行政审批中心，这些样本太过特殊，以致估计结果有偏，有必要删除 2000 年之前设立行政审批中心的地级市数据，结果发现上文假说仍成立。

3. 考虑地区层面遗漏变量问题

为了控制遗漏变量问题对回归结果的可能影响，本研究还控制了省级层面的宏观解释变量，包括地区经济发展（GDP_m）和地区人口规模（Pop）；这两个变量可能与企业成长相关，因为越是在经济发展水平高的地区以及市场规模越大的地区，企业成长越快，须控制这两个变量对因变量的影响，这再次验证了上文主要假设，但未能验证假说 3。

4. 关于内生性问题的讨论

考虑到式（6-1）和式（6-2）中的因变量具有路径依赖特征，还需加入企业成长变量的滞后一期并用动态面板模型估计，以减弱内生性问题对估计结果的不利影响。结果再次表明，即使考虑企业成长的路径依赖特征，行政审批制度改革所引致的"制度红利"对民企成长仍具有更强的助推作用。

6.5 进一步的讨论与检验

为了进一步考察行政审批制度改革究竟如何影响了民企成长，还需进一步考察行政审批制度是否会对企业销售增长、投资支出、代理成本、营业收入、营业外支出等变量产生影响，进而对民营企业成长产生作用。

6.5.1 销售增长视角

首先，考察行政审批制度改革所引致的"制度红利"是否会对企业销售增长产生影响。正如前文表 6.3 和表 6.4 所示，销售增长（Sales Growth）作为解释变量对企业成长产生了正向影响。若能证明行政审批制度改革所引致的"制度红利"对民企销售增长产生了正向影响，则表明行政审批制度改革所引致的"制度红利"通过影响销售增长而作用于民企成长。在表 6.10 中，被解释变量为销售增长。据表 6.10 模型（1）至模型（4）的估计结果可知，相对

表 6.10 影响机制检验 I

模型	(1)	(2)	(3)	(4)	(5)	(6)	(7)	(8)
分组	全样本	全样本	全样本	全样本	非高科技行业	高科技行业	非管制型行业	管制型行业
$T \times Private$	0.087 9** (0.039 5)							
$T \times Private \times depart\_Q$		0.022 7** (0.010 0)			0.025 5** (0.011 5)	0.003 8 (0.021 8)	0.030 9*** (0.011 2)	0.014 4 (0.019 5)
$T \times Private \times item\_Q$			0.014 8** (0.006 7)					
$T \times Private \times window\_Q$				0.023 7*** (0.008 8)				
控制变量	是	是	是	是	是	是	是	是
时间和个体固定效应	是	是	是	是	是	是	是	是
样本量	17 594	16 802	14 437	10 748	13 719	3 083	11 133	5 669
$R^2\_between$	0.040 1	0.038 8	0.039 2	0.039 1	0.043 3	0.034 2	0.043 9	0.038 1

注：控制变量包括 Size、Debt Ratio、Block-holding、HHI、CEO DUAL、*Private* 和 T。

于国企，行政审批制度改革所引致的"制度红利"的确对民企销售增长产生了显著的正向影响。模型（5）与模型（6）的估计结果则表明，这符合假说2的预测。但模型（7）与模型（8）的估计结果与假说3的预期不符，这也进一步说明了为何上文未能一致验证假说3。总之，表6.10的检验结果表明，可将销售增长作为理解行政审批制度改革影响民企成长的一个维度。

6.5.2 投资支出视角

基于生产函数理论可知，企业投资是企业产出的一个重要决定因素，即在其他条件不变的情况下，投资支出越大的企业，其产出也越大，因而该企业成长会越快。如果行政审批制度改革所引致的"制度红利"对民企投资产生正向引导作用，那么行政审批制度改革所引致的"制度红利"就会通过投资支出渠道而作用于民企成长。在表6.11中，因变量均为投资支出（Invest）。据表6.11模型（1）至模型（4）的估计结果可知，相对于国企，行政审批制度改革所引致的"制度红利"确实对民企投资支出产生了显著的正向影响。模型（5）与模型（6）的估计结果则符合假说2的预测，模型（7）与模型（8）的估计结果与假说3的预期一致。综上所述，可以从投资支出视角理解行政审批制度改革对民企成长的影响。

6.5.3 代理成本视角

根据Stulz（2005）的"双重代理"模型，外部制度环境不仅会直接影响公司财务决策及其绩效，还会通过影响公司治理质量进而对公司财务决策产生影响。无疑，行政审批制度改革所带来的营商环境优化效应作为一种外在的制度环境变迁，不仅直接影响民企财务决策，也可能会直接影响中国民营上市公司的治理质量，进而间接影响民企成长。在表6.12中，被解释变量均为代理成本（Agency）。据表6.12模型（1）至模型（4）的估计结果可知，相对于国企，行政审批制度改革降低了民企内部的代理成本。模型（5）与模型（6）的估计结果符合假说2的预测，但模型（7）与模型（8）的估计结果与假说3的预测不符。综上，可从销售增长视角理解行政审批制度改革对民企成长的影响。

表 6.11 影响机制检验 II

模型	(1)	(2)	(3)	(4)	(5)	(6)	(7)	(8)
分组	全样本	全样本	全样本	全样本	非高科技行业	高科技行业	非管制型行业	管制型行业
$T \times Private$	0.004 3*							
	(0.002 3)							
$T \times Private \times depart\_Q$		0.001 5**			0.001 4**	−0.000 1	0.001 1	0.002 3*
		(0.000 6)			(0.000 7)	(0.001 3)	(0.000 7)	(0.001 2)
$T \times Private \times item\_Q$			0.001 7***					
			(0.000 4)					
$T \times Private \times window\_Q$				0.000 9*				
				(0.000 5)				
控制变量	是	是	是	是	是	是	是	是
时间和行业固定效应	是	是	是	是	是	是	是	是
样本量	17 540	16 748	14 391	10 714	13 674	3 074	11 096	5 652
R^2_adj	0.132 9	0.133 3	0.136 4	0.123 5	0.150 7	0.074 4	0.116 2	0.156 3

注：控制变量包括 Size、Debt Ratio、Block-holding、HHI、CEO DUAL、$Private$ 和 T。

表 6.12　影响机制检验 Ⅲ

模型	(1)	(2)	(3)	(4)	(5)	(6)	(7)	(8)
分组	全样本	全样本	全样本	全样本	非高科技行业	高科技行业	非管制型行业	管制型行业
$T \times Private$	-0.011 4							
	(0.007 0)							
$T \times Private \times depart\_Q$		-0.005 5***			-0.007 9***	0.006 3	-0.006 0***	-0.005 5
		(0.001 9)			(0.002 2)	(0.004 2)	(0.002 2)	(0.003 8)
$T \times Private \times item\_Q$			-0.003 7***					
			(0.001 3)					
$T \times Private \times window\_Q$				-0.005 6***				
				(0.001 7)				
控制变量	是	是	是	是	是	是	是	是
时间和行业固定效应	是	是	是	是	是	是	是	是
样本量	17 032	16 272	13 994	10 410	13 217	3 055	11 008	5 264
R^2_adj	0.291 7	0.293 7	0.300 1	0.307 6	0.267 4	0.231 9	0.315 2	0.237 6

注：控制变量包括 Size，Debt Ratio，Block-holding，HHI，CEO DUAL，Private 和 T。

6.5.4 营业收入视角

正如前文理论分析指出的，行政审批中心的设立有助于引导民营企业家将其才能更多地用于生产性活动，也有助于降低民企与政府机构"打交道"的成本，这均有助于提高民企的营业收入。在表 6.13 中，因变量均为营业收入（Income）。表 6.13 模型（1）至模型（4）的估计结果表明，相对于国企，行政审批制度改革所引致的"制度红利"确实提高了民企的营业收入。模型（5）与模型（6）的估计结果符合假说 2 的预测，但模型（7）与模型（8）的估计结果与假说 3 的预期不符。综上，还可从营业收入视角理解行政审批制度改革对民企成长的影响。

表 6.13　影响机制检验 Ⅳ

模型	(1)	(2)	(3)	(4)	(5)	(6)	(7)	(8)
分组	全样本	全样本	全样本	全样本	非高科技行业	高科技行业	非管制型行业	管制型行业
$T{\times}Private$	0.050 7**							
	(0.023 2)							
$T{\times}Private{\times}depart\_Q$		0.021 8***			0.027 6***	−0.010 8	0.032 7***	0.002 7
		(0.006 0)			(0.006 9)	(0.012 1)	(0.007 3)	(0.011 3)
$T{\times}Private{\times}item\_Q$			0.016 9***					
			(0.004 3)					
$T{\times}Private{\times}window\_Q$				0.038 5***				
				(0.005 8)				
控制变量	是	是	是	是	是	是	是	是
时间和行业固定效应	是	是	是	是	是	是	是	是
样本量	17 607	16 815	14 449	10 757	13 731	3 084	11 139	5 676
R^2_adj	0.185 1	0.184 6	0.179 3	0.225 6	0.192 4	0.109 2	0.237 5	0.133 1

注：控制变量包括 Size、Debt Ratio、Block-holding、HHI、CEO DUAL、Private 和 T。

6.5.5 营业外支出视角

正如前文理论分析指出的，行政审批中心的设立在一定程度上有助于防范各行政审批职能部门设租或抽租的发生，而营业外支出在一定程度上体现了企业用于吃、喝等的非生产性支出，但限于篇幅未呈现的实证检验结果中，未发现证据表明营业外支出是行政审批制度改革影响民企成长的作用方式。

综上所述，可进一步从企业销售增长、投资支出、代理成本、营业收入等维度理解行政审批制度改革所引致的"制度红利"对民企成长的促进效应，但未能证实行政审批制度改革会通过影响营业外支出而作用于民企成长。

6.6 本章小结

本章以中国 333 个地级市设立行政审批中心作为行政审批制度改革的自然实验，考察营商环境优化所带来的"制度红利"对民企成长的助推作用。实证研究表明：相比国企，行政审批制度改革所引致的"制度红利"更有利于促进民营企业成长，并且该效应在改革力度较大的地区更强。基于异质性效应的实证结果表明：相比国有企业，行政审批制度改革对民企成长的促进效应在非高科技行业更强，并且该效应在行政审批制度改革力度较大的地区更强。此外，未有稳健的证据表明，相比国有企业，行政审批制度改革所引致的"制度红利"对民企成长的促进效应在管制型行业更大，并且该效应在行政审批制度改革力度较大的地区更强。进一步实证检验还发现，可从企业销售增长、投资支出、代理成本、营业收入等维度理解行政审批制度改革所引致的"制度红利"对民企成长的促进效应。

毋庸置疑，上述结论具有重要的政策含义。首先，民营企业由于自身的产权性质和规模劣势始终难以与国企、外企一道以平等身份获取各种资源和政策优惠，更因制度性交易成本长期居高不下而无法茁壮成长，一旦启动行政审批制度改革必然会对民营经济健康发展带来"制度红利"。其次，越是深入且全面地推行政审批改革的地区，往往是自发自愿地启动行政审批制度改革，在这些地区制度改革程度和力度均较大，为促进民企成长释放了更多"制度红利"。最后，只有将一些涉及高科技行业的审批和服务事项切实下放到行政审批中心，才能使科技型民企享受到制度变革的红利。当下以建立行政审批中心为标志的营商环境优化改革有待深入推进，将更重要的行政审批权和更具针对性的权力下放到位，此制度变革才具普惠性，使所有民企"利益均沾"才能有力引导民营经济高质量发展。

7 地区营商环境与民营企业高质量发展：来自中国的经验证据

7.1 问题的提出

近年来，上至中共中央和国务院，下至各级地方政府，相继将深化"放管服"改革、优化区域营商环境作为促进经济高质量发展的重要举措，试图以一流的营商环境孕育一流的民营企业，加快营造市场化、法治化、国际化营商环境，切实激发民营企业创新创业的热情和活力。一个自然而然的问题是，地区营商环境优化能促进民营企业高质量发展吗？如果答案是肯定的，那么地区营商环境优化又在多大程度上能助推民营企业高质量发展呢？就我们的认知范围而言，尚未有文献对上述疑问做出回答。在此背景下，如何将地区营商环境与民营企业高质量发展联系起来依然是一个有待深入探讨的重要议题。因此，考察地区营商环境如何影响民营企业高质量发展有着重要的学术价值和实践意义。

纵观既有文献，有不少学者考察了地区营商环境对企业经营绩效、生产率、企业进入和企业成长的影响。比如，Knack 和 Keefer（1995）最早考察了产权保护、公共品分配等制度环境对私人投资的影响，该文为经济学家从制度环境视角找寻企业成长之因提供了重要启示。此后，受 Knack 和 Keefer 一文启迪，绝大多数研究集中在考察营商环境与企业绩效的关系上，如 Dollar 等（2005）、Svejnar 和 Commander（2007）、Eifert 等（2008）、Kinda 等（2009）、Thomas 等（2017）、Gaganis 等（2019）。还有不少学者基于跨国企业数据考察了投资环境或营商环境对企业生产率的影响，如 Bastos 和 Nasir（2004）、Escribano 和 Guasch（2005）、Eifert 等（2005）及 Nguimkeu（2013）等。还有学者研究了营商环境对企业进入的影响（Klapper et al., 2004）。此外，也有不少学者使用官员腐败程度指标作为营商环境优劣的衡量指标，进而考察腐败对企业成长、生产率和企业绩效的影响（Wang、You，2012；Hanousek、Kochanova，2016）。综上所述，国外文献侧重于使用跨国数据实证考察营商环境对企业经营绩效或生产绩效的影响，但跨国研究难以克服不同国家由于财务统计指标并不具有统一口径而无法进行横向比较的问题，且已有研究仅将企业产权性质作为影响企业绩效的一个变量放入回归中，未将民营企业作为一类独立样本，再基于该样本专门考察营商环境对民营企业高质量发展的影响。

在针对中国的研究中，学者们分别考察了地区营商环境对企业经营绩效、产品质量升级、企业成本、研发创新、生产率、出口、对外投资等企业微观变量的影响，如 Hallward-Driemeier 等（2006）、许可与王瑛（2014）、杨进和张攀（2018）、刘军和付建栋（2019）。有人从腐败视角分析了营商环境对企业产品质量升级的非对称影响（辛大楞、辛立国，2019）。一项基于模型推导的实证研究发现营商环境对企业成本有下降作用（卢万青、陈万灵，2018），还有人进一步考察了关系型营商环境对企业成本决策的影响（江伟 等，2018）。无疑，地区营商环境可能会影响企业创新（卢万青、陈万灵，2018；冯涛、张美莎，2020；夏后学 等，2019；何凌云、陶东杰，2018）。既然营商环境能影响企业创新，也可能会影响企业生产率。有证据表明，营商环境与企业家才能的交互作用对企业全要素生产率具有正向影响（薄文广 等，2019）。此外，还有研究考察了营商环境对企业出口行为、对外投资行为的影响（叶宁华、张伯伟，2018；刘军，2019；杨亚平、李腾腾，2018）。无疑，上述针对中国的研究多单独考察地区营商环境对企业高质量发展的某一个侧面的影响，如经营绩效、生产率、研发创新等变量均为企业高质量发展的某一种体现，但尚未能综合考察地区营商环境对企业高质量发展的系统性影响，且少有文献仅基于民营企业样本考察地区营商环境对民营企业高质量发展的影响。

尽管国内外不少研究关注营商环境对企业生产决策及其绩效的影响，但大部分研究忽略了地区营商环境对民营企业高质量发展的影响。由于中国民营企业自身的产权性质、经济地位及社会影响力均不同于外资企业和国有企业，他们对自身发展所面临的营商环境变化可能会做出有别于外资企业和国企的响应，上述相关研究结论可能无法自然地适用于解释民营企业高质量发展的营商环境决定因素问题。基于此，本章拟基于中国 30 个省域营商环境数据和民营上市公司微观数据相匹配样本对以下几个问题进行研究：第一，中国地区营商环境优化改革是否影响了民营企业高质量发展？如果答案是肯定的，那么当前很多地区以营商环境优化改革和深入推进"放管服"改革作为促进中国民营经济高质量发展的"抓手"则是可行的；第二，中国地区营商环境优化改革对民营企业高质量发展究竟产生了何种程度的影响效果？尚未有人对此进行测度和检验；第三，地区营商环境对民营企业高质量发展的影响是否具有异质性？显然，已有研究尚未对此进行系统回答。

7.2 地区营商环境影响民企高质量发展的理论逻辑

7.2.1 背景分析

中国 31 个省级地区之间由于历史性遗产、资源禀赋、地理区位、经济基础、文化风俗等因素的差异，在 40 多年的改革开放进程中形成了迥然的地区营商环境。比如，东北地区的营商环境较差，甚至有"投资不过山海关"的论调，"毛振华事件"再次凸现了东北营商环境的问题。毋庸置疑，不论根据哪类指标排名，珠江三角洲、长江三角洲等地区的营商环境质量明显优于全国其他地区。近年来，中央政府和各级地方政府对营商环境重要性的认识在不断提高，即使是县级地方政府官员也意识到营商环境比金子更珍贵，纷纷出台各种举措破除"开门招商，关门打狗"的乱象，不断优化地区营商环境，并取得了一定成效。但各地区在营商环境上依然存在显著的地区差异，这就为本书基于中国省级层面的宏观面板数据与各地区民营上市公司的微观数据，探讨地区营商环境如何影响民营企业高质量发展提供了绝佳的研究样本。

7.2.2 一个简化的理论分析框架

地区营商环境是企业在某一地区运营时不得不面对的外部制度环境，是影响企业具体运作方式的一种制度性安排。在界定营商环境的具体内涵时，可从法治化营商环境、市场化营商环境、金融营商环境、基础设施营商环境、政务营商环境等方面测定地区营商环境的质量。因此，若要讨论地区营商环境对民营企业高质量发展的影响，可将该问题分解为法治化营商环境、市场化营商环境、金融营商环境、基础设施营商环境、政务营商环境等子指标对民营企业高质量发展的影响。

第一，法治化营商环境为民营企业高质量发展提供制度保障。社会主义市场经济是法治的市场经济（吴敬琏，2007），只有全力打造法治化的市场经济才能为民营企业家投资创业提供稳定的、可预期的营商环境，法治化营商环境也是民营企业高质量发展的最基础性制度保障。法治化营商环境的一个重要特征是能够有力保护民营企业家财产权，保障私有产权和公有产权一样得到平等保护和对待，使民营企业家更有安全感，从而安心踏实地从事创新创业活动，这也是当前促进民间投资增长、留住民营资本的最优方略（路晓霞，2018）。法治化营商环境还体现在对知识产权的有力保护。民营企业高质量发展的一个重要方面是创新驱动和创新引领，这集中体现在民营企业必须拥有更多的高质量发明专利和研发更多的高附加值新产品，显然，这离不开对民营企业科技创新的强有力的产权保护。只有法治化营商环境才能为民营企业创新驱动发展提供长久的动力和保障。针对当前公权力侵害民营企业财产权、知识产权保护不力等问题，中共中央、国务院于2016年年底发布了《关于完善产权保护制度依法保护产权的意见》（以下简称为《意见》），《意见》明确指出，"公有制经济财产权不可侵犯，非公有制经济财产权同样不可侵犯"。该《意见》还指出，"保护产权不仅包括保护物权、债权、股权，也包括保护知识产权及其他各种无形财产权"。这表明：首先，要平等地保护各类所有制主体的产权，当然，这包括保护民营企业家从创业投资中获得的利润，以便民营企业家将更多地利润用于再投资，而非用于奢侈性消费；其次，还要全面保护各类产权，尤其是在发明专利、商标等无形资产对民营企业高质量发展越来越重要的当前背景下，只有有效保障民营企业家完全获得从其发明创新中获得的利润，才能激励其持续不断地进行创新，而创新是民企高质量发展的重要体现。当然，法治化营商环境的内涵不止于此，还包括依法保护民营企业的市场准入权、自主经营权、公平竞争权和享受公共服务的权利（路晓霞，2018）。就现实情况而言，民营企业能否切实享受上述权利则取决于各地区营商环境的法治化程度以及各地区对上述中央《意见》的落实情况。

第二，市场化营商环境为民营企业高质量发展提供公平竞争的市场环境。市场化营商环境的重要表现是市场机制在资源配置过程中起主导作用，而行政计划在资源配置中的作用越来越弱。市场化营商环境包括产品市场和要素市场具有较强的竞争性、政府对市场的不当干预较少、非国有经济占比较高等内容（方军雄，2006；樊纲 等，2011）。市场化营商环境之所以对民营企业高质量发展产生影响，现实的原因有四点：其一，在市场化营商环境越完善的地区，民营企业可不受约束地进入所有行业，这有助于基于市场价格信号合理配置各种生产要素，提高资源配置效率，进而使民营企业分享资源配置效率提高所带来的高收益；其二，市场化营商环境的优化和完善还意味着产品市场和生产要素市场的竞争比较充分，在激烈的市场竞争压力之下，民营企业家的企业家才能和企业家精神会得到有效激活，这必然有助于逼迫民营企业提高自身的生产效率和技术含量，否则就会破产和灭亡，而且确实有证据表明来自国内外各类竞争的确影响企业全要素生产率和市场存活率（简泽 等，2014；包群 等，2015）；其三，在市场化营商环境越完善的地区，地方政府会较少地干预民营企业的微观决策，民营企业会基于利润最大化原则做出进入或退出市场的决策，而非迫于各种外部压力做出投资决策，否则民营企业各类微观决策会在不同程度上受到注册地地方政府的各种干预，进而会产生投资扭曲和资本配置效率损失（陈艳艳、罗党论，2012；覃家琦、邵新建，2015）；其四，在市场化营商环境越完善的地区，地区性行政垄断和行业性行政垄断程度会较小（于良春、余东华，2009），这能为民营企业进入行政垄断领域营造公平的竞争环境，进而能引导民营资本进入金融、电力、电信、石油、铁路、公路等垄断性行业并提高行业资源配置效率。

第三，金融营商环境为民营企业高质量发展提供高质量的金融服务和通畅的融资渠道。金融营商环境侧重于强调民营企业是否能够以较低的融资成本获得资金支持。在当前中国，绝大部分民营企业遭遇"融资难、融资贵"问题，融资困境已成为民营企业成长壮大的重要瓶颈；无疑，各地区能否想方设法地破解民营企业"融资难、融资贵"问题，已成为各地区能否有效激发民营经济活力、促进民营企业高质量发展的关键（韩松，2018）。就实践层面而言，融资营商环境比较完善的地区往往能够为民营企业发展提供多元化的融资渠道和融资方式，有更多的办法缓解民营企业家创新创业时所遭受的融资歧视问题，出台较有效的措施降低民营企业的融资约束程度，使资本来源问题不至于成为阻碍民营企业家创新创业的"瓶颈"，进而间接促进民营企业高质量发展（邵传林，2014）。毋庸讳言，民营企业高质量发展离不开融资环境的优化和完善，尤其是发达的股票市场，股票市场等直接融资机制的健全与否是地区金融营商环境是否完善的重要体现。比如，创新作为民营企业高质量发展的重要特征，更需要风投、私募基金、股票等股权市场的直接支持，且有证据表明，越是技术含量高的企业创新活动越需要股权市场的支持（钟腾、汪昌云，2017）。进言之，在当前中国资本市场融资功能尚不完善的情况下，银行信贷对企业创新也会产生显著的促进作用（贾俊生 等，2017）。基于银行业去管制的准自然实验研究发现，信贷供给增加促进了企业创新（Amore et al.，2013）。此外，发达的融资营商环境还能够为民营企业家的创新行为进行定价，或者说发达的金融市场能够给予从事高附加值创新活动的民营企业家充分的激励（Kamoto，2017）。

第四，基础设施营商环境为民营企业高质量发展提供低成本的运营条件。

基础设施营商环境侧重于强调民营企业是否能便利地获得用水、用能、用地、入网、交通等基础设施服务。世界银行从 2013 年开始在《全球营商环境报告》中将"获得电力"服务所需要的手续、时间和成本这一指标引入营商便利度排名指标中，强调基础设施服务的质量和可得性对民营企业生产效率的影响（朱羿锟 等，2019）。事实上我们认为，基础设施营商环境不仅包括能否便利地获得水电供应、用地供应等最基础性的公共服务供给，还应包括公共基础设施建设、信息化程度、阅读便利度、公共教育资源、医疗卫生等服务供给的覆盖面。比如，水、电、燃气等生产要素在不同的地区具有不同的价格，这均将体现在企业的生产成本中，对企业收益产生最直接的影响。基础设施建设状况不仅影响本地制造业企业成本，对外地企业还具有空间溢出效应（张光南 等，2014）。还有研究发现，公共基础设施投资对私人投资不仅没有挤出效应，还有挤入效应（唐东波，2015），而且对企业全要素生产率还具有异质性影响（贾俊雪，2017）。此外，铁路客运交通能显著降低劳动力流动成本（张光南、宋冉，2013），进而影响到民营企业的用工成本。信息化程度不仅会显著影响工业技术创新效率（韩先锋 等，2014），也会影响企业产能利用率（王永进 等，2017），因此信息化将成为推动民营企业技术创新效率和生产率的重要手段。阅读便利度、公共教育资源、医疗卫生等基本公共服务的供给会影响人力资本的质量，进而对民营企业创新绩效产生影响（马跃如 等，2018）。

第五，政务营商环境为民营企业高质量发展提供不可或缺的政府服务。政务营商环境会直接影响民营企业的"合法性"，民营企业要想获得合法性，就必须"事先"到相关政府机构办理注册手续、施工许可、财产登记、纳税、行政审批、行政许可等事项，但这些事项的办理都需要民营企业支付高昂的制度性交易成本。不同的地区具有不同的政务营商环境，或者说政务营商环境的优劣具有明显的地域差异性，且政务营商环境的优劣直接体现在民营企业的制度性交易成本里面。民营企业家创办企业的第一步是到工商部门注册登记企业，但各地在落实中央商事制度改革的力度上存在差异性，于是，各地企业创办的便利度高低有别。企业项目建设许可一直是中国营商环境指标的得分"短板"。根据世界银行《全球营商环境报告》，2017 年中国办理项目施工许可的时间是 247.1 天，其世界排名是第 172 位，2018 年中国办理项目施工许可的时间是 169.5 天，其世界排名是第 121 位，可见，尽管随着"放管服"改革的深入推进，中国项目建设许可指标有了较大改进，但距离发达国家的水平依然有较大差距。可推测，在企业创办便利度和项目建设便利度较低的地区，为了获得"合法性"，民营企业家的主要精力将主要用在获得政府的各类许可和审批上，而非用于市场开拓、研发创新管理等生产性行为上，这必然导致民营企业家才能的无谓浪费，进而对民营企业高质量发展产生不利影响。此外，政府的办事效率、方式、司法保护等政务服务保障以及民企税费负担也是民企政务营商环境的重要组成部分，并且政务营商环境在各地区也呈现出较大差异，这均会影响民营企业高质量发展。例如，商事纠纷解决机制不完善或存在司法地方保护主义会对非国有企业创新产生不利影响（龙小宁 等，2018）；民营企业的税费负担较重也会对企业劳动生产率产生抑制作用（潘颖 等，2017），甚至还会对民营企业家精神产生抑制作用（韩磊 等，2017）。

7.3　研究设计

7.3.1　基准模型设定

为了检验地区营商环境对民营企业高质量发展的影响，本研究特设定如下回归模型：

$$Firm\_develop_{i(t+1)} = \beta_0 + \beta_1 Do-business_{it} + \sum_j \beta_j * X_{it} + \eta_t + \eta_{ind} + \eta_{area} + \varepsilon_{it}$$

$$(7-1)$$

在上式中，下标 i 表示第 i 个企业、下标 t 表示第 t 年；因变量（$Firm\_develop_{i(t+1)}$）为民营企业 i 在第 t+1 年的高质量发展指标；在后面的实证检验部分，本书拟使用企业人均利润水平（Per Capita Profit）、企业研发创新（R&D）和资产收益率（ROA）这三个指标作为民营企业高质量发展的替代性衡量指标，用以替换模型（7-1）中的因变量 $Firm\_develop_{i(t+1)}$。核心解释变量 $Do\_business_{it}$ 表示民营企业 i 所在地区（即省、市、区）第 t 年的地区营商环境。根据公司金融领域的既有研究（Svejnar、Commander，2007；Wang、You，2012；Thomas et al.，2017；夏后学，2019；冯涛、张美莎，2020），有必要控制其他可能影响民营企业高质量发展的各类因素，因此在模型（7-1）中还加入了控制变量集 X_{it}，包括企业规模（Size）、年龄（Age）、托宾值（Tobin's Q）、销售增长（Sales Growth）、资本密度（Capital）、投资支出（Invest）、现金持有（Cash）、负债率（Debt Ratio）、市场竞争（HHI）、代理成本（Agency）、营业外支出（Payout）、CEO 兼董事长（CEO DUAL）、股东持股（Block-holding）、地区经济发展水平（GDP_m）、人口规模（Pop）、财政压力（Fiscal）等变量。当然，在具体的回归过程中，会根据因变量是使用人均利润（Per Capita Profit）还是企业创新（R&D）抑或资产收益率（ROA）衡量民营企业高质量发展来灵活调整控制变量集中的企业层面控制变量。上述变量的具体界定与计算参见表7.1。

表7.1 变量定义

变量	衡量指标	名称	计算方法	数据来源
民营企业高质量发展	人均利润	Per Capita Profit	净利润除以员工总数，再取对数	
	研发创新	R&D	企业研发支出总额占营业收入的比例	
	资产收益率	ROA	净利润除以总资产	
企业层面的控制变量	年龄	Age	样本年度与企业成立年度之差的对数	
	企业规模	Size	企业总资产（单位：万元）的对数	
	资本密度	Capital	固定资产除以员工总数，再取对数	
	代理成本	Agency	销售费用和管理费用之和除以营业收入	
	投资支出	Invest	投资支出与总资产之比	
	营业外支出	Payout	营业外支出与利润总额之比	Wind 数据库
	现金持有	Cash	货币资金与总资产之比	
	负债率	Debt Ratio	短期债务和长期债务之和除以账面资产	
	销售增长	Sales Growth	销售额的年增长率	
	市场竞争	HHI	企业的赫芬达尔指数，等于所有企业在两位数行业总销售额中的占比之平方和	
	CEO 兼董事长	CEO DUAL	董事长兼任 CEO，则取值为1，否则为0	
	股东持股	Block-holding	第一大股东持股比例	
	托宾值	Tobin's Q	托宾 Q 值	
地区营商环境	地区营商环境总指数	Do-business	由法治化营商环境指标体系、市场化营商环境指标体系、金融营商环境指标体系、基础设施营商环境指标体系和政务营商环境指标体系等五大方面指数构建组成	由作者计算所得，具体计算过程和方法参考第三章

表7.1(续)

变量	衡量指标	名称	计算方法	数据来源
地区宏观控制变量	地区经济发展水平	GDP_m	企业所在省市（区）实际人均 GDP_m 的常用对数	《中国统计年鉴》
	地区人口规模	Pop	企业所在省市（区）总人口的常用对数	
	财政压力	Fiscal	企业所在省市（区）的财政支出与财政收入之比	
	地区教育水平	Edu	企业所在省市（区）的高校在校学生数在总人口中的占比	
	地区产业结构	Stru	企业所在省市（区）第二产业在 GDP 中的占比	
	距离三大港口的最近距离	Distance	从企业所在省份的省会到天津、上海和广州三大港口的最小距离。	百度地图

7.3.2 变量定义与解释

7.3.2.1 民营企业高质量发展

根据本书搜集和掌握的该领域相关文献，已有研究尚未明确阐明民营企业高质量发展的衡量指标是什么，也未对民营企业高质量发展概念做出准确界定。本书认为，民营企业高质量发展是指民营企业在保障财务效益的前提下，以研发创新引领企业健康发展。基于上述定义，本书拟使用企业人均利润水平、企业研发创新和资产收益率这三个指标衡量民营企业高质量发展。目前，学界和媒体多基于营业收入对民营企业进行排名。比如，近期由全国工商联发布的《2019 年中国民营企业 500 强榜单》，依据企业营业收入是否大于 185.86 亿元来确定某企业能否入围 500 强榜单。但本书认为，使用企业营业收入指标仅反映了企业规模大小，而非企业高质量发展情况的真实反映，营业收入大的企业可能"大而不强"，甚至在入围 500 强时其利润持续为负，因而其发展质量不一定高，仅仅是规模大而已，并不一定在走创新驱动之路，可能往往是简单的粗放式规模成长，依靠大的市场份额而进入 500 强榜单。本书更看重企业的人均盈利能力以及单位资产的创利能力，上述指标已经剔除了企业规模上的优势，更能表征出企业效益和经营绩效。其次，本书除了使用企业的创利能力衡量民营企业高质量发展，还将使用企业研发创新投入密度指标衡量企业创新驱动发展。这是因为由创新驱动的企业更具发展潜力，只有非常重视创新引领的企业才能经久不衰并成为知名品牌，而非粗放式发展、仅重视营业收入和规模大小的企业。因此，使用企业人均利润水平（Per Capita Profit）、企业研发创新（R&D）及资产收益率（ROA）这三个指标衡量民营企业高质量发展，既能体现出企业真实的经济效益，也能反映出企业创新驱动发展状况。

7.3.2.2 地区营商环境

为了评价30个省域的地区营商环境，先基于22个二级指标计算五个一级指标，再基于法治化营商环境指标体系、市场化营商环境指标体系、金融营商环境指标体系、基础设施营商环境指标体系和政务营商环境指标体系等五个一级指标体系计算地区营商环境总指数，其具体计算过程和方法参见第三章，不再赘述。需要特别说明的是，由于西藏地区的二级指标变量存在严重的数据缺失问题，本书删除了西藏地区的样本。

7.3.2.3 其他变量

在模型（7-1）的回归中，本书还参照了既有国内外研究企业经营绩效和企业创新决定因素的文献，如 Svejnar 和 Commander（2007）、Wang 和 You（2012）、Thomas 等（2017）、夏后学（2019）、冯涛和张美莎（2020）等的成果，本书选取企业规模（Size）、年龄（Age）、托宾值（Tobin's Q）、销售增长（Sales Growth）、资本密度（Capital）、投资支出（Invest）、现金持有（Cash）、负债率（Debt Ratio）、市场竞争（HHI）、代理成本（Agency）、营业外支出（Payout）、CEO 兼董事长（CEO DUAL）、股东持股（Block-holding）等常见变量作为控制变量[①]。其中，采用企业总资产（万元）的常用对数衡量企业规模（Size），采用企业成立时间的常用对数衡量年龄（Age），采用股权市值与净债务市值之和与总资产的比值衡量托宾值（Tobin's Q），使用企业销售额的年增长率（Sales Growth）反映企业成长性，用固定资产与员工总数之比的自然对数衡量企业资本密度（Capital），使用购建固定资产、无形资产和其他长期资产支付的现金与总资产之比衡量投资支出（Invest），使用货币资金与总资产之比衡量现金持有（Cash），用短期债务和长期债务之和除以账面资产衡量企业账面负债率（Debt Ratio），使用企业的赫芬达尔指数衡量企业所在行业的市场竞争程度（HHI）。此外，还加入了反映企业公司治理质量和结构的变量，即用销售费用和管理费用之和除以营业收入衡量代理成本（Agency），用营业外支出与利润总额之比衡量营业外支出（Payout），用 CEO 是否兼任董事长（CEO DUAL）虚拟变量和第一大股东持股比例（Block-holding）衡量公司治理状况。为了控制遗漏变量问题对回归结果的可能影响，本书还将控制省级层面的宏观解释变量，包括地区经济发展（GDP_m）、财政压力（Fiscal）、地区人

---

① 根据因变量的不同，控制变量集会发生调整和变化。

口规模（Pop）、地区教育水平（Edu）、地区产业结构（Stru）、距离三大港口的最近距离（Distance），其中地区经济发展（Per Capita GDP）、财政压力（Fiscal）和地区人口规模（Pop）这三个变量将作为主要的地区宏观控制变量，其他三个宏观变量仅在稳健性检验中使用，这将在一定程度上缓解地区营商环境与地区宏观控制变量之间的多重共线性问题。最后，年份虚拟变量（ η_t ）、行业虚拟变量（ η_{ind} ）及地区虚拟变量（ η_{area} ）也将根据情况逐步被控制在回归中。

7.3.3 样本来源

本书样本为 2000 年至 2017 年在上交所和深交所上市的所有 A 股民营上市公司。在样本形成过程中，本书根据企业最终控制人是否为民营资本，删除了上市公司中国有企业及其他非民营企业样本，同时还剔除了金融类企业样本，并删除 ST 和 * ST[①] 上市公司以及财务信息变量缺失的样本。为了消除极端值的影响，对企业层面的连续变量均在 1% 和 99% 的水平上进行缩尾处理。上市公司的财务数据、产权数据和公司治理数据均来自 Wind 数据库，地区营商环境的指数设计及资料来源参见本书第三章，省级层面的地区宏观变量来源于《中国统计年鉴》（2001—2018 年）。需要特别强调的是：本书样本之所以始于 2000 年，是因为在本章最主要因变量的计算中用到企业员工总数指标，但很多上市公司只是到了 2000 年才开始披露该指标，在 2000 年之前该指标缺失值较多；本研究样本之所以讫于 2017 年，是因为地区营商环境指数的计算中涉及 22 个二级指标，但个别指标在本书完稿时仍无法获得 2018 年的数据。最后，根据企业注册地归属信息（即公司注册地省份）将企业层面的微观数据与省级层面的地区营商环境数据及地区宏观数据进行宏微观数据匹配和合并，并删除无法完成合并的样本。

7.4 实证结果分析

接下来，本节先对变量的描述性特征及相关性矩阵初步分析，再基于模型（7-1）实证检验地区营商环境对民营企业高质量发展的影响，并呈现稳健性

---

① "ST" 是英文 special treatment 的缩写，即特别处理；带 "ST" 和 " * ST" 上市公司即因为财务状况异常而需要特别处理的上市公司，这类公司的财务状况比较极端，不具有代表性，因此本书将其剔除出样本总体。

检验的结果。

7.4.1 描述性统计分析

表 7.2 列出了本章拟使用变量的统计特征值。据表 7.2 可知，人均利润变量（Per Capita Profit）的平均值为 10.995，标准误为 1.235，最小值为 7.479，最大值为 14.072①；企业创新投入（R&D）的平均值为 0.8%，标准误为 0.022，最小值为 0，最大值为 0.131；资产收益率（ROA）的平均值为 6.3%，标准误为 0.077，最小值为 −0.239，最大值为 0.324；这意味着用来衡量民营企业高质量发展三个变量在各民营企业之间具有较大的差异性。就解释变量而言，平均样本企业的规模（Size）为 11.788、代理成本（Agency）为 0.188、第一大股东持股比例（Block-holding）为 35.5%、负债率（Debt Ratio）为 43.4%、托宾值（Tobin's Q）为 2.739、销售增长（Sales Growth）为 24.6%、资本密度（Capital）为 12.1、投资支出（Invest）为 0.066、现金持有（Cash）为 0.201、市场竞争（HHI）是 0.208、营业外支出（Payout）为 0.032、CEO 兼任董事长（CEO DUAL）比例为 60.5%。

表 7.2　变量的统计特征

变量	观察值	均值	标准误	最小值	最大值
Per Capita Profit	23 000	10.995	1.235	7.479	14.072
R&D	42 000	0.008	0.022	0	0.131
ROA	28 000	0.063	0.077	−0.239	0.324
Age	42 000	1.971	0.850	0	3.332
Size	28 000	11.788	1.302	1.632	18.574
Capital	24 000	12.100	1.126	8.943	15.022
Agency	27 000	0.188	0.159	0.020	1.026
Invest	27 000	0.066	0.063	0	0.300
Payout	27 000	0.032	0.123	−0.393	0.833
Cash	28 000	0.201	0.151	0.007	0.729
Debt Ratio	28 000	0.434	0.210	0.050	1.093

① 该变量的观察值为 23 000，这远低于其他变量的样本量，这是因为在计算该变量时员工总数的缺失值非常多使然。

表7.2(续)

变量	观察值	均值	标准误	最小值	最大值
Sales Growth	24 000	0.246	0.497	−0.650	3.273
HHI	42 000	0.208	0.215	0	1.204
CEODUAL	42 000	0.605	0.489	0	1
Block-holding	21 000	0.355	0.161	0.081	0.780
Tobin's Q	20 000	2.739	2.395	0.320	14.597
Do-business	42 000	2.526	7.478	−1.740	40.135
Law	42 000	1.281	2.738	−1.181	11.379
Market	42 000	−0.050	0.865	−1.232	3.558
Finance	42 000	1.342	7.335	−1.111	38.498
Infrastructure	42 000	−0.302	0.693	−1.584	1.340
Administration	42 000	−4.783	4.230	−14.164	1.037
GDP_m	42 000	10.290	0.815	7.923	11.768
Pop	42 000	8.515	0.657	6.248	9.321
Fiscal	42 000	1.582	0.600	1.052	6.745
Edu	42 000	0.016	0.007	0.002	0.036
Stru	42 000	0.459	0.083	0.190	0.615
Distance	31 000	6.001	0.801	4.923	7.980

  表7.3列出了因变量与地区营商环境变量之间的相关系数矩阵。据表7.3可知，人均利润（Per Capita Profit）、企业创新（R&D）、资产收益率（ROA）与地区营商环境总指数（Do-business）变量在5%的显著性水平上具有正相关关系，其相关系数分别为0.247、0.355和0.149，并且这三个衡量民企高质量发展的变量与法治化营商环境（Law）、市场化营商环境（Market）、金融营商环境（Finance）、基础设施营商环境（Infrastructure）等营商环境分指标之间也在5%的显著水平上具有正相关关系①。模型（7-1）中用到的地区宏观解释变量，如地区经济发展（GDP_m）、财政压力（Fiscal）和地区人口规模

———————

  ① 但政务营商环境（Administration）与人均利润（Per Capita Profit）、企业创新（R&D）、资产收益率（ROA）之间具有负相关关系，政务营商环境与其他营商环境指标具有显著的负相关关系，这是因为政务营商环境在随着时间从大变小，其他变量均从小变大，具有相反的时间趋势。

（Pop）均与人均利润（Per Capita Profit）、企业创新（R&D）、资产收益率（ROA）之间具有相关关系，而且地区营商环境诸多变量与这三个地区宏观变量之间也具有显著的相关关系，因此后面会特别剔除地区宏观变量与核心解释变量（即 Do-business）之间的相关性。

表 7.4 基于地区营商环境评分的高低将所有民营企业样本划分为两组样本，再分别计算这两组样本所包含的民营企业高质量发展状况，即人均利润（Per Capita Profit）、企业创新（R&D）、资产收益率（ROA）这三个结果变量在高营商环境地区的均值与在低营商环境地区的均值，并对这两组均值差异进行 t 检验。据表 7.4 第 3 行和第 4 行分组检验的结果可知：对公司总部位于地区营商环境评分较低省份的企业，其人均利润（Per Capita Profit）的均值为 10.641 7，而公司总部位于营商环境评分较高省份的企业，其人均利润（Per Capita Profit）的均值为 11.171 1，且二者之间在 1%水平上存在显著差异；对公司总部位于地区营商环境评分较低省份的企业，其企业创新（R&D）的均值为 0.002 6，而公司总部位于营商环境评分较高省份的企业，企业创新（R&D）的均值为 0.012 8，且二者之间在 1%水平上存在显著差异；对公司总部位于地区营商环境评分较低省份的企业，资产收益率（ROA）的均值为 0.048 1，而公司总部位于营商环境评分较高省份的企业，资产收益率（ROA）的均值为 0.072 6，且二者之间在 1%水平上存在显著差异。因此，与公司总部位于营商环境评分较低省份的民企相比，公司总部位于营商环境评分较高省份的民企具有更高的盈利能力和创新水平，即公司总部位于营商环境评分较高省份的民企具有更强的高质量发展状况。除了基于政务营商环境指标之外①，其他基于营商环境分指标的分组检验结果再次印证了上述发现。

---

① 该指标可能存在严重的内生性问题，后文会详细对此讨论。

表 7.3　相关系数矩阵

变量		(1)	(2)	(3)	(4)	(5)	(6)	(7)	(8)	(9)	(10)	(11)
Per Capita Profit	(1)	1										
R&D	(2)	0.091*	1									
ROA	(3)	0.549*	−0.054*	1								
Do-business	(4)	0.247*	0.355*	0.149*	1							
Law	(5)	0.222*	0.446 0*	0.098*	0.909*	1						
Market	(6)	0.217*	0.334*	0.072*	0.818*	0.838*	1					
Finance	(7)	0.196*	0.270*	0.074*	0.682*	0.677*	0.640*	1				
Infrastructure	(8)	0.222*	0.440*	0.014*	0.644*	0.757*	0.649*	0.610*	1			
Administration	(9)	−0.192*	−0.174*	−0.168*	−0.720*	−0.557*	−0.463*	−0.083*	−0.273*	1		
GDP_m	(10)	0.260*	0.511*	0.085*	0.893*	0.873*	0.712*	0.539*	0.624*	−0.715*	1	
Fiscal	(11)	−0.121*	0.039*	−0.171*	−0.586*	−0.581*	−0.639*	−0.459*	−0.212*	0.355*	−0.497*	1
Pop	(12)	−0.053*	0.112*	0.045*	−0.097*	0.031*	−0.172*	−0.150*	−0.002	0.055*	−0.009	−0.019*

注：* 表示在 5% 的水平上显著。

表 7.4　分组检验

分组变量		Per Capita Profit		R&D		ROA	
结果变量	分组	平均值	t	平均值	t	平均值	t
Do-business	low	10.641 7	−31.085 2	0.002 6	−48.583 9	0.048 1	−26.005 6
	high	11.171 1		0.012 8		0.072 6	
Law	low	10.692 5	−28.549 5	0.001 7	−57.973 2	0.052 0	−20.039 5
	high	11.169 7		0.013 7		0.070 8	
Market	low	10.782 5	−23.609 3	0.003 0	−44.340 1	0.059 3	−7.713 1
	high	11.167 0		0.012 4		0.066 5	
Finance	low	10.813 0	−21.422 6	0.003 3	−41.463 1	0.058 7	−9.206 3
	high	11.161 1		0.012 1		0.067 2	
Infrastructure	low	10.643 4	−32.128 7	0.000 6	−69.891 2	0.058 9	−7.389 9
	high	11.183 6		0.014 9		0.065 9	
Administration	low	11.152 6	26.100 7	0.010 1	21.727 7	0.073 1	26.169 5
	high	10.713 2		0.005 4		0.048 7	

7.4.2　基准回归

为了检验地区营商环境对民营企业高质量发展的影响，本节在表 7.5、表 7.6 和表 7.7 中依次使用人均利润（Per Capita Profit）、企业创新（R&D）、资产收益率（ROA）作为民营企业高质量发展的替代性衡量指标，并使用地区营商环境总指数（*Do-business*）作为核心解释变量。在表 7.5 中，因变量为人均利润（Per Capita Profit），采用逐步回归法对模型（7-1）进行 OLS 回归分析。表 7.5 模型（1）仅控制了时间固定效应和行业固定效应，结果发现：地区营商环境（*Do-business*）的估计系数为 0.012 4 且在 1% 的水平上显著；表 7.5 模型（2）在模型（1）的基础上控制了企业规模（Size）和年龄（Age），结果发现，地区营商环境（*Do-business*）的估计系数降为 0.011 2 且在 1% 的水平上显著；模型（3）—（7）又逐步添加了其他企业层面的控制变量，如资本密度（Capital）、投资支出（Invest）、现金持有（Cash）、负债率（Debt Ratio）、市场竞争（HHI）、代理成本（Agency）、营业外支出（Payout）和

CEO 兼董事长（CEO DUAL），实证结果表明，地区营商环境（$Do\text{-}business$）的估计系数依然显著为正，且稳定在 0.010 9~0.012 1 之间。考虑到地区营商环境对民营企业人均利润的正向影响可能不是真正的影响，而是由于遗漏了重要的宏观变量造成的，即地区营商环境对民营企业人均利润的正向影响是由于遗漏了地区经济发展变量而出现的一种假象，故还需控制地区层面的其他宏观变量对民企人均利润的影响。模型（8）又在模型（7）的基础上进一步控制了地区经济发展水平（GDP_m）、人口规模（Pop）和财政压力（Fiscal）对民企人均利润的影响，结果发现，地区营商环境（$Do\text{-}business$）的估计系数依然显著为正。综上所述，表 7.5 的实证结果初步表明，地区营商环境的优化有助于提高民企人均创利的能力。

表 7.6，也采用逐步回归法对模型（7-1）进行 OLS 回归分析，因变量为企业研发创新（R&D）。表 7.6 各模型添加控制变量的方式与表 7.5 类同，不再赘述。从表 7.6 的估计结果可发现，地区营商环境（$Do\text{-}business$）的估计系数在所有模型中均为 0.000 2 且在 1% 的水平上显著，并不因控制变量的逐步添加而变小，这表明，地区营商环境的优化对民营企业研发创新行为具有稳定的正向促进作用。只有依靠地区营商环境的持续优化和改进才能引导民营企业将更多的资源投向研发创新活动，进而促进民营企业高质量发展。

在表 7.7 中，因变量为资产收益率（ROA），亦采用逐步回归法对模型（7-1）进行 OLS 回归分析。表 7.7 各模型添加控制变量的方式也与表 7.5 类同，不再赘述。从表 7.7 的估计结果可发现，地区营商环境（$Do\text{-}business$）的估计系数在所有模型中均为正值且至少在 10% 的水平上显著，除了模型（3）和模型（7）之外。这表明，地区营商环境的优化有助于提高民营企业盈利能力，地区营商环境的持续优化和改进增强了民营企业获利水平，进而为民营企业高质量发展提高效益保障。总之，综合表 7.5 至表 7.7 的实证结果可知，地区营商环境的优化促进了民营企业高质量发展。

表 7.5 基准回归：因变量为人均利润

模型 因变量	(1)	(2)	(3)	(4)	(5)	(6)	(7)	(8)
				Per Capita Profit				
Do-business	0.012 4***	0.011 2***	0.012 1***	0.010 9***	0.010 9***	0.011 4***	0.011 2***	0.005 2***
	(0.001 6)	(0.001 5)	(0.001 3)	(0.001 3)	(0.001 3)	(0.001 4)	(0.001 4)	(0.001 2)
Size		0.035 9***	-0.009 3	0.001 4	0.001 3	-0.003 9	0.003 2	0.002 5
		(0.011 2)	(0.011 9)	(0.013 1)	(0.013 3)	(0.014 7)	(0.014 7)	(0.015 4)
Age		-0.254 8***	-0.331 0***	-0.322 5***	-0.325 8***	-0.303 1***	-0.278 8***	-0.275 3***
		(0.029 8)	(0.020 3)	(0.023 0)	(0.022 9)	(0.020 8)	(0.021 9)	(0.022 1)
Capital			0.268 4***	0.294 5***	0.295 5***	0.290 4***	0.292 6***	0.282 5***
			(0.021 9)	(0.021 9)	(0.022 2)	(0.022 1)	(0.022 2)	(0.020 6)
Invest			-1.018 6***	-0.741 1**	-0.761 4**	-0.798 5***	-0.843 4***	-0.781 0***
			(0.291 4)	(0.301 7)	(0.299 1)	(0.280 8)	(0.274 5)	(0.251 8)
Cash				1.106 0***	1.099 9***	1.121 2***	1.115 3***	1.101 0***
				(0.084 0)	(0.083 3)	(0.080 6)	(0.081 0)	(0.081 5)
Debt Ratio				-0.228 0**	-0.238 4**	-0.276 4**	-0.293 3**	-0.292 1**
				(0.111 4)	(0.112 4)	(0.112 5)	(0.113 2)	(0.110 0)
HHI					0.412 3***	0.478 2***	0.467 6***	0.490 3***
					(0.099 0)	(0.113 8)	(0.114 0)	(0.110 5)
Agency						-0.738 6***	-0.736 6***	-0.724 0***

模型	(1)	(2)	(3)	(4)	(5)	(6)	(7)	(8)
因变量	Per Capita Profit							
						(0.098 1)	(0.098 8)	(0.094 8)
Payout						-0.980 0***	-0.979 9***	-0.980 6***
						(0.113 8)	(0.115 1)	(0.116 9)
CEO DUAL							0.119 7***	0.115 3***
							(0.028 6)	(0.026 9)
GDP_m								0.355 7***
								(0.068 2)
Fiscal								0.113 8**
								(0.048 5)
Pop								-0.018 5
								(0.033 3)
年度固定效应	Yes	Yes	Yes	Yes	Yes	Yes	Yes	Yes
行业固定效应	Yes	Yes	Yes	Yes	Yes	Yes	Yes	Yes
观察值	22 337	21 193	19 386	19 385	19 385	18 783	18 783	18 783
R^2_adj	0.181 4	0.197 2	0.234 0	0.254 5	0.255 6	0.271 1	0.272 8	0.278 4

注：（1）因变量（Per Capita Profit）为第 $t+1$ 年的取值，所有解释变量均为第 t 年的取值；（2）***，** 和 * 分别表示在 1%、5% 和 10% 水平上显著，括号内为稳健性标准误（即所有模型均考虑了异方差问题，在地区层面进行聚类调整）；（3）行业固定效应按照标准行业代码计算。表 7.6 至表 7.19 类同，不再赘述。

表 7.6 基准回归：因变量为企业创新（R&D）

模型 因变量	(1)	(2)	(3)	(4)	(5) R&D	(6)	(7)	(8)
Do-business	0.000 2***	0.000 2***	0.000 2***	0.000 2***	0.000 2***	0.000 2***	0.000 2***	0.000 2***
	(0.000 0)	(0.000 0)	(0.000 0)	(0.000 0)	(0.000 0)	(0.000 0)	(0.000 0)	(0.000 0)
Size		-0.000 2	-0.000 5***	0.000 4	0.000 8***	0.000 8***	0.001 0***	0.001 0***
		(0.000 2)	(0.000 2)	(0.000 3)	(0.000 3)	(0.000 3)	(0.000 3)	(0.000 3)
Age		-0.003 3***	-0.003 4***	-0.007 1***	-0.005 9***	-0.005 8***	-0.006 2***	-0.006 1***
		(0.000 3)	(0.000 4)	(0.000 7)	(0.000 8)	(0.000 8)	(0.000 8)	(0.000 8)
ROA			-0.005 0	0.001 2	-0.009 9**	-0.009 9**	-0.009 2**	-0.009 3**
			(0.005 2)	(0.003 9)	(0.004 4)	(0.004 5)	(0.004 2)	(0.004 2)
Sales Growth			-0.001 0***	-0.001 3***	-0.000 9***	-0.000 9***	-0.000 9***	-0.000 9***
			(0.000 2)	(0.000 3)	(0.000 3)	(0.000 3)	(0.000 2)	(0.000 2)
Tobin's Q				0.001 2***	0.001 2***	0.001 2***	0.001 3***	0.001 3***
				(0.000 2)	(0.000 2)	(0.000 2)	(0.000 2)	(0.000 2)
Debt Ratio					-0.010 6***	-0.010 5***	-0.010 6***	-0.010 5***
					(0.001 5)	(0.001 5)	(0.001 5)	(0.001 6)
HHI						-0.004 3***	-0.004 4***	-0.004 4***

模型	(1)	(2)	(3)	(4)	(5)	(6)	(7)	(8)
因变量	R&D							
						(0.001 3)	(0.001 4)	(0.001 4)
Block-holding							−0.005 8**	−0.005 7**
							(0.002 2)	(0.002 2)
CEO DUAL							0.000 3	0.000 3
							(0.000 4)	(0.000 4)
GDP_m								−0.000 4
								(0.001 1)
Fiscal								−0.000 3
								(0.000 7)
Pop								0.000 5
								(0.000 7)
年度固定效应	Yes	Yes	Yes	Yes	Yes	Yes	Yes	Yes
行业固定效应	Yes	Yes	Yes	Yes	Yes	Yes	Yes	Yes
观察值	38 395	24 283	20 867	15 268	15 268	15 268	15 268	15 268
R^2_adj	0.526 5	0.521 3	0.522 3	0.546 0	0.549 7	0.549 8	0.550 5	0.550 5

注：因变量（R&D）为第 $t+1$ 年的取值，所有解释变量均为第 t 年的取值。

表 7.7　基准回归：因变量为资产收益率（ROA）

模型 因变量	(1)	(2)	(3)	(4)	(5)	(6)	(7)	(8)
					ROA			
Do-business	0.000 4***	0.000 2***	0.000 1	0.000 1*	0.000 1*	0.000 1*	0.000 1	0.000 4**
	(0.000 1)	(0.000 1)	(0.000 1)	(0.000 1)	(0.000 1)	(0.000 1)	(0.000 1)	(0.000 2)
Size		-0.007 8***	0.013 8***	0.013 8***	0.013 9***	0.013 0***	0.012 6***	0.012 6***
		(0.001 1)	(0.001 0)	(0.001 0)	(0.001 0)	(0.001 1)	(0.001 1)	(0.001 1)
Age		-0.036 5***	-0.021 2***	-0.021 9***	-0.021 6***	-0.019 2***	-0.018 3***	-0.018 3***
		(0.001 4)	(0.002 0)	(0.002 0)	(0.002 0)	(0.002 1)	(0.002 1)	(0.002 1)
Tobin's Q			0.007 2***	0.007 3***	0.007 4***	0.007 2***	0.007 2***	0.007 2***
			(0.000 4)	(0.000 4)	(0.000 4)	(0.000 4)	(0.000 4)	(0.000 4)
Sales Growth			0.012 9***	0.012 8***	0.012 8***	0.012 6***	0.012 7***	0.012 7***
			(0.001 7)	(0.001 7)	(0.001 7)	(0.001 7)	(0.001 8)	(0.001 8)
R&D				-0.131 5***	-0.133 3***	-0.125 5***	-0.127 7***	-0.127 7***
				(0.036 3)	(0.036 5)	(0.034 4)	(0.034 2)	(0.034 2)
HHI					-0.018 5***	-0.018 3***	-0.017 5**	-0.017 5**
					(0.006 7)	(0.006 7)	(0.006 8)	(0.006 8)
Block-holding						0.028 6***	0.027 9***	0.027 9***

表7.7(续)

模型	(1)	(2)	(3)	(4)	(5)	(6)	(7)	(8)
因变量	ROA							
						(0.004 9)	(0.004 8)	(0.004 8)
CEO DUAL						−0.000 6	−0.000 9	−0.000 9
						(0.001 1)	(0.001 2)	(0.001 2)
GDP_m							0.007 9*	0.007 9*
							(0.004 2)	(0.004 2)
Fiscal							−0.000 5	−0.000 5
							(0.002 6)	(0.002 6)
Pop							0.003 6*	0.003 6*
							(0.002 1)	(0.002 1)
年度固定效应	Yes	Yes	Yes	Yes	Yes	Yes	Yes	Yes
行业固定效应	Yes	Yes	Yes	Yes	Yes	Yes	Yes	Yes
观察值	26 166	24 260	15 261	15 261	15 261	15 261	15 261	15 261
R^2_adj	0.137 5	0.255 6	0.141 7	0.143 0	0.143 7	0.147 1	0.150 2	0.150 2

注：(1) 因变量（ROA）为第 $t+1$ 年的取值，所有解释变量均为第 t 年的取值；(2) 在模型（8）中，考虑到经济发展水平（GDP_m）、财政压力（Fiscal）和总人口（Pop）这三个宏观变量与营商环境指标（Do−business）高度相关，故在回归前需要剔除这三个宏观变量与营商环境指标（Do−business）相关的部分。

7.4.3 基于营商环境分指标的检验

考虑到本书构建的地区营商环境总指标是由法治化营商环境指标体系、市场化营商环境指标体系、金融营商环境指标体系、基础设施营商环境指标体系和政务营商环境指标体系等五大方面指数组成的，有必要基于各分指标对表7.5、表7.6和表7.7中的结果进行检验，这不仅有助于进一步揭示哪些分指标在地区营商环境影响民企高质量发展中发挥了更重要的作用，还有助于检验上文研究结论的稳健性。在表7.8中，因变量为人均利润（Per Capita Profit），参照表7.5采用逐步回归法对模型（7-1）进行OLS回归分析。在表7.8模型（1）中，法治化营商环境（Law）的估计系数为0.073 7且在1%的水平上显著，这表明，法治化营商环境的优化对民企人均利润具有促进作用；在模型（2）中，市场化营商环境（Market）的估计系数为0.211且在1%的水平上显著，这表明，市场化营商环境的优化也对民企人均利润具有促进作用；在模型（3）中，金融营商环境（Finance）的估计系数为0.017 9且在1%的水平上显著，这表明，金融营商环境的优化亦对民企人均利润具有促进作用；在模型（4）中，基础设施营商环境（Infrastructure）的估计系数为0.283 4且在1%的水平上显著，这表明，金融营商环境的优化对民企人均利润具有促进作用。需要特别说明的是，在模型（5）中政务营商环境（Administration）的估计系数显著为负值，这与理论预期相违背，似乎表明政务营商环境的优化不利于企业人均利润的提高。本书认为，在组成政务营商环境的二级指标里面，私营企业税负对政务营商环境的影响较大，且该指标随时间在逐渐变大，即企业的税费负担越来越重[①]，这导致政务营商环境在逐渐恶化，再结合表7.8模型（5）中政务营商环境（Administration）的估计系数为负值，这似乎表明税务负担越重，越有利于民营企业盈利能力的提高。这可能是由于政务营商环境在计算的过程中主要受民企税负指标影响，但民企税负变量具有严重的内生性问题，即越是赚钱和盈利的企业往往越会成为税务部门重点征集税收的对象，越是亏损的企业越不会成为税务部门的"关照"对象，这会导致政务营商环境指标也具有内生性问题，进而导致该指标的估计系数出现衡量偏误。

---

① 这与韦森（2012）的判断相一致。韦森（2012）指出，近年来，中国税务机关的税收征缴力度在逐年变大，政府税收收入增长远超过同期GDP增长率，这必然导致企业税费负担越来越重，进而致使民企政务营商环境在恶化。

表 7.8 基于营商环境分指数的检验：因变量为人均利润

模型	（1）	（2）	（3）	（4）	（5）
因变量	Per Capita Profit				
Law	0.073 7***				
	（0.013 9）				
Market		0.211 0***			
		（0.029 1）			
Finance			0.017 9***		
			（0.001 8）		
Infrastructure				0.283 4***	
				（0.058 0）	
Administration					−0.042 9***
					（0.009 1）
控制变量	Yes	Yes	Yes	Yes	Yes
地区宏观变量	Yes	Yes	Yes	Yes	Yes
年度固定效应	Yes	Yes	Yes	Yes	Yes
行业固定效应	Yes	Yes	Yes	Yes	Yes
观察值	18 783	18 783	18 783	18 783	18 783
R^2_adj	0.277 6	0.277 7	0.278 4	0.277 8	0.277 7

注：（1）因变量（Per Capita Profit）为第 $t+1$ 年的取值，所有解释变量均为第 t 年的取值；（2）地区层面的宏观变量为经济发展水平（GDP_m）、财政压力（Fiscal）和总人口（Pop），但考虑到这三个地区宏观变量均与各营商环境分指标高度相关，在回归前须剔除这三个变量与各营商环境分指标相关的部分，再进行回归；（3）本表控制变量包括 Size、Age、Capital、Invest、Cash、Debt Ratio、HHI、Agency、Payout 及 CEO DUAL。

在表 7.9 中，因变量为企业创新（R&D），参照表 7.6 采用逐步回归法对模型（7-1）进行 OLS 回归分析。在表 7.9 模型（1）和模型（2）中，法治化营商环境（Law）和市场化营商环境（Market）的估计系数分别为 0.000 7、0.002 4，但仅在 14% 水平上显著，因此，仅有较弱的证据表明法治化营商环境和市场化营商环境促进了民企创新。在模型（3）中，金融营商环境（Finance）的估计系数为 0.000 2 且在 1% 的水平上显著，这表明，金融营商环境的优化对民企创新具有促进作用。在模型（4）中，基础设施营商环境（Infrastructure）的估计系数为正但不显著。模型（5）中政务营商环境（Administration）的估计系数显著为正值。综上所述，表 7.9 的估计结果也基本符合前文的理论预期，尽管估计结果的显著性较差。

表 7.9　基于营商环境方面指数的检验：因变量为企业创新（R&D）

模型	（1）	（2）	（3）	（4）	（5）
因变量	R&D				
Law	0.000 7☆				
	(0.000 5)				
Market		0.002 4☆			
		(0.001 6)			
Finance			0.000 2***		
			(0.000 0)		
Infrastructure				0.000 2	
				(0.001 4)	
Administration					0.000 1**
					(0.000 1)
控制变量	Yes	Yes	Yes	Yes	Yes
年度固定效应	Yes	Yes	Yes	Yes	Yes
行业固定效应	Yes	Yes	Yes	Yes	Yes
观察值	15 268	15 268	15 268	15 268	15 268
R^2_adj	0.549 8	0.549 6	0.550 3	0.548 1	0.548 2

注：（1）因变量（R&D）为第 t+1 年的取值，所有解释变量均为第 t 年的取值；（2）控制变量为 Size、Age、ROA、Sales Growth、Tobin's Q、Debt Ratio、HHI、Block-holding、CEO DUAL、GDP_m、Fiscal、Pop；（3）☆表示在 14% 水平上显著。

在表 7.10 中，因变量为资产收益率（ROA），参照表 7.7 采用逐步回归法对式（7–1）进行 OLS 回归分析。据表 7.10 可知，法治化营商环境（Law）、市场化营商环境（Market）、金融营商环境（Finance）和基础设施营商环境（Infrastructure）的估计系数均显著大于 0，完全符合理论预期。在表 7.10 模型（5）中，政务营商环境变量（Administration）由于内生性问题再次出现了估计系数为负值的情况，不符合理论预期。综合表 7.8 至表 7.10 的结果可知，除了政务营商环境指标之外，法治化营商环境、市场化营商环境、金融营商环境、基础设施营商环境等分指标均正向影响民营企业高质量发展，这与前文的理论分析相一致。

表 7.10　基于营商环境分指数的检验：因变量为资产收益率（ROA）

模型	(1)	(2)	(3)	(4)	(5)
因变量	ROA				
Law	0.002 0**				
	(0.000 9)				
Market		0.004 4**			
		(0.001 9)			
Finance			0.000 3**		
			(0.000 1)		
Infrastructure				0.007 5**	
				(0.003 1)	
Administration					−0.001 1*
					(0.000 6)
地区宏观变量	Yes	Yes	Yes	Yes	Yes
年度固定效应	Yes	Yes	Yes	Yes	Yes
行业固定效应	Yes	Yes	Yes	Yes	Yes
观察值	15 261	15 261	15 261	15 261	15 261
R^2_adj	0.150 2	0.150 1	0.150 2	0.150 3	0.150 1

注：（1）因变量（ROA）为第 t+1 年的取值，所有解释变量均为第 t 年的取值；（2）地区层面的宏观变量为经济发展水平（GDP_m）、财政压力（Fiscal）和总人口（Pop），但考虑到这三个宏观变量均与各营商环境分指标高度相关，故在回归前须剔除这三个变量与各营商环境分指标相关的部分，再进行回归；（3）控制变量为 Size、Age、Tobin's Q、Sales Growth、R&D、HHI、Blockholding、CEO DUAL。

7.4.4　稳健性检验

为了考察上述实证结论是否对其他实证指标和样本具有稳健性，接下来，进行稳健性检验。

7.4.4.1　考虑区域固定效应的影响

为了排除上述结论的成立是由于未考虑区域固定效应所造成的，表 7.11 考虑了各类区域固定效应。第一，鉴于样本中的 30 个省级行政区常被划分为

表 7.11 考虑区域固定效应的影响

模型	(1)	(2)	(3)	(4)	(5)	(6)	(7)	(8)	(9)
因变量	Per Capita Profit	R&D	ROA	Per Capita Profit	R&D	ROA	Per Capita Profit	R&D	ROA
Do-business	0.004 9***	0.000 2***	0.000 4**	0.005 4***	0.000 2***	0.000 5***	0.007 7***	0.000 2**	0.001☆
	(0.001 1)	(0.000 0)	(0.000 2)	(0.001 6)	(0.000 0)	(0.000 2)	(0.002 9)	(0.000 1)	(0.000 6)
控制变量	Yes	Yes	Yes	Yes	Yes	Yes	Yes	Yes	Yes
年度固定效应	Yes	Yes	Yes	Yes	Yes	Yes	Yes	Yes	Yes
行业固定效应	Yes	Yes	Yes	Yes	Yes	Yes	Yes	Yes	Yes
区域固定效应	Yes	Yes	Yes	Yes	Yes	Yes	No	No	No
地区固定效应	No	No	No	No	No	No	Yes	Yes	Yes
观察值	18 783	15 268	15 261	18 783	15 268	15 261	18 783	15 268	15 261
R^2_adj	0.278 6	0.550 6	0.150 1	0.279 3	0.551 0	0.151 3	0.282 4	0.552 7	0.155 7

注：(1) 在模型 (1)、(4) 和 (7) 中，控制变量包括企业规模 (Size)、年龄 (Age)、资本密度 (Capital)、投资支出 (Invest)、现金持有 (Cash)、负债率 (Debt Ratio)、市场竞争 (HHI)、代理成本 (Agency)、营业外支出 (Payout)、CEO 兼董事长 (CEO DUAL)、地区经济发展水平 (GDP_m)、人口规模 (Pop)、财政压力 (Fiscal)；在模型 (2)、(5) 和 (8) 中，控制变量包括企业规模 (Size)、年龄 (Age)、资产收益率 (ROA)、地区经济发展水平 (GDP_m)、托宾值 (Tobin's Q)、人口规模 (Pop)、股东持股 (Block-holding)、(6) 和 (9) 中，控制变量包括企业规模 (Size)、年龄 (Age)、托宾值 (Tobin's Q)、销售增长 (Sales Growth)、企业创新投入 (R&D)、市场竞争 (HHI)、市场竞争 (HHI)、股东持股 (Block-holding)、CEO 兼董事长 (CEO DUAL)、地区经济发展水平 (GDP_m)、人口规模 (Pop)、财政压力 (Fiscal)；(2) 在模型 (3) 和模型 和总人口 (Pop) 这三个宏观变量与营商环境指标 (Do-business) 高度相关，故在回归前剔除这三个宏观变量与营商环境指标 (Do-business) 相关的部分，再进行回归；(3)☆ 表示在 14% 水平上显著。

东部、中部和西部三大区域，表7.11模型（1）—（3）分别在表7.5模型（8）、表7.6模型（8）和表7.7模型（8）的基础上进一步控制了两个区域虚拟变量（即东部和中部地区），结果发现，地区营商环境（Do-business）的估计系数分别为0.004 9、0.000 2、0.000 4且至少在5%的水平上显著。第二，考虑到中国省级行政区划也可被划分为华南、华中、华东、华北、东北、西南和西北地区，模型（4）—（6）控制了6个区域虚拟变量（即区域固定效应），结果表明，地区营商环境（Do-business）的估计系数仍显著大于0。最后，鉴于每个省域具有不同的不随时间变化的特征（即地区固定效应），在模型（7）—（9）中控制了29个地区虚拟变量，结果发现地区营商环境（Do-business）的估计系数仍显著大于0，尽管在模型（9）中地区营商环境（Do-business）的估计系数仅在14%水平上显著。总之，上文得出的结论并不是由区域和地区固定效应驱动造成的，即使考虑了地区固定效应对民营企业高质量发展的影响，地区营商环境依然独立地对民营企业高质量发展产生正向促进效应。

7.4.4.2 考虑地区宏观变量的影响

为了排除上述结论的成立是因为遗漏了重要的地区宏观变量而造成的，表7.12考虑了地区层面宏观变量的遗漏问题。据经济学的研究可知，地区教育水平越高则意味着地区人力资源越丰富，进而可以为民营企业发展提供高质量的劳动力资源；地区产业结构反映了地区经济供给侧结构是否合理，如产能是否过剩、地区生产率状况，进而也会对民营企业高质量发展产生影响；距离三大港口的远近可能影响企业海洋运输成本，进而对企业的进出口行为产生影响，这也会传导到民营企业高质量发展上。因此，在表7.12中逐步控制了地区教育水平（Edu）、地区产业结构（Stru）和距离三大港口的最近距离（Distance）。在模型（1）—（3）中，可发现，在控制了地区教育水平（Edu）后，地区营商环境（Do-business）的估计系数均显著大于0；在模型（4）—（6）中，同时控制了地区教育水平（Edu）、地区产业结构（Stru）和距离三大港口的最近距离（Distance）后，地区营商环境（Do-business）的估计系数在模型（4）和模型（5）中依然显著大于0，在模型（6）中尽管具有正值的系数但已不显著，这是因为同时控制了6个地区宏观变量必然导致严重的多重共线性问题，进而致使地区营商环境（Do-business）的估计系数丧失显著性。模型（7）—（9）在控制了地区经济发展（Per capita GDP）、财政压力（Fiscal）、地区人口规模（Pop）、地区教育水平（Edu）、地区产业结构（Stru）等5个地区宏观变量的基础上又进一步控制了地区固定效应，结果发现，地区营

表 7.12 考虑地区层面其他宏观变量的影响

模型 因变量	(1) Per Capita Profit	(2) R&D	(3) ROA	(4) Per Capita Profit	(5) R&D	(6) ROA	(7) Per Capita Profit	(8) R&D	(9) ROA
$Do-business$	0.022 3***	0.000 2***	0.000 4**	0.021 1***	0.000 2***	0.000 2	0.035 6**	-0.000 7	0.001 7**
	(0.002 5)	(0.000 0)	(0.000 2)	(0.002 9)	(0.000 1)	(0.000 2)	(0.016 0)	(0.000 7)	(0.000 8)
GDP_m	0.319 6***	-0.000 0	0.009 5*	0.329 3***	0.000 8	0.006 4	-0.346 9	0.003 3	-0.006 8
	(0.064 8)	(0.001 4)	(0.004 6)	(0.087 4)	(0.002 1)	(0.007 3)	(0.247 2)	(0.007 3)	(0.012 2)
Fiscal	0.109 7**	-0.000 3	-0.000 4	0.093 5*	-0.000 6	0.000 8	0.090 3	0.003 0	-0.000 6
	(0.045 1)	(0.000 7)	(0.002 5)	(0.051 9)	(0.000 8)	(0.003 3)	(0.084 8)	(0.002 5)	(0.005 4)
Pop	-0.003 6	0.000 3	0.003 0	0.032 9	0.000 2	0.003 3	-1.737 0***	0.023 5*	-0.044 0
	(0.033 4)	(0.000 7)	(0.002 4)	(0.045 3)	(0.000 8)	(0.003 6)	(0.584 0)	(0.012 5)	(0.032 9)
Edu	5.872 3**	-0.067 9	-0.268 3	2.464 4	-0.147 1	-0.277 1	-4.650 6	-0.237 0	0.405 7
	(2.321 7)	(0.162 4)	(0.306 4)	(3.511 2)	(0.163 8)	(0.311 6)	(11.270 6)	(0.533 2)	(0.699 8)
Stru				-0.387 3	0.005 6	-0.000 5	-0.229 6	0.031 1	-0.039 0
				(0.484 7)	(0.008 8)	(0.028 7)	(0.706 8)	(0.021 5)	(0.029 8)

表7.12(续)

模型	(1)	(2)	(3)	(4)	(5)	(6)	(7)	(8)	(9)
因变量	Per Capita Profit	R&D	ROA	Per Capita Profit	R&D	ROA	Per Capita Profit	R&D	ROA
Distance				0.018 6	0.001 2	−0.004 0			
				(0.029 9)	(0.000 8)	(0.002 5)			
控制变量	Yes	Yes	Yes	Yes	Yes	Yes	Yes	Yes	Yes
年度固定效应	Yes	Yes	Yes	Yes	Yes	Yes	Yes	Yes	Yes
行业固定效应	Yes	Yes	Yes	Yes	Yes	Yes	Yes	Yes	Yes
地区固定效应	No	No	No	No	No	No	Yes	Yes	Yes
观察值	18 783	15 268	15 261	13 971	11 491	11 487	18 783	15 268	15 261
R^2_adj	0.278 6	0.550 5	0.150 3	0.293 3	0.544 5	0.150 2	0.282 4	0.553 2	0.155 7

注：在本表所有模型中，考虑到经济发展水平（GDP_m）、财政压力（Fiscal）、总人口（Pop）、教育水平（Edu）、产业结构（Stru）、距离最近港口的里程（Distance）等地区层面的宏观变量与营商环境指标（Do-business）高度相关，故在回归前须剔除这六个变量与营商环境指标（Do-business）相关的部分，再进行回归。

商环境（Do-business）的估计系数在模型（7）和模型（9）中依然显著大于0，但在模型（8）中为负且不显著。综上所述，表7.12的结果表明，即使考虑各类遗漏变量问题上文结论仍成立。

7.4.4.3 对因变量再设定和模型设定问题

为了排除上述结论的成立是由因变量的定义和衡量偏误问题造成的，有必要重新定义和选择其他指标来衡量民营企业高质量发展。首先，在表7.13模型（1）中，使用营业利润与员工总数的比值作为民营企业人均利润的衡量指标去替换表7.11模型（7）中的因变量，结果发现，地区营商环境变量（Do-business）的估计系数为0.0074且在5%的水平上显著；在表7.13模型（2）中，使用利润总额与员工总数的比值作为民营企业人均利润的衡量指标，结果发现，地区营商环境变量（Do-business）的估计系数为0.007且在5%的水平上显著；可见，不论是采用人均净利润还是人均营业利润抑或是人均利润总额衡量企业盈利能力，均得出了一致的估计结果，再次表明地区营商环境优化改革能够促进民营企业效益提高。在表7.13模型（3）中，用ROE替换表7.11模型（9）中的因变量ROA也得出了相似的发现，尽管地区营商环境变量（Do-business）的估计系数仅在12%的水平上勉强显著，但估计系数依然为正值。最后，考虑到使用企业研发密度（R&D）衡量企业创新只能反映企业创新投入力度，无法反映企业是否进行了研发投入，在表7.13模型（4）中，用是否进行研发的虚拟变量（RD）替换表7.11模型（8）中的因变量R&D，结果发现，地区营商环境变量（Do-business）的估计系数为0.0297且在5%的水平上显著，这表明地区营商环境的优化有助于从边际上引导民营企业做出实施研发创新的决策。综合前面的分析可知，地区营商环境的优化既有助于激励民营企业加大研发创新投入力度，也能引导民企主动开展研发创新活动。

表 7.13　因变量衡量与模型设定

模型	（1）	（2）	（3）	（4）
因变量	Per Capita Profit1	Per Capita Profit2	ROE	RD
Do-business	0.007 4**	0.007 0**	0.002 7+	0.029 7**
	(0.003 3)	(0.002 8)	(0.001 6)	(0.014 2)
控制变量	Yes	Yes	Yes	Yes

表7.13(续)

模型	(1)	(2)	(3)	(4)
因变量	Per Capita Profit1	Per Capita Profit2	ROE	RD
年度固定效应	Yes	Yes	Yes	Yes
行业固定效应	Yes	Yes	Yes	Yes
地区固定效应	Yes	Yes	Yes	Yes
估计方法	OLS	OLS	OLS	Probit
观察值	18 133	18 805	15 260	12 314
R^2_adj	0.279 5	0.289 3	0.074 0	—
Pseudo R^2	—	—	—	0.208 9

注：(1) 模型 (1) 的因变量 Per Capita Profit1 为人均营业利润（即营业利润与员工总数的比值），模型 (2) 的因变量 Per Capita Profit2 为人均利润总额（即利润总额与员工总数的比值），模型 (3) 的因变量 ROE 为资本收益率，模型 (4) 的因变量 RD 为企业是否有研发支出；(2) 模型 (1) 和模型 (2) 的控制变量为企业规模（Size）、年龄（Age）、资本密度（Capital）、投资支出（Invest）、现金持有（Cash）、负债率（Debt Ratio）、市场竞争（HHI）、代理成本（Agency）、营业外支出（Payout）、CEO 兼董事长（CEO DUAL）、地区经济发展水平（GDP_m）、人口规模（Pop）、财政压力（Fiscal）；模型 (3) 的控制变量为企业规模（Size）、年龄（Age）、托宾值（Tobin's Q）、销售增长（Sales Growth）、企业创新（R&D）、市场竞争（HHI）、股东持股（Block-holding）、CEO 兼董事长（CEO DUAL）、地区经济发展水平（GDP_m）、人口规模（Pop）、财政压力（Fiscal）；模型 (4) 的控制变量为企业规模（Size）、年龄（Age）、资产收益率（ROA）、销售增长（Sales Growth）、托宾值（Tobin's Q）、负债率（Debt Ratio）、市场竞争（HHI）、股东持股（Block-holding）、CEO 兼董事长（CEO DUAL）、地区经济发展水平（GDP_m）、人口规模（Pop）、财政压力（Fiscal）；(3) 在模型 (3) 中，地区层面的宏观变量为经济发展水平（GDP_m）、财政压力（Fiscal）和总人口（Pop），但考虑到这三个宏观变量均与营商环境分指标高度相关，故在回归时特别剔除了这三个变量与各营商环境分指标相关的部分；(4)[+]表示在12%的水平上显著。

7.4.4.4 基于中国工业企业数据库的实证检验

考虑到用研发投入衡量企业创新难以反映企业真实的创新产出，本书还特地基于中国工业企业数据库进行稳健性检验，该数据库提供了新产品产值指标。由于中国工业企业数据库主要是由年销售额在 500 万以上的工业企业组成，其中绝大部分企业是非上市公司，使用该数据库样本还有助于克服样本选择问题。在表 7.14 模型 (1) — (4) 中使用企业新产品产值与总产值之比衡量民营企业创新。在模型（1）中控制年度固定效应和常用的企业控制变量，结果发现，地区营商环境变量（*Do-business*）的估计系数为 0.002 7 且在 5% 的水平上显著；模型（2）在模型（1）的基础上进一步控制了行业固定效应，结果发现，地区营商环境变量（*Do-business*）的估计系数为 0.002 5 且在 5% 的水平上显著；模型（3）在模型（2）的基础上又控制了地区固定效应，也得出了同样的结论；模型（4）还考虑不可观测的不随时间变化的企业固定效应对民营企业创新的影响，结果发现，地区营商环境变量（*Do-business*）的估计系数仍显著大于 0[①]。在表 7.14 模型（5）—（8）中使用企业是否有研发支出衡量民营企业创新也得出了类似的研究结论。

7.4.4.5　利用主成分分析重新计量因变量

考虑到同时使用人均利润（Per Capita Profit）、企业创新（R&D）、资产收益率（ROA）这三个变量衡量民营企业高质量发展会产生大量的表格且不便于解释，在表 7.15 中基于主成分分析法提取了人均利润（Per Capita Profit）、企业创新（R&D）、资产收益率（ROA）这三个因变量的第一主成分，并将其作为民营企业高质量发展的替代性衡量指标。表 7.15 的因变量为人均利润（Per Capita Profit）、企业创新（R&D）和资产收益率（ROA）的第一主成分。据表 7.15 可知，地区营商环境（*Do-business*）的估计系数在所有模型中均显著大于 0，因此，后文将主要基于用第一主成分衡量的因变量展开进一步的实证分析，这有助于简化下文的实证分析，也便于凝聚实证结果[②]。

---

① 然而，先前的实证分析受限于小样本，未能控制企业固定效应。

② 在对营商环境影响企业生产率相关研究中，Bastos 和 Nasir（2004）也采用主成分方法进行了类似处理。

表 7.14 来自中国工业企业数据库的再检验

模型	(1)	(2)	(3)	(4)	(5)	(6)	(7)	(8)
因变量	企业创新（新产品产值占比）				是否有研发支出			
$Do\text{-}business$	0.002 7***	0.002 5***	0.002 1***	0.001 8***	0.004 8***	0.003 9***	0.003 6***	0.000 9***
	(0.000 6)	(0.000 5)	(0.000 3)	(0.000 2)	(0.000 6)	(0.000 5)	(0.000 3)	(0.000 3)
控制变量	Yes	Yes	Yes	Yes	Yes	Yes	Yes	Yes
年度固定效应	Yes	Yes	Yes	Yes	Yes	Yes	Yes	Yes
行业固定效应	No	No	Yes	No	No	Yes	Yes	No
地区固定效应	No	No	Yes	No	No	No	No	No
企业固定效应	No	No	No	Yes	No	No	No	Yes
观察值	635 680	635 680	635 680	635 680	786 650	786 650	786 650	786 650
R^2_adj	0.043 2	0.058 9	0.073 2	0.025 9	0.078 3	0.110 5	0.113 3	0.057 5
R^2_b	—	—	—	0.017 6	—	—	—	0.051 5

注：模型（1）—（4）的控制变量为年龄企业规模、负债率、资本密度、管理费用、是否出口、是否获得补贴、资产收益率、销售增长、地区经济发展、财政压力、人口规模；模型（5）—（8）的控制变量为年龄企业规模、负债率、资本密度、管理费用、是否出口、地区经济发展、财政压力、人口规模。

表 7.15 基于主成分的因变量

模型 因变量	(1)	(2)	(3)	(4)	(5)	(6)	(7)	(8)	(9)
		第一主成分（即三个衡量民营企业高质量发展变量的第一主成分）							
$Do-business$	0.010 5***	0.007 3***	0.007 4***	0.006 2***	0.006 2***	0.006 5***	0.006 5***	0.003 4*	0.004 6**
	(0.001 6)	(0.001 6)	(0.001 4)	(0.001 4)	(0.001 4)	(0.001 5)	(0.001 5)	(0.001 9)	(0.002 2)
$Size$		0.246 2***	0.239 8***	0.252 3***	0.251 9***	0.247 1***	0.239 7***	0.235 7***	0.238 6***
		(0.015 5)	(0.014 7)	(0.017 8)	(0.017 8)	(0.019 0)	(0.017 9)	(0.019 0)	(0.018 6)
Age		-0.159 3***	-0.213 3***	-0.064 4*	-0.067 5*	-0.045 8	-0.029 1	-0.025 8	-0.027 1
		(0.033 7)	(0.033 7)	(0.033 8)	(0.034 0)	(0.034 1)	(0.034 0)	(0.033 5)	(0.034 9)
Sales Growth		0.247 3***	0.272 5***	0.281 8***	0.282 0***	0.283 3***	0.282 5***	0.283 4***	0.286 4***
		(0.019 4)	(0.019 4)	(0.021 1)	(0.021 1)	(0.015 9)	(0.016 0)	(0.016 0)	(0.015 6)
Tobin's Q		0.172 2***	0.181 2***	0.167 4***	0.167 3***	0.167 2***	0.165 5***	0.164 5***	0.165 0***
		(0.010 8)	(0.011 0)	(0.011 1)	(0.011 1)	(0.009 1)	(0.009 2)	(0.009 1)	(0.008 9)
Capital			0.170 5***	0.194 7***	0.195 0***	0.196 7***	0.198 4***	0.191 7***	0.194 3***
			(0.024 8)	(0.024 7)	(0.024 7)	(0.024 6)	(0.024 4)	(0.024 4)	(0.023 5)
Invest			-0.957 7***	-0.725 7***	-0.731 3***	-0.795 3***	-0.795 1***	-0.759 8*	-0.760 8***

表7.15（续）

模型 因变量	(1)	(2)	(3)	(4)	(5)	(6)	(7)	(8)	(9)
	第一主成分（即三个衡量民营企业高质量发展变量的第一主成分）								
			(0.235 9)	(0.235 1)	(0.235 0)	(0.236 7)	(0.234 6)	(0.226 1)	(0.228 9)
Cash				1.047 1***	1.042 4***	1.056 8***	1.055 3***	1.035 8***	1.045 2***
				(0.094 0)	(0.094 2)	(0.093 3)	(0.095 1)	(0.090 5)	(0.088 0)
Debt Ratio				-0.418 9***	-0.422 8***	-0.437 4***	-0.433 6***	-0.431 0***	-0.429 9***
				(0.146 3)	(0.146 8)	(0.140 5)	(0.141 3)	(0.140 2)	(0.136 5)
HHI					0.170 4	0.196 2	0.197 5	0.219 8*	0.262 0**
					(0.102 7)	(0.119 6)	(0.118 9)	(0.120 2)	(0.123 4)
Agency						-0.175 0*	-0.155 3	-0.133 7	-0.089 8
						(0.102 6)	(0.101 1)	(0.091 5)	(0.091 6)
Payout						-0.627 4***	-0.623 0***	-0.624 1***	-0.617 3***
						(0.075 5)	(0.074 5)	(0.076 0)	(0.076 1)
CEO DUAL							-0.013 0	-0.016 1	-0.012 4
							(0.018 6)	(0.018 1)	(0.017 4)

表7.15（续）

模型	(1)	(2)	(3)	(4)	(5)	(6)	(7)	(8)	(9)
因变量	第一主成分（即三个衡量民营企业高质量发展变量的第一主成分）								
Block-holding							0.244 9**	0.233 7**	0.239 0**
							(0.103 6)	(0.104 6)	(0.104 6)
GDP_m								0.179 1**	−0.551 4**
								(0.085 4)	(0.228 1)
Fiscal								0.024 0	−0.001 4
								(0.058 3)	(0.087 8)
Pop								0.003 3	−1.178 4**
								(0.053 2)	(0.438 2)
年度固定效应	Yes	Yes	Yes	Yes	Yes	Yes	Yes	Yes	Yes
行业固定效应	Yes	Yes	Yes	Yes	Yes	Yes	Yes	Yes	Yes
地区固定效应	No	No	No	No	No	No	No	No	Yes
观察值	22 335	13 691	13 637	13 637	13 637	13 304	13 304	13 304	13 304
R^2_adj	0.151 0	0.225 1	0.246 5	0.272 8	0.272 9	0.283 2	0.284 0	0.286 4	0.291 3

7.5　进一步的实证分析

本书的样本包括不同年龄段的民营企业、不同规模的民营企业及具有不同公司治理特征的民营企业，以及不同行业在创新程度、受管制程度、受供给侧结构性改革的影响程度、融资约束、融资依赖、契约密集性、市场竞争程度等方面均具有迥然的行业特征。考虑到上述丰富的变化差异性，进一步考察地区营商环境对民营企业高质量发展的异质性影响将变得非常有趣。此外，鉴于樊纲 等（2011）、王小鲁 等（2017）编制的市场化指数在学界影响甚大，有大量的前期研究直接使用该指标衡量地区制度环境，有必要基于该指数验证本研究的稳健性；聂辉华 等（2018）编制的中国城市政商关系健康指数也为进一步印证本研究假说提供了城市层面的数据来源。

7.5.1　对企业异质性效应的考虑

为了进一步理解地区营商环境影响民企高质量发展的机制，接下来，考察企业年龄和企业规模的异质性问题。具体来说，先基于企业年龄和企业规模变量对样本进行分组，再将样本限制在特定的组中进行分组回归，分组检验的结果见表7.16。表7.16模型（1）和模型（2）分别将样本限定在年轻企业和老企业上，结果发现地区营商环境变量（Do-business）的估计系数均大于0但不显著①，这可能意味着年轻企业和老企业并没有从地区营商环境优化改革中获得不同的"制度红利"。表7.16模型（3）和模型（4）分别将样本限制在小企业和大企业上，结果发现，地区营商环境变量（Do-business）的估计系数在小企业样本中不仅显著大于0且绝对值更大，对大企业的估计系数也显著大于0但绝对值较小，这是因为小企业相对较弱势，其高质量发展更依赖于外部营商环境的优化，或者说地区营商环境优化对小企业高质量发展具有更强的促进作用。综上所述，表7.16中的实证结果表明，地区营商环境优化对年轻企业和老企业高质量发展不存在异质性影响，但对规模较小的民营企业高质量发展具有更强的正向促进作用。模型（5）和模型（6）分别将样本限制在大股东

---

① 表7.16模型（1）和（2）分组回归时样本量大幅减少导致分样本回归结果不显著。

表 7.16　企业异质性检验

模型	(1)	(2)	(3)	(4)	(5)	(6)	(7)	(8)
因变量	第一主成分（即三个衡量民营企业高质量发展变量的第一主成分）							
分组	年轻企业	老企业	小企业	大企业	弱大股东	强大股东	弱势 CEO	强势 CEO
Do-business	0.006 0	0.007 5	0.018 8**	0.011 6**	0.013 0***	0.004 8	0.010 9***	0.020 3**
	(0.004 9)	(0.004 9)	(0.004 1)	(0.004 5)	(0.004 5)	(0.005 6)	(0.003 7)	(0.003 7)
Size	0.409 1***	0.204 1***			0.209 7***	0.322 3***	0.226 9***	0.256 6***
	(0.049 9)	(0.026 5)			(0.023 6)	(0.043 3)	(0.020 2)	(0.039 7)
Age			-0.195 6***	0.105 3*	-0.086 5*	0.054 0	-0.006 3	-0.053 7
			(0.055 0)	(0.047 1)	(0.045 8)	(0.090 4)	(0.041 1)	(0.054 8)
Sales Growth	0.433 1***	0.234 7***	0.292 3***	0.275 7***	0.282 9***	0.242 5***	0.273 3***	0.315 7***
	(0.120 7)	(0.019 1)	(0.043 9)	(0.032 5)	(0.030 8)	(0.049 3)	(0.015 8)	(0.025 9)
Tobin's Q	0.095 8***	0.181 8***	0.073 1***	0.197 3***	0.145 7***	0.206 7***	0.165 6***	0.161 6***
	(0.010 5)	(0.016 6)	(0.010 6)	(0.017 0)	(0.012 7)	(0.020 0)	(0.010 8)	(0.014 0)
Capital	0.103 9**	0.216 3***	0.219 5***	0.199 3***	0.181 7***	0.184 4***	0.206 3***	0.140 5***
	(0.043 8)	(0.028 0)	(0.038 3)	(0.032 4)	(0.022 6)	(0.040 7)	(0.026 4)	(0.029 4)
Invest	-1.002 3**	-0.227 2	-0.548 3*	-0.956 7**	-0.984 3***	-0.324 7	-0.714 5***	-0.886 1**
	(0.430 9)	(0.344 4)	(0.306 4)	(0.398 2)	(0.268 4)	(0.431 9)	(0.249 2)	(0.425 5)
Cash	1.028 3***	1.003 8***	1.462 3***	0.747 7***	0.987 1***	0.986 1***	1.154 7***	0.824 6***
	(0.171 4)	(0.205 2)	(0.193 1)	(0.124 2)	(0.102 8)	(0.166 4)	(0.121 7)	(0.132 0)
Debt Ratio	-1.720 8***	-0.190 6	0.291 4	-0.594 5***	-0.314 3	-0.737 9***	-0.452 5***	-0.420 0**

表7.16（续）

模型	(1)	(2)	(3)	(4)	(5)	(6)	(7)	(8)
因变量	第一主成分（即三个衡量民营企业高质量发展变量的第一主成分）							
HHI	0.989 7***	0.172 4	0.068 6	0.438 9**	0.252 5	-0.117 2	0.253 9**	0.360 0
	(0.224 8)	(0.182 0)	(0.198 6)	(0.147 2)	(0.185 5)	(0.233 2)	(0.145 3)	(0.186 6)
Agency	-1.036 0***	-0.076 9	-0.071 5	-0.535 5***	0.097 7	-0.904 1***	-0.037 5	-0.319 5**
	(0.320 2)	(0.127 6)	(0.241 0)	(0.206 9)	(0.155 7)	(0.300 1)	(0.122 0)	(0.212 2)
Payout	-1.840 1***	-0.509 4***	-0.626 4***	-0.639 1***	-0.589 6***	-0.661 7***	-0.515 4***	-0.987 9***
	(0.351 1)	(0.089 0)	(0.210 1)	(0.132 7)	(0.083 4)	(0.222 5)	(0.085 4)	(0.172 1)
CEO DUAL	0.073 3	-0.050 5	0.017 2	-0.047 5*	-0.024 5	0.014 2	—	—
	(0.066 9)	(0.044 0)	(0.049 8)	(0.027 2)	(0.035 5)	(0.063 9)	—	—
Block-holding	0.001 0	0.274 3	-0.127 5	0.620 6***	—	—	0.217 9	0.219 7
	(0.239 8)	(0.165 5)	(0.191 8)	(0.134 8)	—	—	(0.137 0)	(0.201 4)
地区宏观变量	Yes	Yes	Yes	Yes	Yes	Yes	Yes	Yes
年度固定效应	Yes	Yes	Yes	Yes	Yes	Yes	Yes	Yes
行业固定效应	Yes	Yes	Yes	Yes	Yes	Yes	Yes	Yes
观察值	1 377	7 377	2 747	5 948	7 611	2 307	9 344	3 960
R^2_adj	0.371 4	0.269 6	0.295 9	0.311 9	0.252 3	0.395 9	0.295 4	0.278 3

注：（1）地区层面的宏观变量为经济发展水平（GDP_m）、财政压力（Fiscal）和总人口（Pop）；（2）在模型（1）和模型（2）中，考虑到这三个宏观变量均与营商环境分指标高度相关，故在回归时特别剔除了这三个宏观变量与各营商环境分指标相关的部分。

较弱势的样本组和大股东较强势的样本组①，结果发现，地区营商环境变量
（Do-business）的估计系数在大股东较弱势样本中不仅显著大于 0 且绝对值更
大，这表明，地区营商环境优化改革更能促进大股东较弱势的民企高质量发
展。这是因为对于那些大股东较弱势的民营企业，该企业可能存在严重的内部
人控制问题，进而会恶化公司治理质量，而好的地区营商环境能够为该类民营
企业的发展提供"替代性"制度安排，比如更强的股权保护，进而会缓解弱
势大股东给公司治理的不利影响。模型（7）和模型（8）分别将样本限制在
弱势 CEO 样本组和强势 CEO 样本组，结果发现，地区营商环境变量（Do-bus-
iness）的估计系数在强势 CEO 样本中不仅显著大于 0 且绝对值更大，这表明，
地区营商环境优化改革更能促进拥有强势 CEO 的民企高质量发展。就中国的
国情而言，当 CEO 兼任该公司的董事长时，该 CEO 在该企业必然是绝对的
"一把手"，但这类企业可能存在严重的委托-代理问题，"独断专行"的 CEO
可能不利于这类企业的公司治理。当该类民营企业处在营商环境较好的地区
时，外部制度环境的完善有助于从外部治理视角缓解"一把手"对公司治理
的不利影响。总之，综合模型（5）—（8）的实证结果，地区营商环境的完
善有助于克服差的公司治理结构和质量给民企高质量发展所带来的不利影响。

7.5.2 对行业异质性效应的考虑

接下来，将检验地区营商环境对不同行业里的民营企业高质量发展的影响
是否同样重要。第一，检验地区营商环境对高创新型民企与低创新型民企高质
量发展是否具有同样的影响。在表 7.17 模型（1）和（2）中，根据民营企业
专利的数量是否大于当年其所在行业中位数，将所有样本企业划分为高创新型
企业和低创新型企业，再进行分组检验，结果发现，地区营商环境变量（Do-
business）的估计系数仅在模型（1）中显著大于 0，在模型（2）中也大于 0 但
不显著。这表明，与高创新型民企相比，低创新型民企从地区营商环境优化改
革中的获益更大。由于高创新型民企可能对营商环境优化改革的要求更高，他
们不仅需要通用型的"放管服"改革，还需要所在地政府供给资质认证、知
识产权保护、创新成果孵化、研发创新支持、专利申请授予等高质量公共服
务，因而一般化的地区营商环境优化改革往往难以刺激高创新型民企高质量发
展。但低创新型民企可能对地区营商环境优化改革的诉求并不那么严格，因而

---

① 当第一大股东的持股比例小于样本均值时，将其划定为大股东较弱势的样本组；当第一
大股东的持股比例大于 50% 时，将其划定为大股东较强势的样本组。当然，其他界定股东强弱势
的门槛值并不影响此处的研究结论。

能从地区营商环境优化改革中获益更大。

表 7.17　行业异质性检验

模型	分组	Do-business		控制变量	年度、行业固定效应	观察值	R^2_adj
（1）	低创新型	0.003 7*	(0.002 0)	Yes	Yes	8 305	0.282 2
（2）	高创新型	0.001 8	(0.002 3)	Yes	Yes	4 999	0.354 6
（3）	非管制行业	0.004 1**	(0.001 6)	Yes	Yes	9 942	0.300 0
（4）	管制行业	0.001 0	(0.003 2)	Yes	Yes	3 362	0.275 4
（5）	非供改行业	0.002 1	(0.001 9)	Yes	Yes	11 286	0.293 0
（6）	供改行业	0.019 4***	(0.003 4)	Yes	Yes	2 018	0.290 2
（7）	低融资约束	0.001 5	(0.001 9)	Yes	Yes	4 893	0.238 8
（8）	高融资约束	0.002 8	(0.002 4)	Yes	Yes	8 411	0.377 8
（9）	低外部融资依赖	0.002 2	(0.002 4)	Yes	Yes	6 001	0.328 2
（10）	高外部融资依赖	0.004 8***	(0.001 4)	Yes	Yes	7 303	0.253 2
（11）	低契约密集型行业	0.002 4	(0.002 2)	Yes	Yes	7 845	0.284 6
（12）	高契约密集型行业	0.005 0**	(0.002 3)	Yes	Yes	5 459	0.304 2
（13）	低市场竞争型行业	0.000 6	(0.005 0)	Yes	Yes	3 744	0.306 8
（14）	高市场竞争型行业	0.003 5*	(0.001 8)	Yes	Yes	9 560	0.265 5

注：（1）本表所有模型的因变量均为三个衡量民营企业高质量发展变量的第一主成分；（2）本表模型控制变量包括企业规模（Size）、年龄（Age）、托宾值（Tobin's Q）、销售增长（Sales Growth）、资本密度（Capital）、投资支出（Invest）、现金持有（Cash）、负债率（Debt Ratio）、市场竞争（HHI）、代理成本（Agency）、营业外支出（Payout）、CEO 兼董事长（CEO DUAL）、股东持股（Block-holding）、地区经济发展水平（GDP_m）、人口规模（Pop）、财政压力（Fiscal）；（3）模型（13）和模型（14）未控制市场竞争（HHI）。

第二，根据 Xu 和 Yano（2016）的研究，将所有样本企业划分为管制型行业和非管制型行业，模型（3）和模型（4）分别对应于非管制型行业和管制型行业，结果发现，地区营商环境变量（Do-business）对民企高质量发展的影响仅在非管制型行业中具有显著的正系数。这与前文的理论分析相一致，即管制型行业可能依然面临政府的较多干预和管制，营商环境改革的力度还未能推进到管制型行业里，以至在管制型行业里对民企高质量发展仍未产生显著影响，因此当前中国营商环境优化改革仍有待进一步深化。

第三，在供给侧结构性改革背景下，地区营商环境优化改革对产能过剩的行业和产能非过剩的行业可能会产生不同的影响。模型（5）和模型（6）分别对应于非供改行业和供给侧结构性改革行业[①]，结果发现，地区营商环境变量（Do-business）对民企高质量发展的影响仅在供给侧结构性改革行业中具有显著的正系数。这是因为，与非供给侧改革行业相比，供给侧结构性改革行业多为产能过剩的产业，亟待转型和升级，更需要借助创新驱动引领其高质量发展。在营商环境较好的地区，产能过剩的民营企业更有可能成功实现"华丽转身"，较完善的营商环境为民企转型提供了更开放的市场化环境、更低的制度性交易成本、更便利的政务营商环境等条件，均有利于民营实现转型和升级。

第四，不同的民营企业所遭受的融资难、融资贵问题是不同的，好的营商环境的一个重要作用便是缓解融资约束程度较大的民营企业的融资困境问题。模型（7）和模型（8）分别对应于低融资约束组和高融资约束组[②]，结果发现，地区营商环境变量（Do-business）对民企高质量发展的影响在高融资约束组中具有更大的正系数，这证实了前文的观点，即高融资约束的民企从地区营商环境优化改革中获益更大。

第五，不同民营企业由于其所在行业的特殊性，其对外部融资依赖的程度也是不同的，好的营商环境的一个重要作用是为融资依赖强的民企发展提供好的融资营商环境。模型（9）和模型（10）分别对应于低外部融资依赖组和高外部融资依赖组[③]，结果发现，地区营商环境变量（Do-business）对民企高质量发展的影响仅在高外部融资依赖组具有显著的正系数，这证实了前文的观点，即存在高外部融资依赖的民企从地区营商环境优化改革中获益更大。

第六，不同民营企业由于其所在行业不同，其所具有的契约密集型属性必然有别。根据威廉姆森（2007）的研究，资产专用性的企业容易面临其上下游合作企业的"敲竹杠"问题，特别需要签订各种合同来保障其交易的可靠性。因此，契约密集型行业的企业特别需要法治化营商环境为其发展提供司法保护。模型（11）和模型（12）分别对应于低契约密集型行业和高契约密集型行业[④]，结果发现，地区营商环境变量（Do-business）对民企高质量发展的

---

① 供给侧结构性改革行业主要是产能过剩的行业，这些行业深受供给侧改革影响，包括煤炭开采、黑色矿开采、有色矿开采、非金属矿开采、造纸、石化炼焦、化工、化纤、黑色冶炼、有色冶炼、非金属矿物制品等行业；其他行业则为非供给侧结构性改革行业。

② 此处借鉴 Hadlock 和 Pierce（2010）衡量融资约束的方法和计算公式，将某企业融资约束程度大于某年其所在行业的中位数时，将该企业划分到高融资约束组，否则划分到低融资约束组。

③ 此处对融资依赖的划分借鉴了 Rajan 和 Zingales（1998）一文的方法。

④ 此处对契约密集型行业的划分使用了 Aeberhardt 等（2014）的计算方法及结果。

影响仅在高契约密集型行业具有显著的正系数，这证实了前文的观点，即法治化营商环境对契约密集型民企的高质量发展更重要，或言高契约密集型民企从地区营商环境优化改革中获益更大。

第七，民营企业所在行业的市场竞争程度也会影响营商环境与民企高质量发展的关系。模型（13）和模型（14）分别对应于低市场竞争型行业和高市场竞争型行业，结果发现，地区营商环境变量（$Do\text{-}business$）对民企高质量发展的影响仅在高市场竞争型行业具有显著的正系数，即所在行业竞争较激烈的民企从地区营商环境优化改革中获益更大。与市场竞争程度较低的行业相比，民营企业在市场竞争程度较高的行业中生存必然面临着激烈而残酷的生存竞争，这类民企只有依靠创新驱动才能生存，其企业创新成果的出现又依赖于外部营商环境提供产权保护，只有好的营商环境所提供的法治化保护才能确保民营企业的创新成果不被同行模仿或侵权，故地区营商环境的优化改革对处在激烈市场竞争行业里的民企高质量发展具有更大的促进作用。

综上所述，地区营商环境对民营企业高质量发展的影响主要源自低创新型行业、非管制型行业、供给侧结构性改革行业、高融资约束行业、高外部融资依赖行业、高契约密集型行业和高市场竞争型行业。

7.5.3　对市场化营商环境的再考量

从表 7.1 的变量定义可知，本书使用的地区营商环境总指数的一个重要分指数是市场化营商环境，该指标主要测度地区市场化进程，这与樊纲 等（2011）编制的市场化指数具有一定的可比性，因此可直接使用樊纲、王小鲁等（2017）编制的市场化指数及方面指数替代本书中的市场化营商环境指数（Market），进而检验本书的可靠性。表 7.18 给出了基于王小鲁、樊纲 等（2017）市场化指数的检验结果①。从表 7.18 可发现，市场化总指数的估计系数显著大于 0，要素市场发育与中介组织和法律的估计系数也显著大于 0，但其他三个方面指数的估计系数均不显著。这与本书的实证结果是基本一致的，也从侧面印证了上述结论的稳健性。事实上，表 7.18 的结果也表明，就市场化改革而言，当下要在要素市场化改革、法制制度建设及市场中介组织培育等方面着力深化地区营商环境优化改革，才能助力民企高质量发展。

---

① 考虑到樊纲 等（2011）出版的市场化指数时间段为 1997—2007 年，本书使用王小鲁、樊纲、余文静等（2017）后来发布的指数，其时间段为 2008—2014 年。在稳健性测试时，使用老版本的市场化指数（即 1997—2007 年）也不影响此处的结论。

表 7.18 基于市场化指数的再检验

模型	（1）	（2）	（3）	（4）	（5）	（6）
因变量	第一主成分（即三个衡量民营企业高质量发展变量的第一主成分）					
市场化总指数	0.056 3***					
	(0.017 3)					
政企关系		0.006 4				
		(0.014 8)				
非公有制经济发展			0.022 2			
			(0.013 3)			
产品市场发展				−0.009 1		
				(0.016 0)		
要素市场发育					0.047 0***	
					(0.010 8)	
中介组织和法律						0.020 8***
						(0.006 0)
控制变量	Yes	Yes	Yes	Yes	Yes	Yes
年度固定效应	Yes	Yes	Yes	Yes	Yes	Yes
行业固定效应	Yes	Yes	Yes	Yes	Yes	Yes
观察值	6 797	6 797	6 797	6 797	6 797	6 797
R^2_adj	0.287 0	0.287 2	0.287 3	0.287 0	0.287 5	0.287 0

注：（1）本表模型控制变量包括企业规模（Size）、年龄（Age）、托宾值（Tobin's Q）、销售增长（Sales Growth）、资本密度（Capital）、投资支出（Invest）、现金持有（Cash）、负债率（Debt Ratio）、市场竞争（HHI）、代理成本（Agency）、营业外支出（Payout）、CEO 兼董事长（CEO DUAL）、股东持股（Block-holding）、地区经济发展水平（GDP_m）、人口规模（Pop）、财政压力（Fiscal），且在回归时特别剔除了三个地区宏观变量与各市场化指标相关的部分；（2）本表样本时间段为 2008—2014 年。

7.5.4 来自政商关系健康指数的佐证

在实践中，地区营商环境体现在有效的公共服务、企业税费负担、官员对企业的关心、廉洁的吏治、透明的政策等方面，还包括"亲""清"的政商关系。由于政商关系在一定程度上影响到外部营商环境质量，或者说政商关系在一定程度上能够折射出地区营商环境状况，如果认定地区营商环境能影响民企高质量发展，那么政商关系也会对民企高质量发展产生影响。如果我们能验证政商关系能影响民企高质量发展，那么这有可能间接印证了上文的结论是成立的。接下来，基于聂辉华 等（2018）编制的中国城市政商关系健康指数检验政商关系对民营企业高质量发展的影响①，实证结果见表7.19。从表7.19模型（1）可知，政商关系变量的估计系数为0.002 6且在1%的水平上显著，这表明好的政商关系能促进民企高质量发展。在聂辉华 等的研究报告中，政商关系指数由亲近指数和清白指数组成，在表7.19模型（2）和模型（3）中进一步基于这两个二级分指标进行更进一步的检验，结果发现，亲近指数的估计系数为0.002 2且在1%的水平上显著，清白指数的估计系数为0.004 1且在1%的水平上显著，这进一步表明"亲近"且"清白"的政商关系有益于民企高质量发展。根据聂辉华 等的界定，亲近指数主要由政府对企业的关心、政府服务的有效性、企业税费负担这三个三级指标组成，在模型（3）—（5）中分别基于这3个三级指标进行了回归，结果发现，政府关心变量的估计系数为-0.001 1且在10%的水平上显著，政府服务有效性的估计系数为0.003 2且在1%的水平上显著，税费负担的估计系数为-0.000 5且不显著，这表明亲近指数的正估计系数主要由政府服务有效性这个三级指标驱动造成的，且政府对企业的关心不利于民企高质量发展②。另外，考虑到清白指数主要由政府廉洁度和透明度这2个三级指标组成，在模型（6）—（7）中分别基于这2个三级指标进行了回归，结果发现，清廉指数和政府透明程度的估计系数均显著大于0，这表明地方官员的廉洁和政府信息及政策的公开化和透明化均有助于营造好的政商关系，进而促进民营企业高质量发展。

---

① 聂辉华 等（2018）编制的中国城市政商关系健康指数越大，则意味着政商关系越健康、越清廉、越融洽，越符合"亲""清"政商关系的要求。在他们发布的中国285个城市政商关系排行榜里面，只有2016年这一年的数据，本章将该数据依民营企业上市公司注册地城市进行匹配，并将2016年数据扩充到所有年份，并假定该数据不随时间变化。考虑到中国政商关系制度数据具有一定的稳定性，随时间变化的幅度较有限，且本书主要侧重于考察地区间制度环境的横向差异对民企发展的影响，故将2016年数据纵向扩展到所有时间段具有一定的合理性。当然，若仅使用2016年的数据进行回归，表7.19的结果依然成立。

② 政府对企业的关心有可能导致政企合谋、过度干预企业微观决策等问题，甚至还可能导致地方企业对政府扶持性政策的过度依赖、预算软约束等问题。

表 7.19　来自政商关系健康指数的佐证

模型	(1)	(2)	(3)	(4)	(5)	(6)	(7)	(8)
因变量	第一主成分（即三个衡量民营企业高质量发展变量的第一主成分）							
政商关系	0.002 6*** (0.000 5)							
亲近指数		0.002 2*** (0.000 6)						
清白指数			0.004 1*** (0.000 9)					
政府对企业的关心				-0.001 1* (0.000 6)				
政府服务的有效性					0.003 2*** (0.000 6)			
企业税费负担						-0.000 5 (0.002 7)		

模型	(1)	(2)	(3)	(4)	(5)	(6)	(7)	(8)
因变量	第一主成分（即三个衡量民营企业高质量发展变量的第一主成分）							
清廉指数							0.002 1***	
							(0.000 5)	
政府透明程度								0.004 4***
								(0.001 0)
控制变量	Yes	Yes	Yes	Yes	Yes	Yes	Yes	Yes
年度固定效应	Yes	Yes	Yes	Yes	Yes	Yes	Yes	Yes
行业固定效应	Yes	Yes	Yes	Yes	Yes	Yes	Yes	Yes
观察值	11 566	11 566	11 566	9 841	11 615	10 293	11 615	11 615
R^2_adj	0.291 6	0.291 4	0.291 8	0.292 5	0.291 0	0.301 1	0.291 0	0.290 9

注：本表模型控制变量包括企业规模（Size）、年龄（Age）、托宾值（Tobin's Q）、销售增长（Sales Growth）、资本密度（Capital）、投资支出（Invest）、现金持有（Cash）、负债率（Debt Ratio）、市场竞争（HHI）、代理成本（Agency）、营业外支出（Payout）、CEO兼董事长（CEO DUAL）、股东持股（Block-holding）、地区经济发展水平（GDP_m）、人口规模（Pop）、财政压力（Fiscal），且在回归时特别剔除了三个地区宏观变量与各政商关系指标相关的部分，再进行回归。

综上所述，亲近且清白的政商关系有利于民企高质量发展，企业所在地政府若能提供有效公共服务、保障政策透明化则有利于民企高质量发展，但若地方政府太过于关心辖区内民营企业则可能对民企发展带来不利影响，比如对民企微观决策的不当干预，甚至替民企"做规划"，即"父爱主义"不利于民企发展，要与辖区民企保持适当的"距离"（白让让，2018）。基于聂辉华 等（2018）编制的指标侧重于政企关系，我们编制的地区营商环境指标侧重于强调民营企业的外部制度环境，所包括的内容更广泛，但这两类指标具有一定的重合度和相似性，均强调政府所提供的公共服务有效性和政策透明性。总之，基于政商关系健康指数的进一步分析再次印证了本章主要结论及推论。

7.6 本章小结

基于国内外的既有研究可推出，地区营商环境对民营企业高质量发展具有重要影响，或者说在营商环境优化改革程度越高的地区，其辖区内的民营企业高质量发展程度就越高。但由于中国地区营商环境数据获取受限，这一规律在中国地区层面是否成立尚未得到证实。本章使用 2000—2017 年中国民营上市公司数据，并将其与 30 个中国省级层面的地区营商环境数据相匹配，通过建立企业面板模型系统考察地区营商环境影响民营企业高质量的内在机制。实证结果发现：地区营商环境的优化有助于提高民营企业人均创利的能力，地区营商环境的优化也有助于促进民营企业研发创新行为，地区营商环境的优化还有助于提高民营企业盈利能力。综合上述三点可知，地区营商环境的优化促进了民营企业高质量发展。基于营商环境分指标的检验发现：除了政务营商环境指标之外，法治化营商环境指标、市场化营商环境指标、金融营商环境指标和基础设施营商环境指标等分指标均正向促进了民营企业高质量发展。进一步的稳健性检验也不会改变上述结论。异质性检验发现，地区营商环境优化对规模较小的民营以及大股东较弱势的民企高质量发展具有更大影响；就行业异质性而言，地区营商环境对民营企业高质量发展的影响主要源自创新程度较低行业、非管制型行业、供给侧结构性改革行业、高融资约束行业、高外部融资依赖行业、高契约密集型行业和高市场竞争行业。

上述研究结论具有重要的政策含义。自 1978 年经济体制改革以来，民营企业在中国国民经济中的地位越来越重要，各地区之间在落实中央有关民营企业的政策上具有不同的执行力，在支持民营企业的地区性政策上也具有差异性，从招商引资的"特惠"政策到工业用地的成本优惠政策，再到近年来越来越重视营造一流的营商环境，均呈现出激烈的地区竞争之势，也为民营经济高质量发展形塑了不同的外部制度环境。本章最重要的发现是，地区营商环境优化能促进民营企业高质量发展。但在各地区的实践中，存在一种误区，即总是依赖短期化的"特惠"或"优惠"政策吸引民营资本投资。尽管短期性的政策是必要的，但不能仅依凭短期政策扶持来推动民营企业高质量发展，否则很容易陷入"政策失灵"陷阱（高帆，2019）。与其依靠临时性、短期化扶持性政策，不如在优化民营企业营商环境上大做文章、做足文章；与其在扶持性政策的数量和密度上比拼，不如在地区制度质量上竞争。新形势下促进民营经济健康发展的最具持续性和长效性的途径是地区营商环境的持续优化和"放管服"改革的不断深化，通过深入推进营商环境优化改革为民营企业家创新创业提供更加稳定、更切实有效的制度环境，这要比给予短期扶持性政策更具持续性，更能使民营企业家形成更为稳定的营商环境预期。

8 民营企业营商环境建设的
经验、模式与案例

8.1 发达国家民营企业营商环境的成功经验

营商环境对企业成长、国际贸易、经济增长等具有重大影响，是国家经济实力的基础，也是提升国家竞争力的关键。近年来，中国民营企业营商环境有了较大程度的完善。据表 8.1 可知，中国营商环境的世界排名已上升至 46 位，但与营商环境一流的发达国家相比，仍存在较大差距。接下来，本章拟选取新加坡、美国和德国这三个发达国家为例分析发达国家营商环境建设的成功经验。

表 8.1　营商环境得分世界排名

指标	新加坡	美国	德国	中国
营商环境排名	2	8	24	46
开办企业	3	53	114	28
办理施工许可证	8	26	24	121
获得电力	16	54	5	14
登记财产	21	38	78	27
获得信贷	32	3	44	73
保护少数投资者	7	50	72	64
纳税	8	37	43	114
跨境交易	45	36	40	65
执行合同	1	16	26	6
办理破产程序	27	3	4	61

资料来源：世界银行发布的《2019 全球营商环境报告》。

首先，本书之所以选择新加坡为例，是因为新加坡营商环境世界排名第2，新加坡与中国同属于亚洲国家，较早与中国建立了友好邻邦关系，同时该国为多元化、多民族的移民国，且华人在其总人口中占比较大，再加上新中两国治理思想均与儒家文化密不可分①。近年来，新加坡较低的上市门槛和良好的营商环境对中国民营企业产生了很大吸引力，有不少民营企业到新加坡上市，同时新加坡又是"一带一路"的沿线国家，因此研究和借鉴新加坡营商环境建设的成功经验对中国具有重大意义。其次，与中国相比，美国的营商环境名列前茅，也值得我们借鉴和学习。美国是世界上经济最发达的大国之一，其民营经济一直在经济发展中起主导作用，并且美国针对民营企业发展制定了各种扶持和保护性措施。近年来，随着中国与美国贸易摩擦的升级，学习和借鉴美国营商环境的成功之处已刻不容缓，亟待基于美国经验对标国际一流营商环境，进而最大限度地减少中国与西方发达国家之间的"制度距离"。再次，选择德国为例，是因为德国在欧洲诸多经济体中实力极强，是欧盟核心成员国之一，其营商环境世界排名第24位，排名较靠前，也是中国的学习目标。据统计，德国经济规模位居欧洲第1、世界第4，且德国与中国贸易关系密切、经济往来频繁。最后，从法律起源来看，德国和中国同属大陆法系，且德国的金融制度与中国的金融制度十分相近，均是以银行为主导的金融结构，德国在企业管理、知识产权保护等方面对中国也具有参考价值，故学习和借鉴德国在营商环境方面的特色做法对进一步完善中国民企营商环境具有重要意义。进言之，从法律起源来看，美国和新加坡同为普通法系，德国和中国同属大陆法系，不同的法系之间在保护投资者力度方面具有差异，值得深入探讨。无疑，新加坡、美国及德国都十分重视民企营商软环境建设，在法律方面强化知识产权保护，在税收方面落实优惠免税减税政策，在信贷担保方面强化政府扶持，降低企业在经营时所耗费的成本，营造良好的营商环境，进而最大限度缩减民企制度性成本。接下来，本章将梳理并比较新加坡、美国、德国这三个国家在营商环境建设方面的成功实践经验，为中国营商环境优化改革提供启示。

8.1.1　新加坡

《亚洲竞争力 2019 年度报告》显示，新加坡已连续两年处于亚洲经济体综合竞争力第1名；据世界银行发布的营商环境报告，近年来，新加坡连续多年位居世界前3，是营商环境建设的先进国家，并且新加坡在开办公司、办理

---

①　在国家治理层面，新加坡将儒家思想与现代管理学巧妙融合，借此助力经济发展。

施工许可、纳税、执行合同等指标都居于世界前列。通过梳理相关文献和资料可发现，多年来新加坡在诸多方面出台了举措以持续优化营商环境。

第一，在法治化营商环境建设方面，新加坡具有完善的商业法律法规，司法审判制度公正，执法体制严格，特别是在保护知识产权方面。据统计，在全亚洲新加坡的知识产权保护名列第一，目前新加坡已形成较规范的知识产权保护体系。首先，新加坡知识产权保护涉及面广，包括植物品种、版权等，且与其他国家签订了一系列知识产权保护公约，如《专利合作条约》《建立世界知识产权协议》《伯尔尼公约》《尼斯协定》等。其次，新加坡在专利和商标登记方面具有十分简单快捷的注册程序，目前已允许通过网上途径来申请商标和专利的注册，还为申请人建立了知识产权创造、保护、利用等资产管理一站式服务中心。再次，新加坡在知识产权保护的相关法律规制方面，对知识产权的代理、审批程序、侵权行为等都做出了明确规定，还通过加大对侵权行为的惩罚力度来保护知识产权免受侵害（欧丹，2017）。例如，新加坡将盗版行为列入刑事犯罪，处以罚金和监禁，对程度较重者将提高罚金力度和监禁年限。实践表明，新加坡强大的知识产权保护与法律基础设施为企业营造了公平高效的竞争环境，适宜于创新的知识产权保护制度大大提高了企业创新信心，吸引大量企业家创新创业，大量外商投资流入降低了企业创新融资成本，提高了企业创新活力。

第二，商事登记便利，电子政务发达，重视对投资者的服务。在开办公司方面，从表8.1可知，在新加坡开办企业的便利度指标世界排名第3，注册便利、手续简单、发展自由，在新加坡开办公司可通过电子方式进行，仅需1.5天即可完成注册。并且新加坡十分重视电子政务的发展，作为最早提倡电子政务的国家之一，新加坡在这方面做得最好（马玉海、张月，2016）。新加坡提出了"智慧国2015"蓝图，旨在减少企业信息不对称成本，使金融机构、政府和企业之间充分交流，使政府服务达到低成本、高效率水准，大大缩减企业家在获得服务时所需要的时间和人力成本，并且近期新加坡还提出了"智慧国2025"计划，大力推进智慧国的建立（张紫，2015）。此外，新加坡还格外注重隐私的保护，政府通过双重认证系统有效保护了用户的个人信息。

第三，新加坡的税收制度为其良好营商环境的建设提供了条件。从表8.1可知，2019年新加坡纳税环境位居世界第8。据世界银行报告，新加坡是世界范围内企业总税率最低的国家之一，具有税种较少、税收政策灵活、税收制度完善、征收成本低等特点（王敏、张辉，2015）。首先，新加坡践行属地征税原则，即只对本地区产生或来源的收入征税，并非全球征税，该征税原则具有简单税制、低税收、贸易便捷的优势和特点，吸引了大量投资者到新加坡投资创业；新加坡税种较少，一般有服务税、社会保障税、房地产税及劳工税等，并且新加坡实行较低的所得税和增值税；最近，新加坡实施减税和降税的税收优惠政策，且该政策为新加坡政府税收收入增加发挥了有利作用①；新加坡在纳税申报服务方面目前已具有一整套成熟的电子服务税务门户、税务基础信息平台和零填报服务系统，不断降低纳税人的纳税成本，使纳税变得更简单便捷（宋艳丽，2019）；新加坡还积极与其他国家签订相关税收协议，在过去两年里，新加坡签署了87个避免双重征税协定，为新加坡跨国公司进一步降低了税负，缩减了其营业成本，营造了良好的国际投资软环境。

第四，在融资营商环境方面，新加坡拥有发达的金融市场。据2018年世界经济论坛发布的报告，新加坡在金融体系方面世界排名第5，其金融市场发展处于领先地位。一是新加坡金融市场具有自由开放、监管高效、体制透明等特点，是国际一流的金融中心（黄苗，2017）。近年来，新加坡采取了一系列宽松政策，鼓励外来资本流入，为新加坡金融市场添加了"新鲜血液"，如放宽对外资股份的限制，金融工具不断创新，最终使新加坡成为金融昌盛中心；新加坡金融市场交易频繁，证券市场交易较活跃，而且其金融机构众多，拥有银行、保险公司、交易所、基金公司等近1 800家金融机构，为新加坡企业提供了多种融资方式和稳定的融资环境（杨新兰，2015）。二是具有活跃的债券市场和股票市场，通过采取放松交易佣金管制、下调最低交易金额等措施吸引了一大批外国公司到新加坡交易所发行股票债券，使新加坡交易所的产品种类增多、交易成交速度上升，同时新加坡为提高其资本市场竞争力、吸引外资流入，还致力于开发新的金融工具和衍生品。三是其资本市场还具有融资周期短、门槛低、成本低、再融资性强等特点，成为中国民营企业海外上市的首选之地。近年来，新加坡积极参与中国"一带一路"战略合作倡议，目前与中国在金融领域签约了74个项目，总金额高达151亿美元，为中国民企实施"走出去"战略创造了良好的国际金融环境（曾睿，2019）。

第五，在基础设施建设方面，新加坡交通基础设施完善，互联网体系和通信网络发达，其地理位置特殊，是全球最具影响力的转口港之一。据世界经济

①　例如，新加坡自2020年开始，对于2019年后成立且符合相关规定的企业，首个三年应税所得中，拥有税收减免计划，首10万新币应税利润可享有75%的税收减免，税率是4.25%；高于20万新币的部分按标准的17%的税率计算；第二个10万新币应税利润可享有50%的税收减免，税率为8.5%。无疑，对于新成立的中小企业，新加坡的税率是最具吸引力的，有助于大幅减轻中小企业税负成本，促进中小企业快速成长。

论坛发布的报告可知，2019 年新加坡在基础设施方面的得分为 96 分，位居世界第 1，其道路质量、列车服务效率、空运服务效率、海港服务效率、供水可靠性等指标均位居世界前列。在公路建设方面，新加坡公路体系发达，15% 的国土面积被用作道路建设，公路里程为 3 425 千米，其中高速路有 161 千米，普通道路有 2 051 千米；新加坡的铁路交通也比较发达，其地铁最具代表性，全长 148.9 千米，设有 99 个站点；在航空运输方面，新加坡航空服务效率高，以樟宜为代表的国际机场已与 100 多家航空公司合作，其通航频次每周高达 6 600 多个航班；新加坡还是世界上最活跃的港口之一，位居亚洲交通枢纽，拥有 200 多条路线，与全球 600 多个口岸相连接；此外，中新经济走廊公路已基本建成，道路设施建设将不断完善，最终使中新两国相互连通，降低运输中消耗的各类成本，促进中新经济协同发展（林智荣、覃娟，2015）。

第六，在市场化营商环境方面，新加坡拥有成熟的市场经济体系，实行的是混合型市场经济体制。据《2018 年全球经济自由度指数》，新加坡市场化得分为 88.8 分，世界排名第 2，仅低于香港。就现实情况而言，新加坡政府一方面受儒家文化影响，对重要行业实施战略性干预和调控，另一方面又受西方民主思想影响，基于政府宏观调控构建高度自由开放的市场经济体制（王健康，2008）。首先，新加坡政府倡导经济自由化，放宽对企业的管制，企业在不违反法律的前提下可独立自主经营，使企业有更大的发展空间；其次，新加坡政府还大力鼓励自由创业，通过实施"资本资助计划"和"小型工业资助计划"对一些融资困难的民营企业予以扶持；新加坡在实施自由市场经济体制的同时，并没有放弃国家干预，借助国民经济发展计划把控国家经济整体发展方向，制定一系列法律法规为市场经济稳定运行提供良好环境，除此之外，在关系国计民生的重要领域还建立战略性调控政策为企业稳定发展提供保障（李皖南，2011）。

8.1.2　美国

美国经济实力强大，是世界上发展最快且最昌盛的经济体之一，拥有世界上最自由的市场经济体系，其严密的法规体系和完善的政务环境为企业发展奠定了良好的制度基础。据《全球竞争力报告》显示，美国被评为世界上最具发展潜力、最具创新能力和最开放的经济体之一。据世界银行最新公布的《2019 全球营商环境报告》显示，美国整体营商环境在全世界排名中处在第 8 的位置。本节通过对美国营商环境建设实践进行梳理和总结可发现，美国营商环境有以下几方面特点：

第一，在法治化营商环境建设方面，美国的法治化程度较高，不仅有公平有序的市场竞争机制，而且还拥有高效的产权保护体系。值得强调的是，美国的产权保护制度非常完善，在知识产权保护意识的教育和宣传、标准制定、保护能力构建等方面具有一整套体系，是世界上最早关注知识产权保护的国家之一。美国早在1970年就颁布了世界上第一部具有重大意义的专利法和版权法，开创了知识产权保护的先河，其后不断完善其知识产权保护体系，相继颁发了《美国专利法》《美国著作权法》《美国商标法》等。此后，美国还颁发并实施了《拜杜法案》《美国联邦商标反淡化法》《美国发明法案》《技术转移限制法案》等法律法规，不仅扩大了保护的范围，而且还强化了保护力度（王金强，2019）。美国专门设立了知识产权管理机构，分工明确，职责清晰，目前已建立一套完善的知识产权保护体系。实践表明，知识产权保护力度的加强不仅有助于解决侵权纠纷行为，而且还保护了中小企业的研发创新成果，鼓励中小企业创新，促进科技进步（林能清，2013）。此外，美国还建立了高效公正的纠纷解决机制。在1980年之后，随着美国知识产权纠纷案逐渐增多，美国颁布了新法案①并运用到知识产权保护领域，纠纷解决的主要方式由诉讼转向非诉讼，该仲裁方式具有花费低、程序灵活、保密性能高等特点。在美国，大多数知识产权纠纷均能通过上述方式得以解决，该纠纷解决方式已成为美国公民纠纷裁决的首选方式（黄子婷，2015）。

第二，在税务改革方面，美国拥有良好的税务营商环境，高度重视税收调控政策，致力于为美国企业打造公平的税务环境。据世界银行发布的《2019年全球营商环境报告》（见表8.1），美国的税务营商环境世界排名第37名。以美国纽约为例，其综合负税率②为45.7%，纳税人在缴纳企业所得税、劳务税、消费税等税费时，从材料准备到缴纳税款所需时长为175小时，纳税次数为每年11次，处理增值税退税、接受企业所得税审计等事项处理时间指数为94.04③。为了缓解社会收入不平等，美国税法规定不同类型的家庭或个人应缴纳不同的个人所得税，并采用不同的企业所得税政策促进科技企业创新；目前美国税务改革的目标主要是减轻企业税负、增加就业；为抑制美国企业的资本外流，美国政府提出，当企业向海外转移后，其产品再次出口美国时将征收关税，并将公司所得税率大幅将提升至15%（雷荐宇，2018）；此外，美国的税务代理业也较发达，大多数美国企业由注册会计师或者税务代理人进行报税

---

① 该法案为《替代性争议解决法案》。

② 相关税费在企业商业利润中的占比。

③ 该数据来源于2019年世界银行发布的关于美国的《营商环境报告》。

和筹划，并且美国对于代理人有严格的法律制度规范，这有效缩减了纳税人的纳税成本，提高了征税效率（吴晓丹、秦璐，2018）。

第三，在融资营商环境方面，美国拥有全世界最健全的融资体系和优良的融资环境。从表8.1可知，美国获得信贷指标世界排名第3。在实践中，为解决企业低信用、难融资等问题，美国实施了债券担保和微型贷款计划，专门成立了管理局为企业提供专门的贷款和担保服务，还建立了适合中小企业融资的二板市场；对发展慢、信用低的企业，还特地扩大了担保贷款的使用范围，由管理局为其借贷总额提供75%的担保，剩余部分则由商业银行承担（孟祥林，2008）。美国还建立了完整统一的担保交易法律框架，这包括担保权益的转让、抵押登记的程序、有担保债权人的权益保障、资产处理等法律体系，无疑，美国已具备相当完备的信贷法律体系、成熟的征信系统、健全的中介机构和有效的管理体制，对借款人和贷款人保护力度较强，故中小企业融资非常便利，这有力促进了美国中小企业发展（王计昕，2006）。[1]

第四，在基础设施建设方面，美国拥有完整便捷的交通基础设施，保障了企业运输间的便利和高效。美国铁路总里程高达22.6万千米，一是全球之最；在公路方面，美国起步较早，公路设施网络覆盖面较广，公路总长超过651万千米；美国拥有繁忙的货运机场、完善的水运设施建设；美国正大力推进教育信息化设施建设，颁布了《支持学习的基础设施建设指南》[2]，为营造良好的教育环境将宽带网络引入校园（李璐、王运武，2018）。但美国正面临严峻的设施老化、资金融入不足的问题，2017年美国基础设施平均水平被定为"D+"，这表明当前美国基础设施条件低于国际标准，出现了严重恶化的问题（赵硕刚，2018）。由此可看出，虽然美国基础设施网络发达，但也仍面临新问题。

第五，在市场化营商环境建设方面，美国是高度发达、完全自由的市场经济体制国家，其经济主体主要由民营企业构成。据统计，美国民营中小企业占比高达98%。美国经济体制以市场经济为主导，政府在其中只起到有限调节作用。在此模式下，政府十分尊重市场经济规律，很少对经济活动进行干预，所以美国民营企业很自由，其受到的限制相当小；美国政府对市场的干预是严格

---

① 世界银行营商环境研究课题组曾用12个指标衡量各国信贷法律的效率，美国的法律制度满足其中的11条指标。

② 旨在帮助技术人员和教育领导者学习基础设施建设，并通过将高速互联网接入学校，给予师生1:1的配置，同时强化学生数据隐私的保护力度，进而使信息化基础设施得到高效合理的应用。

按照法律进行的，只要是法律没有明令禁止的，企业的一切行为都是合理的，政府均无权干涉（胡连生，2005）；美国政府一般采用事后监督而不是实行事前审批制，只有当企业发生实质性的违法行为后，政府才对企业采取措施，因此美国企业具有较强的创新活力；为了给予中小企业自由竞争的空间，美国不断完善其反垄断法，保障了中小企业的创新动力，于是，美国中小企业能够在最公平的市场竞争中自由成长（单东，2010）。总之，美国是世界上市场化程度最高的经济体之一，也是对民企管制最宽松的国家之一。

8.1.3 德国

2019 年《世界营商环境报告》显示，德国营商环境世界排名第 24 名。据报道，德国企业对其营商环境的满意度近年来达到历史新高。通过对德国营商环境建设的实践进行梳理和归结可发现，德国营商环境建设包括以下几个方面：

第一，在法治化营商环境方面，德国属大陆法系，其法律制度较完善，是世界上最早实现法治现代化的国家之一。实践表明，良好的法治为德国打造国际一流营商环境提供了坚实基础。随着知识时代的到来，德国致力于推进知识产权保护工作，相继颁发了《德国商标法》《德国专利法》《专利律师规章》《实用新型专利法》《著作权法》《雇员发明法》等，建立了比较完备和充分的知识产权保护法案，其法案涉及范围广泛、内容全面（江安东、刘振英，2005）。其次，德国主要采用司法诉讼和行政手段并用的策略解决知识产权纠纷，加大对侵权行为的刑法制裁，如普通侵权行为的最高刑罚提高到 3 年或处以罚金，更甚者将直接移交法院裁决，因此，在德国发生知识产权纠纷时能高效便利地解决，其处罚力度较大，极大减少了侵权行为的发生，保护了企业的研究成果和合法权益。此外，德国还设立一些专业的知识产权民间组织，如版权纠纷仲裁委员会、德国工商协会等非官方组织，这些民间机构在解决纠纷中也发挥了重要作用（黄子婷，2015）。

第二，在基础设施建设方面，德国完善的基础设施建设为建设良好的营商环境提供了条件。据 2014 年全球竞争力报告显示，德国基础设施建设十分发达，位居领土国家第 1、全球第 3。德国在交通基础设施方面的优势十分明显，并且德国政府十分重视交通基础设施的建设，不仅制定了相关的发展战略，还结合战略制定了相匹配的规划，包括 5 年框架投资计划、年度建设计划等。在最新的 2030 年规划①中，德国通过总结上期规划经验以及结合自身发展状况，制定了总体目标表和实施方向，计划从 2016 年到 2030 年使用 2 696 亿欧元，建设一个可持续发展的交通网络（奉鸣、何佳瑗，2018）。在科技基础设施方面，德国是欧洲科技发展的领军国家，尤其重视重大科技基础设施在开展卓越理论研究、实现重大技术进展和发展新研究领域中的作用，如 2011 年德国首次启动了对科技基础设施建议的全面评估计划，2013 年发布了科技基础设施的研究路线图，并于 2015 年正式实施，还深入研究了路线图制定的理论和方法。目前，德国的科技基础设施主要包括粒子加速器、切伦科夫望远镜阵列、高能性计算平台以及用于支撑人文社会科学研究的基础设施——高等可持续研究所等（樊潇潇 等，2019）。但在网络基础设施方面，德国落后于美国、日本，结合自身不足和实际情况，德国于 2016 年发布了"数字战略 2025"计划，于 2017 年制定了"航空航天 2030 战略"，制定了数字化转型的基本方向，将建设网络全覆盖作为当前的关键任务（王锐，2016）。

第三，在税收营商环境建设方面，德国制定税收法的权力由联邦政府拥有和行使，其权力分开执行，税收法律体系完备，结构合理。2019《德国营商环境报告》显示，德国在总税率和报税后流程指标上具有明显优势，其纳税总得分排世界第 43 名。首先，德国各政府的职责由《宪法》规定，联邦政府掌握制定税收法的权力规则，使各联邦州的税收收入趋于平衡，公民能切实感受到社会福利的平等化变化程度，也为企业纳税提供了安全保障（王德祥、李昕，2017）。其次，德国采用双主体税制结构，其公司税所占比例低于个人所得税，这说明企业的税收负担可通过流转税转嫁给个人，致使德国企业总体税负下降，降低了企业税负负担。此外，德国政府还采用一系列的税收优惠政策促进民营中小企业发展，提高民营企业的创新潜力，为制定平等的税收制度，取消对国有企业减税和免税的优惠政策，使民企与国企平等纳税；还专门建立了财政专项基金，通过财政补贴引导金融机构支持民营企业融资，建立了信息交流平台供企业家沟通和学习降低经营成本的经验，上述措施促进了德国中小企业有更多自由资金进行研发创新活动（丁宇，2004）。

第四，在金融营商环境方面，德国民营经济持久发展与其科学的金融制度、稳健的金融监管是密不可分的。德国政府十分看重民营中小企业发展，其民营中小企业的融资主要来自银行贷款，银行为民营中小企业提供了低成本的贷款。德国的金融体系是在全能型银行的基础上建立的；德国银行受理业务十

---

① 该规划为《2030 年德国联邦交通基础设施规划》。

分广泛，除了办理存贷款、贴现、储蓄等业务之外，还办理证券交易、抵押担保、信托租赁等业务（申法贺，2015）；德国企业与银行之间联系密切，企业想获得贷款或上市必须向合作银行提出申请，其合作银行作为责任主体必须对企业的经营活动进行严格的考察和评估，而且德国法律还规定银行可对企业持股，这样一来，银行就可深度监督企业经营，进而大幅降低企业违约风险（杨阳、吴碧媛，2014）。总之，尽管德国的资本市场不够发达，但德国拥有合理的银行结构，充分发挥银行的作用为民营中小企业营造了良好的融资环境（丁玲，2017）。

第五，在市场化营商环境方面，德国社会市场经济是集市场经济和计划经济于一体的一种特殊经济体制，政府在市场中起引导作用，即政府在保证市场正常运行的情况下可以进行适当干预（胡海洋、姚晨，2015）。德国的社会市场经济体制强调生产资料私有化，但在公共服务领域坚持借助公有制维持市场秩序；德国的社会市场经济强调自由竞争，认为自由竞争可以使资源得到合理配置，鼓励企业进行科技创新，事实上，与自由放任的市场经济体制所不同的是，德国社会市场经济体制在寻求政府与市场间的均衡，是在寻求市场自由竞争和政府干预间的平衡，既要保证企业在市场中自由发展，也要政府在一定条件下运用各种政策干预市场运行（沈栋，2019）；德国政府对市场的干预不是直接的，一般是借助货币政策、财政政策等手段间接干预市场；德国政府多次对《反对限制竞争法》进行完善补充，打击市场垄断行为，保护中小企业利益，在每个市场上均要维持一定数量的中小企业，为中小企业营造更加公平、更加自由的市场体制。

8.1.4 发达国家间的比较

本书拟对新加坡、美国、德国这三大发达经济体按照法律来源、知识产权保护、纠纷解决机制、融资便利度、基础设施建设、税收营商环境等内容进行分类和比较，具体内容见表 8.2。事实上，这三大发达经济体既具有各自的独特之处，也拥有共同之处。

表 8.2 三大经济体的比较

	新加坡	美国	德国
知识产权保护	①范围广泛，界限明确；②注册系统"一站式"服务；③对侵权行为惩罚严格；④主要以调解和仲裁解决纠纷	①教育宣传力度强；②下设的知识产权管理机构；③多元化纠纷解决方式	①范围广泛，界限明确；②司法诉讼为主、行政手段为辅来解决纠纷
融资情况	①政府主导；②贷款保险计划、提供贷款担保；③推出"淡马锡模式"	①成立中小企业管理局；②债券担保计划和微型贷款计划	①大力支持风险投资和天使投资；②提供多种融资形式
税收情况	①总税率最低，税种少；②属地征税原则；③成熟的纳税申报服务	①减轻企业赋税负担；②税务代理业发达；③实施免税减税政策	①建立的财政专项基金；②建立信息交流平台；③实施免税减税政策
基础设施建设	①一体化的交通体系；②可靠的电力供应；③"三网合一"	①《重建美国基建立法纲要》；②基础设施老化严重；③资金投入不足；④对私人资本的吸引力不足	①基础设施完善；②制定交通基础设施投资计划和规划；③发布科技基础设施路线图
电子政务	①注册公司快捷；②推出智慧国"2025"计划；③政府公共部门的服务水平高；④注重个人隐私	①高效、便捷、高质；②秉承"以公众为中心"的导向；③电子政府建设的法制化	①将电子政务建设上升到国家战略；②坚持以公众需求为导向；③有一整套的法律支撑体系
金融制度	①金融市场发达；②资本市场活跃	①以市场为主导；②强大的资本市场	①银行为主导；②银行业发展成熟
市场化方面	混合型市场经济	市场经济为主导	社会市场经济

资料来源：政策解读为本书基于原文件的重新解读。

8.1.4.1 三大发达经济体的区别

表 8.2 对三大经济体的营商环境进行了比较。对于民营企业发展而言，除了需要稳定的市场环境，还需要强有力的产权保护机制、便利的基础设施、优惠的税收政策、便利的融资环境等。通过分析和借鉴发达国家的经验，有助于为中国民营企业打造一流的营商环境。

第一，从知识产权保护方面看，虽然三大经济体均为民营企业提供了强有力的知识产权保护制度，但在发生纠纷时其解决机制却是不同的。事实上，知识产权纠纷解决机制的不同对民营企业的影响是不同的，例如，调节和仲裁的解决方式所花费的时间和成本远远小于使用诉讼解决纠纷所花费的时间和成本，故纠纷解决方式直接影响民营企业知识产权保护成本。如果解决纠纷时所需要耗费的时间过长、费用过高，一些民营企业可能会放弃维权，这可能会打击企业创新积极性，在一定程度上阻碍民营企业创新。据表8.2可知，新加坡知识产权纠纷解决机制主要采用的是调解、仲裁等非诉讼程序，新加坡建立了国家法院纠纷解决中心，专门用于统一调解知识产权纠纷问题，且在调解期间对当事人的个人信息进行严格保密；在美国，其民众的仲裁意识很强，大多数纠纷以仲裁的方式解决，几乎所有的知识产权纠纷均以仲裁解决，因此解决纠纷的方式是仲裁；在德国，由于采取的是"司法诉讼为主、行政手段为辅"的策略，仲裁在德国发挥的作用不大（黄子婷，2015）。

第二，在获得信贷指标上，这三个国家对中小企业扶持的措施方面和立法保护方面还存在一定的差异。从表8.1看出，美国是这三个国家里排名最靠前的，美国设立了中小企业管理局，为中小企业直接贷款或担保贷款，且美国法律基本满足了世界银行用来衡量各国相关信贷法律效率的指标，建立了完整的担保和信贷法律体系。在新加坡中小企业融资主要由政府主导支持，为促进中小企业发展，政府制定了多种金融扶持计划，推出了贷款保险计划和提供贷款担保等举措，其"淡马锡模式"对中小企业的融资需求实现批量管理；但在营商环境报告中，新加坡只满足有关信贷的法律效率指标的部分条款，在担保交易法、重组时对债权人保护等方面仍不够完善。在德国，政府除了推出融资租赁、担保服务，还鼓励风险投资和天使投资，将各种融资工具搭配使用来缓解中小企业融资困境，并且德国政府还放宽了对德国担保银行的限制，加大了担保的范围和能力（崔允芝，2017）。

第三，在税收方面，三个国家的税收体制以及对中小企业的减免税政策也存在差异。新加坡的税收制度是最适合营商的，是总税率最低且税种最少的国家，并且新加坡以属地征税为原则，其减免税的优惠政策是逐年加强的，无疑，新加坡成熟的税收体制和优惠的减免政策是吸引大量的企业和资金流入的重要原因；美国近期税改的主方向是在不增加财政赤字的基础上减轻企业税负，阻止美国企业外流，进而增加就业机会（雷莽宇，2018）；在德国，民营中小企业的税负并不低，德国企业的税负高于大多数欧洲国家，并且德国税收政策的实施是比较谨慎的，其减税范围较小，主要集中在研发、环保等领域；德国政府税收政策地区分布不均衡，对东部经济较不发达地区的中小企业研发投入、创业等实施优惠政策（董治，2017）。

第四，在基础设施建设方面，三大经济体对基础设施建设的重视程度、发展方向及状况不同。新加坡基础设施建设的目标是致力于创造"花园城市"，注重发展交通设施，将公交、地铁、轻轨一体化，实现乘客无缝换乘（李林，2018）。美国虽然基础设施也较发达，但目前正处在解决基础设施老年化、年久失修的阶段；由于基础设施建设收益有限，其对私人资本的吸引力不足，美国在基础设施建设方面必然存在较长时期的整改。德国基础设施建设是十分发达的，且德国政府非常重视基础设施建设；事实上，德国不仅在交通方面，而且在科技、医疗等方面的基础设施建设都是遥遥领先的。

第五，在金融营商环境方面，三大经济体的金融制度各具特色，其资本市场发达程度也不同。据表8.2，新加坡是国际一流金融中心，其股票市场和债券市场十分活跃，且资本市场的上市门槛低、时间短等优点吸引了大量民企到新加坡上市；美国也拥有发达的证券市场，其股市规模巨大、交易频繁、上市条件较低，有发展前景的企业大多有机会上市；与新加坡和美国不同的是，德国金融结构以银行为主导模式，其资本市场并不发达，但德国具有独特的融资体系，其金融中介的作用突出，为解决民营中小企业融资难问题提供了良好的范本。

8.1.4.2 三大发达经济体的共同之处

据表8.2可知，三大经济体也具有不少共性。首先，都注重法治化营商环境建设。良好的法律制度是民营企业发展的基础，三大经济体拥有完备的商事法律法规、良好的行政监管和执法情况，这降低了中小企业不合理的交易成本。如表8.2所示，在知识产权保护方面，三大经济体知识产权保护的范围广泛、界限明确，都有一套成熟的法律体系来保护民营中小企业的创新成果；当发生产权纠纷时，可依赖公平公正的纠纷解决机制，其程序方便快捷、成本较低且惩罚力度大；在税收方面也均拥有完整的税法和监管办法。其次，在融资方面，这三个经济体均积极支持民营企业融资，为民营企业提供各种优惠融资策略和财政补助；为减少民营企业税费成本，三大经济体均在一定程度上对民营企业实施减税免税支持，并清理减少收费项目。最后，在政务服务方面，三大经济体特别强调电子政务的应用，在开办公司、获得信贷、纳税等方面简化程序和手续，尽可能减少企业的时间成本，使民营中小企业获得更高效、便捷、高质的服务。

8.1.5 对中国的启示

无疑，无论是三大经济体在法治化营商环境建设的经验方面，还是在金融制度建设方面的先行实践，均对中国民企营商环境建设具有一定的启示意义。总结和思考他国镜鉴不仅有助于反思中国的具体做法，也有助于未来为中国民营企业提供更优的营商环境。

第一，加强法治化建设，强化知识产权保护力度。中国在法治化建设方面相比发达国家是远远不够的，应完善法治建设来降低不合理的制度性交易成本，特别是知识产权保护方面，应完善知识产权保护的法律法规建设，加大对知识产权保护的宣传教育工作，引导企业树立知识产权战略，完善中国知识产权纠纷解决机制。第二，加快金融体制改革，大力推动资本市场发展。中国与德国的金融制度十分相似，都是将银行放在重要位置，资本市场都不够发达，但德国的银行体系高效成熟，能满足民营企业长短期的融资需求，且德国的银行可参股企业，显然，中国银行体系并没有达到德国的水平，其机制也大不同，所以中国金融体制应加大金融供给侧改革力度，鼓励中小企业综合运用多种融资渠道，支持民营企业在主板、新三板、科技板等多层次资本市场融资；与此同时，也要加强对资本市场的监管，建设安全稳定的资本市场来减少企业融资成本，建设良好的金融营商环境。第三，加强基础设施建设。交通基础设施建设对民营经济发展有较好的推动作用，一方面可减少企业运输成本，另一方面有助于吸引外部资金进入。德国、新加坡、美国的基础设施建设均优于中国，相比而言，中国交通基础设施建设有待进一步强化，同时还要吸取美国设施老化、融资不足的教训，创新基础设施融资手段；借鉴美国教育信息化基础设施建设经验，学习德国高度重视科技基础设施建设经验（樊潇潇 等，2019）。第四，变革税收体制，为民企减负。中国民营企业更偏向于海外上市，这是因为国外上市门槛低，另一方面是中国民营企业税种多、税负重所致。中国与新加坡、德国、美国的税收立法体系相比还是存在一定差距，发达国家的税收优惠方式是多种多样的，而中国的税收优惠政策比较单一且执行力度较弱（樊敏等，2019），应进一步完善和规范中国的税法体系，深化改革税收体制，完善中国税收优惠政策的细则和制度，同时加强对税收体制和税收优惠政策的教育和宣传工作。第五，深化"放管服"，加快市场化改革。德国、新加坡和美国的市场经济制度比较发达，均为民营企业建立了自由的市场竞争环境，政府对经济干预均采取间接干预法，提高了民营企业的活力和竞争力。中国应加快政府角色转变，持续深化"放管服"，重塑市场和政府的关系，学习借鉴发达国家市场化的经验和实践，使市场充分发挥调节作用，减少政府干预，构造公平的市场竞争环境，激发民企创新活力，为民企发展营造良好的营商环境（唐福勇，2019）。

8.2 中国不同地区的营商环境优化改革案例

为了考察中国各地区在民营企业营商环境优化改革过程中的独特实践和创新，本书拟基于多案例研究法从模式比较视角分析深圳、郑州和兰州这三个城市营商环境优化改革实践。本节选取中国不同地区的营商环境优化改革案例进行比较分析，发达东部地区选取深圳市为例，中等地区以郑州为例，西部地区以兰州为例。通过回顾这三个城市营商环境优化改革的实践，梳理其营商环境优化政策，总结其成功经验，从而为进一步推进营商环境优化改革提供启示。深圳市在 2018 年中国城市综合经济竞争力排名中居于首位，研究其营商环境优化改革实践具有一定的参考价值，能够给中等发达地区以及落后地区改进其营商环境提供借鉴"样板"；郑州处于中国地理的中心，是重要的交通枢纽，其营商环境优化改革实践代表了其他中等发达城市的惯常做法，梳理和评判其营商环境优化改革实践有助于为中等发达城市更进一步地营造一流营商环境提供改进路径和具体建议；西北内陆的兰州处在"座中四联"位置，既是新丝绸之路经济带的重要支点城市，也是中国东中部地区联系西部地区的桥梁[①]，其营商环境优化改革情况基本能代表欠发达地区的典型实践，梳理和评判其营商环境优化改革实践有助于为落后地区赶超中西部营商环境优化改革前沿地区提供政策建议。

8.2.1 深圳

8.2.1.1 背景

深圳积极贯彻和落实中央优化民营企业营商环境的政策，出台了完善的政策支持体系，为营商环境优化改革提供了良好的政策基础；再加上深圳民营经济发达，在吸引外资方面具有较大优势，总结其经验、特色做法有助于给其他地区推进民企营商环境优化改革提供借鉴。近年来，深圳市出台了一系列政策措施推进营商环境优化，这包括支持民营经济发展、优化营商环境、优化法治

---

① 兰州市人民政府网. http：//www. lanzhou. gov. cn/col/col26/index. html.

环境、推进商事制度改革、加强知识产权保护等方面的系列措施①。实践表明，上述政策措施有效提高了深圳行政审批效率，推动了深圳民营经济转型和升级，保护了深圳中小投资者的合法权益，也有效保护了深圳民营科技企业的知识产权。近期，为了给市场主体提供一个公开透明、监管公平、竞争有序、和谐稳定的营商环境，《深圳经济特区优化营商环境若干规定（征求意见稿）》以及《中共中央支持深圳建设中国特色社会主义先行示范区的意见》等文件颁布并实施。

8.2.1.2 深圳民企营商环境优化改革实践

1. 法治化营商环境

深圳为民营企业高质量发展打造法治化营商环境。一是全面推进法治建设。深圳市努力建设法治化政府，完善重大行政决策程序，并基于行政决策的优化提升政府行政管理能力，进而更好地服务于企业和群众。二是优化政府管理和服务。深圳市加强政府与企业的沟通，随时准备增加制度供给进而满足企业的实际需要，并改革信用监管模式。三是推进社会治理现代化。深圳努力建设社会信用体系，率先构建统一的社会信用平台，加快建设智慧城市，支持建设粤港澳大湾区大数据中心，强化网络信息安全保障。四是对知识产权进行更大力度的保护。比如，仅2017年一年就处理了549件987人次涉及知识产权侵犯和假冒伪劣商品制造方面的案件②。

2. 市场化营商环境

深圳为民营企业高质量发展营造更加开放便利的市场化营商环境。一是努力优化投资软环境，使其达到国际先进水平。深圳放松外商进入管制，推动注册制改革，对利用外资的行为加大奖励力度，对港澳专业人士的执业许可采取放松措施。二是强化深圳与香港在金融方面的合作。深圳更加全面系统地完善了前海金融开放创新的政策体系，推进其更好地进行创新，鼓励跨境人民币业务更快发展。三是为民营企业、高等院校以及科研机构提供创新支持。深圳积极探索以市场化方式设立中式创新基金，推进基地和生产线建设，并进一步打造集市场化、专业化于一体的成果"双转"平台。

---

① 指《关于以更大力度支持民营经济发展的若干措施》《深圳市关于加大营商环境优化改革力度的若干措施》《优化深圳市税收营商环境工作备忘录》《关于依法妥善处理证券期货纠纷加强中小投资者合法权益保护的意见》《关于妥善审理涉关联交易纠纷案件的通知》《深圳市商事登记若干规定》和《深圳市知识产权保护综合监管分体系建设实施方案（试行）》。

② 深圳市政府在线网：http://www.sz.gov.cn/cn/zjsz/nj/201904/t20190409_16757984.htm。

3. 金融营商环境

深圳为民营企业高质量发展营造多渠道和低成本的金融营商环境。近年来，深圳从以下几个方面营造便利的融资环境：一是扩大民营企业债券融资规模，支持民企在城市停车场建设、战略性新兴行业、创新创业、社会事业等领域发行专项债券。二是对融资担保与风险补充体系进一步完善。2017年，深圳市拥有103家融资担保公司，与2016年相比，新增了13家，其银行贷款担保额高达270亿元。三是对天使投资人实行更完善的激励政策，鼓励投资者使用"双创"金融服务平台，支持银行推出基于特许经营权、政府采购单、收费权、知识产权等产权进行抵押的融资方式，进而满足各类投资者的融资需求。四是对服务的收费情况进行规范，指导辖内银行整合、精简、取消收费项目1 012项，降低收费标准158项，共缩减费用支出12.6亿元，有效降低了民企融资成本。

4. 基础设施营商环境

深圳为民营企业高质量发展打造发达的基础设施营商环境。一是完善各种基础设施服务。深圳市进一步打造更加四通八达的城市交通服务系统，完善铁路、公路、航空、海运等基础设施建设，切实降低民营企业的交通运输成本。二是加大创新平台的搭建，创建用于5G、人工智能、生命信息与生物医药的实验室平台，积极探索建设国际科技信息中心和拥有全新机制的医学科学院。三是对自然生态系统和环境进行更大力度的保护，努力提升环境质量，对全市垃圾进行更为合理的分类处理，建设更加舒适宜居的绿色城市。四是对土地进行更大力度的整备，对城市地下空间进行科学开发，对海域空间进行合理适度的开发，推进建设深汕特别合作区基础设施。

5. 政务营商环境

深圳为民营企业高质量发展营造高效率的政务营商环境。一是进一步改革政务服务管理制度，使其内容上更深化、更细化。深圳市全面实施清单管理制度，更细致全面地建立清单的动态化调整及公开的机制体系，推进数字化政府建设工作，开展智慧政务工程建设，搭建集"办公、审批、对外服务、监察、信息公开"等于一体的智慧政务平台，全面推进"多证合一"，鼓励商事登记和银行开户结合起来实施。二是打造具有示范效应的信用城市。深圳市进一步完善信用信息的运用机制，统一制定信用信息的标准及规范，建立覆盖全社会的征信系统，实施对信用的智慧监管，并进一步完善信用信息的安保机制。三是大力推行"双随机、一公开"监管模式。深圳市对包含民营企业以及跨部门的市场监管领域实施全覆盖监管措施，并建立行政处罚清单制度，切实规范执法行为，为民企减轻负担。

6. 税收营商环境

深圳为民营企业高质量发展营造低税费的税收营商环境。一是加大实施税收减免的优惠政策力度，对符合条件的纳税人采取及时报告、及时享有的措施，以及房产税和城镇土地使用税实施一年一报告的办法；二是在改革商事登记制度后，深圳市允许新开办的企业开展货物劳务税的有税申报工作，借助互联网降低民营企业的纳税成本，允许国税与地税业务"一网统办"；三是对企业收费实施目录清单管理制度，对企业的经营服务性收费项目进行专门的清理，重点清理依附行政部门的中介服务项目，净化税务营商环境。

8.2.1.3 特色做法

深圳在营造良好营商环境方面进行了新的尝试和实践：一是突出深圳在粤港澳大湾区建设中的金融地位，加大与粤港澳大湾区其他城市的金融合作。尽管深圳金融业发展水平在全国名列前茅，但距离国际一流金融中心的水准还存在差距。近年来，深圳紧抓粤港澳大湾区建设带来的机遇，深入推进与香港、澳门的深度合作，如推出了跨境贸易人民币结算业务，积极吸引港澳金融机构到深圳开业，鼓励内地民营企业到港澳融资。二是对知识产权的保护工作加大监管力度。深圳率先实施惩罚性赔偿制度，严格依照法律规定处理知识产权的违法案件，以及对知识产权给予最严格的保护。三是对人才实施更为惠民的住房政策。深圳进一步采取各种合法合理的手段吸引各个地区的高质量人才，吸引其到深圳创新创业，且为其提供优质的待遇，对符合要求的海外人才还给予市民优待。四是搭建统一的信用信息共享平台。深圳率先建立覆盖全社会的征信系统，进一步完善信用信息的运用机制，实施智慧监管，努力向国际一流的信用环境看齐，借助优良的社会信用环境促进创新创业。五是开创"引导式申报+智能审批"的线上办税新实践。比如，深圳税务局开创性地开出了全国第一张基于区块链的电子发票，消除交易、开票、报销等环节的信息流通"壁垒"，为纳税人提供零成本、零难度的用票体验。

8.2.1.4 成效

前文梳理并总结了深圳市营商环境优化改革的具体做法。事实表明，上述做法在实践中取得了一定成效，深圳市营商环境的指标排名有了较大提升，其具体指标及排名见表8.3。第一，在企业开办方面，深圳市工商登记便利度和预备经营便利度这两个指标均排在全国大中城市前列，并且，深圳市商事制度便利化改革促进了该市民营企业的崛起。据统计，2016年深圳市民营企业数量为145.3万家，2017年深圳市民营企业数量为171.1万家，2018年深圳市民营企业数量为185.9万家，故2017年民营企业增长率为17.76%，2018年民营企业增长率为8.65%。第二，在项目建设方面，深圳市项目审批制度改革力度较大，审批时限短、审批流程简、审批环节紧凑、审批体系完善，全国排名第1。第三，在生产要素方面，深圳市的生产要素便利度在全国居于首位，其营商环境与经济发展相互促进，彰显了深圳市优秀的政府监管和治理能力。第四，深圳市的融资营商环境也居于首位。据统计，2017年深圳市共有367家公司上市，民营企业的数量占总上市公司总数的56%；2018年深圳市共有405家公司上市，民营企业的数量占总上市公司总数的85%。这说明，深圳市金融营商环境优越，有力地促进了民营企业的上市融资和做大做强。第五，在交易便利方面，深圳市的交易便利度也排在全国前列，说明其在规则制定上积极回应国家政策。第六，在税收营商环境方面，深圳市减税降费成果巨大，居于榜首，2017年为民营企业降低成本1 369亿元，到了2018年落实新出台减税政策为民营企业减税200亿元。第七，在政务服务方面，其政务服务保障度排第11名，离第1名差距还很大，这表明，尽管深圳市整体营商环境较好，但在政务服务方面还存在改进余地。从营商环境总指数来看，深圳市走在全国其他城市前面，并且深圳市营商环境优化改革缩减了民企的制度性交易成本，大大促进了民企的增长。据统计，2017年深圳市新登记民营企业有35.16万户，其数量占全国新登记企业数量的8.4%；2018年深圳市新登记民营企业27.50万户，其数量占全国新登记企业数量的4.1%①。

表8.3　三个城市2017—2018年优化营商环境各个方面的评估

指标	三级指标	第一名	深圳	郑州	兰州	最后一名
企业开办便利度	工商登记便利度	10.29 [1]	7.91 [5]	6.09 [19]	8.29 [4]	4.76 [31]
	预备经营便利度	4.8 [1]	4.8 [1]	3.6 [12]	1.6 [27]	0.6 [31]
	评估总分	15.09 [1]	12.71 [3]	9.69 [20]	9.89 [17]	5.36 [33]

---

① 2017年全国新增加417.1万户民营企业，2018年全国新增加670万户民营企业。

表8.3(续)

指标	三级指标	第一名	深圳	郑州	兰州	最后一名
项目建设 便利度	审批时限	3.33 [2]	3.33 [2]	1.33 [20]	0.67 [28]	0.67 [28]
	审批流程	6.4 [1]	5.4 [3]	4.2 [17]	4.2 [17]	0.2 [33]
	审批环节	5.6 [1]	3.4 [7]	0.7 [24]	0.2 [28]	0 [29]
	审批体系	2.2 [1]	2.2 [1]	1 [15]	0 [22]	0 [22]
	评估总分	17.53 [1]	14.33 [6]	7.23 [22]	5.07 [31]	0.87 [33]
生产要素 便利度	融资环境总分	7.6 [1]	7.6 [1]	2.6 [25]	1.8 [30]	1.3 [33]
	生产要素 便利度总分	17.65 [1]	17.65 [1]	7.71 [32]	7.93 [31]	7.65 [33]
交易便利度	总分	15.01 [1]	14.29 [5]	12.50 [15]	8.64 [33]	8.64 [33]
税费负担度	总分	4 [1]	4 [1]	3 [6]	0 [25]	0 [25]
政务服务保障度	总分	3.71 [1]	2.49 [11]	1.83 [18]	1.43 [22]	0.2 [33]
营商环境指数	总分	0.61 [1]	0.61 [1]	0.32 [17]	0.25 [34]	0.24 [35]

注:[ ]内数字表示该指标全国排名,部分为并列排名。

资料来源:朱羿锟 等,《中国主要城市 2017—2018 年度营商环境报告——基于制度落实角度》,暨南大学出版社,2018 年。

8.2.1.5 存在的问题

近几年,深圳市营商环境优化改革已取得显著成效,但与发达国家拥有一流营商环境的国际化大城市相比,仍存在差距。比如,在人才引进与运用上,深圳市拥有的高级别创新平台不多,人才国际化构成程度和人才集聚度均较低,基础研究人才缺乏,高新技术产业创新人才、应用型人才的流失严重,高技能人才供给不足等[①]。在纳税效率方面,深圳市的网上办税系统在纳税申报的高峰期不稳定,致使民营企业办税效率不高;对于税务信息化,一些小微企业还不能尽快适应,而且对专业服务机构的认识欠缺,进而致使其纳税时间较长;深圳市个别地区存在现场办税效率低、办税时间长的问题,部分地区还存

---

① 优化营商环境提升深圳城市竞争力,http://sztqb.sznews.com/PC/content/201801/21/c287053.html。

在执法透明度不够等问题。在人力资源方面，深圳市有5所本科学校，3所专科学校，但与北京、上海、广州、武汉等城市相比，深圳市高校资源远远不足，且其研究生招生规模较小；高等教育、科技资源、科技支撑也相差甚远，尤其是缺少支持深圳创新驱动发展的世界一流科研机构。在商务成本方面，据《2018年全国50城房价收入比报告》可知，深圳市房价收入在全国排名第1，大大超过北京和上海的名次，且大约是广州的两倍，反映出深圳市房价过高，有可能对创新型人才产生挤出效应，不利于吸引高质量和高精尖人才。

8.2.1.6　未来趋向

党和国家高度重视深圳发展，中央于2019年8月18日进一步出台了支持深圳市发展的新政策①，这就要求深圳在未来时期要赶超纽约、伦敦等世界一流城市。可预期，在未来时期深圳须紧抓粤港澳大湾区战略大背景所带来的机遇，积极探索全面建设社会主义现代化强国新路径，构建更具竞争力的现代产业体系，这就要求深圳市加大营商环境优化改革力度，为其未来经济赶超国际一流城市提供制度保障。就营商环境优化改革而言，须具体在以下方面做出深度变革：在企业开办方面，鉴于深圳市工商登记便利度分值低于杭州、舟山，排名第三，则需在工商登记上向先进城市学习，采取相应措施，努力提高工商登记效率；在项目建设方面，鉴于其审批流程和审批环节低于武汉得分，要进一步完善和健全审批流程和环节；在交易便利方面，鉴于其交易便利度落后于广州、杭州、成都、上海等城市，须在强化公平竞争审查、鼓励电子商务发展等方面做实工作；在政务服务方面，鉴于其政务服务保障度距离第一名厦门还存在差距，须出台相应政策切实提高政府服务保障能力。

8.2.2　郑州

8.2.2.1　背景

优化营商环境是国家促进经济高质量发展的基础性工作，也是地方政府提升城市综合竞争力的重要体现。营商环境的好坏影响民营企业的市场绩效和投融资活动。近年来，郑州市出台了一系列政策措施来进一步推进营商环境优化改革，这包括商事制度改革、内贸流通体制改革、激活民间投资、优化营商环

---

①　指《中共中央支持深圳建设中国特色社会主义先行示范区的意见》。

境等方面的措施①。实践表明，上述政策措施有效促进了郑州市民营经济发展活力，有效深化了郑州市投资软环境优化改革，也有效激发了民间资本投资与创新创业方面的潜能。为了激励国外优秀青年及外籍华人来郑州创新创业、投资兴业和学习工作，郑州自2019年8月1日起全面实施"12条"移民出入境便利政策，进一步优化营商环境。

8.2.2.2 郑州民企营商环境优化改革实践

1. 法治化营商环境

郑州为民企高质量发展打造法治化营商环境。一是对企业经营活动加大法治保障力度。郑州市首先在河南自由贸易试验区建立有关国际化营商环境优化改革创新方面的制度体系，进一步完善多元化的商事纠纷解决机制，并建设相应的服务平台来解决纠纷问题，鼓励专业机构建设商事调节中心。二是对各类产权进行依法保护。郑州市持续认真实行产权保护政策，打击各类违法行为来保障民营企业的合法权益，研究并重新审理部分有关产权纠纷的案件。三是加大对知识产权保护力度。郑州知识产权局连同相关部门专门开展专项活动来维护企业的合法权益不受侵害，如从2012年至2018年上半年，郑州市人民检察院查办了291件695人涉及侵犯知识产权使企业受损的刑事案件。

2. 市场化营商环境

郑州为民企高质量发展打造市场化营商环境。一是加大教育资源、公共交通系统以及医疗开放力度。郑州市积极制定方案，切实解决民办机构在土地使用、科研项目、人才培养等方面的困难，并进一步鼓励民间投资。据了解，到2019年底，郑州将获得更多优质教育资源，如钱学森实验学校、清华附中落户郑州；将获得更便利的医疗资源，如第三人民医院迁建完成、优化卫生健康服务。二是将民间资本引入ppp项目。郑州市建立方案联审机制，并向民营企业推介优质ppp项目，激励民企进行投资。三是对公共资源的交易服务进行全面优化。郑州市开展服务标准与办事指南的统一化活动，在线办理并实时监管公共资源网上交易活动。

3. 金融营商环境

郑州为民企高质量发展打造金融营商环境。一是探索开展大数据信用融资。推广支小再贷款的"先贷后借"模式，为小微企业专门制定信用风险的

---

① 这包括《关于进一步深化商事制度改革释放市场经济活力的意见》《郑州市2017年国民经济和社会发展计划》《郑州市内贸流通体制改革工作实施方案》《关于优化营商环境激发民间有效投资活力的实施意见》《河南省优化营商环境三年行动方案（2018—2020年）》及《聚焦企业关切进一步推动优化营商环境政策落实》。

评价体系，鼓励郑州金融机构为民营企业提供金融支持。二是为创新创业活动提供更好的融资支持。郑州中原银行发行了创业创新金融债券，还深入河南市场，推动普惠金融建设工作，对新创企业增大信贷支持规模。三是对民营企业提供更多金融支持。郑州对证券发行流程与交易环节进行改革，制定相对应的融资机制缓解新型民营企业融资难融资贵问题；郑州银行从科技融资、信贷工厂、平台融资三个方面强化对民营企业的支持，缩减了其融资成本。

4. 基础设施营商环境

郑州为民企高质量发展打造基础设施营商环境。一是完善道路交通基础设施的建设工作。郑州致力于打造快速交通体系的放射状路网，建设郑合高铁河南段，新建成郑州地铁"金腰带"地铁 5 号线，设立拥有多种交通方式的郑州航空港区。二是进一步优化对垃圾的处理程序，如分类处理生活垃圾、工业垃圾等，建立工业垃圾处理收费制度。三是全面建设通信、网络等基础设施，加快推进信息基础设施建设，构建郑州市全覆盖的广播电视无线网络体系。四是进一步建设便民服务设施，如健身、医疗卫生、公共文化服务等设施，并对教育基础设施进行完善。

5. 政务营商环境

郑州为民企高质量发展打造政务营商环境。一是对政策调节机制进行完善。郑州努力给民营企业营造一种稳定的投资预期，建立政策落实情况跟踪机制，以此来促进民营企业发展。二是对便民化审批服务进行更深层次地改革。郑州市推广网上办理审批服务模式，对企业审批服务方式进行创新，将评估机制引入到审批服务当中，对行政审批的中介服务进一步优化。三是深入建设诚信化的政务体系。郑州市努力对守信践诺机制进行完善，并制定相关的备案制度，进一步开展专项政务失信治理行动。四是积极推进"先照后证"，对企业实施"五证合一、一照一码"，并尝试进行"多证合一"改革。

6. 税收营商环境

郑州为民企高质量发展打造税收营商环境。郑州市积极落实税收减免政策，这包括增值税、研发税费减免等政策，加快取消部分税务事项的步伐，简化税务申报表的部分内容来缩短办税时间，优化纳税服务；对一些收费项目采取目录清单管理措施，如行政事业项目、企业收费项目等，并定期对企业经营的服务性收费情况进行清理，对协会收费行为进行严格规范；严禁各种违规收费现象，为此郑州市还进一步落实对乱收费行为的处罚制度。

8.2.2.3 特色做法

郑州在优化营商环境改革中尝试了一些新的做法：一是郑东新区在创新实

施产业混合供地模式的基础上，在全省率先提出"服务八同步，拿地即开工"产业项目招商建设新机制，建立并不断完善招商引资与其他八项工作同步推进机制，变"串联式审批"为"并联式审批"；二是支持"双创"平台建设，高标准建设中原科创谷、郑开"双创"走廊；三是努力建设承载历史文明的创新示范区，打造具有郑州独特风味的城市建筑和创业氛围，吸引各种全能型、优质型人才来郑州创业。

8.2.2.4 成效

前面梳理和总结了郑州营商环境优化改革的一些具体做法，无疑，上述做法在实践中产生了一些成效，其具体指标和排名见表8.3。第一，在企业开办方面，郑州市的工商登记便利度分值排名第19以及预备经营便利度分值排名第12，远低于东部城市水准，但相较于中部城市来说处于中等水平。第二，在项目建设方面，郑州审批时限较长、审批流程相对来说较复杂、审批环节相对来说不连贯、审批体系有待完善，其项目建设便利度在全国大中城市排名第22，有待进一步提升。第三，在生产要素方面，郑州市的生产要素便利度排名倒数第2，其融资环境排名第25名，这说明郑州市生产要素便利度和融资环境均距离第1名有较大差距，存在较大改进空间。第四，在交易方面，郑州市的交易便利度排名第15，说明郑州在市场交易便利方面排在全国大中城市中游水平，也存在改进空间。第五，在税收营商环境方面，郑州市减税降费成果明显，全国排名第6。第六，在政务服务方面，郑州市的政务服务保障度排名第18，说明其政策落实情况基本到位，但也存在改进空间。最后，从营商环境指数上来看，郑州市排名第17，说明其营商环境优化改革有待向深圳等发达城市看齐。

8.2.2.5 存在的问题

与中部地区其他城市营商环境优化改革相比，郑州还存在不少问题。比如，该地区民营企业营商环境不够适宜，政商关系有待改善，部分领导干部改善营商环境的决心有待提高，一些优惠政策没有落实到位；在企业开办方面，郑州市的工商登记和预备经营工作开展不力；在融资方面，执行国家支持民企融资政策的力度不够大，效果也不明显，融资环境亟待优化；在政务服务方面，部分政策落实不到位，政务服务保障度较低；在生产要素方面，郑州市不太容易低成本获得各种生产要素资源；在项目建设方面，郑州市存在审批时限较长、审批流程较复杂、审批环节不连贯等问题；在人力资源培育方面，郑州有25所本科学校，33所专科学校，但与武汉、长沙、合肥等中部城市相比，其高等教育资源略显不足。

8.2.2.6　未来趋向

根据上面的分析，郑州营商环境排名在全国处在中等水平，未来还需在诸多方面深入推进营商环境优化改革。具体而言，这包括以下方面：在企业开办方面，须在工商登记和预备经营上向深圳及其他做得好的城市学习，积极出台相应政策切实提高工商登记效率和预备经营能力；在项目建设方面，郑州较深圳及其他做得好的城市得分较低，须进一步缩短审批时长，完善和健全审批流程、环节及体系；在生产要素方面，郑州市的生产要素便利度低于中部地区其他城市平均水平，应加强政府监管和治理力度，使生产要素便利度与其经济发展水平相称；郑州市融资环境处于中等偏下水平，落后于深圳市及其他做得好的城市，应进一步优化金融营商环境。在交易方面，郑州市的交易便利度排名居中，须在规则制定上更加积极地落实国家政策；在政务服务方面，郑州市的政务服务保障度也处于中等水平，也要进一步加强政策落实力度。

8.2.3　兰州

8.2.3.1　背景

近年来，兰州加大营商环境优化改革力度，颁布了一系列政策措施，这包括在鼓励非公经济发展、便利企业开办、解决企业融资等营商环境优化方面的改革举措①。实践表明，上述政策措施缩短了兰州市企业开办时间，有效推动了兰州民企营商环境改革工作，有效推动了兰州市小微企业和非公经济高质量发展，有效激发了市场主体创新活力。近期，为优化项目建设领域的营商环境，激发市场活力和民间投资动力，兰州市发改委印发了《兰州市工程建设项目审批制度改革实施意见》。

8.2.3.2　兰州民企营商环境优化改革实践

1. 法治化营商环境

兰州为民企健康发展打造法治化营商环境。一是进一步开展诚信体系、法治政府、政务诚信及企业信用体系的建设工作，进一步完善部门间的联合奖惩机制和"红黑名单"制度。二是加大产权保护制度的落实力度，对保护非公企业权益行为进行监督，保护非公企业家和民营企业家的合法财产，对违反法律的企业和个人依法处置。三是对违法案件加大法院判决与制裁力度。2017

---

①　包括《关于开展优化营商环境专项活动的通知》《兰州市政法机关服务经济发展优化营商环境的实施意见》《进一步优化营商环境促进非公有制经济发展的实施意见》《关于进一步压缩企业开办时间的实施方案》《兰州市全面推开"证照分离"改革实施方案》以及《扶持小微企业创业信用融资贷款工作实施方案》等文件。

年兰州市两级法院审结民商事案件 30 097 件，期限内结案率为 98.5%；2018 年兰州市两级法院审理判决各类民商事案件 48 525 件，审结 37 720 件，同比分别上升 27.86%、21.19%，法定审限内结案率 98%[①]；2018 年兰州市人民检察院依法批捕侵犯知识产权违法犯罪案件 149 件 202 人次，提起公诉 261 件 431 人次[②]。

2. 市场化营商环境

兰州为民企健康发展打造市场化营商环境。一是鼓励民间投资。兰州对政府和社会资本合作模式进行广泛应用，截至 2018 年 5 月，兰州市共有 13 个 PPP 项目，其投资额高达 110 亿元，其中已签约实施项目 9 个。二是支持鼓励民间资本参与混合所有制改革，夯实招商引资工作。兰州市安宁区落实"指挥部模式"，以责任制方式激励领导干部推进重点项目工作，如重点建设西部机场兰州航空总部基地项目、兰州网络科技城项目、仁寿山生态文化旅游景区项目、天斧沙宫地质公园景区项目等。三是努力开展招商项目，吸引民间资本入兰。兰州新区在不断做大做强做优现有主导产业的基础上，努力为新区引进一些质优高效的项目，进而加快推进新区建设。四是实行"非禁即入"市场准入制度。兰州市取消市场准入不合理门槛，放宽服务业等领域的外商进入限制，促使企业间公平竞争，并进一步扩大吸引外资规模。

3. 金融营商环境

兰州为民企健康发展打造金融营商环境。一是扩大融资规模、增加融资来源，为银行、保险公司等金融机构与民营企业对接提供平台，帮助民营企业实现融资目标，鼓励银行创新金融产品和优化金融服务，并对民营企业进行专门的上市辅导。二是利用政策引导金融机构加大针对民营企业的保险产品和服务创新力度，搭建创业资金保障平台，完善针对小微企业的承保模式，试点科技保险模式。三是推广针对民营中小微企业的信用贷款和互助担保贷款模式，对贷款审批环节进行规范，缩短放贷审批时限。

4. 基础设施营商环境

兰州为民企健康发展打造基础设施营商环境。一是加强城市交通道路建设。兰州市积极组织建设轨道交通系统，其首条地铁线于 2019 年 6 月开通运营。二是加大城市管网建设和改造工程，继续开展一批老旧管道体系的改造项

---

① 《兰州市中级人民法院工作报告》解读，http://www.myzaker.com/article/5c71ffd21bc8e01372000076/。

② 《兰州市人民检察院工作报告》解读，http://mini.eastday.com/mobile/180108094913850.html#。

目。三是加快建设一批污水和垃圾处理设施，净化兰州大气和生活环境。对兰州市内的污水处理厂逐步提高改造标准，同时加大黄河兰州段排污口整治力度。四是加强城市生态体系建设，加大对休闲场所建设力度，如主题公园、湿地公园、绿道绿廊等，以此增强城市绿化水平，进而为民营经济发展提供舒适宜居的生态环境。

5. 政务营商环境

兰州为民企健康发展打造政务营商环境。一是基于"亲"和"清"政商关系进一步优化营商环境，简化政务办理流程，推出"一照一码""最多跑一次""一窗受理、集成服务"等政务服务改革"新政"。二是建立信用信息征集服务平台，鼓励民营企业向示范企业学习，并以示范企业为榜样加快自身的健康发展。三是努力建立一种机制使政府与企业能够对话、交流，使政府出台的政策能为民营发展提供指引，为此还特地开展走访活动，清点民营企业的现实困难，进而精准施策。

6. 税收营商环境

兰州为民企健康发展打造低负担税收营商环境。近年来，兰州税务局开展便民办税活动，对收税方式进行改革。一是进一步优化税收优惠政策环境。积极落实减免税政策，在兰州大学、兰大一院等地召开政策宣讲解读会，帮助纳税人了解新政、享受减免税待遇。二是优化为民务实的税收治理环境。推行简易注销便民措施，开展优化办理税务注销程序培训活动，简化工作流程。三是优化便民快捷的税收服务环境。出台更明确的办税指引，在一定程度上缩减了纳税人办税时间。

8.2.3.3 特色做法

兰州市在优化营商环境过程中有一些特色做法：针对建设项目审批周期长、环节杂、诟病多的问题，实行"一事统"，率先启动工程建设项目审批制度改革，统领兰州营商环境优化改革各项工作；在甘肃省内率先实行"一照统"，推进"多证合一"，实行"证照分离"，实现"一网办理、一窗核发"；在信息化建设方面，率先启动电子证照共享应用，实行"一网统"等。

8.2.3.4 成效

前文回顾并总结了兰州市营商环境优化改革的具体举措，这些举措在实践中产生了一定影响。兰州市营商环境指标及排名见表8.3。在企业开办方面，兰州市的工商登记便利度排名第4，其预备经营便利度远低于东部城市均值，全国排名第27。在项目建设方面，兰州市项目审批时限长、审批流程复杂、审批环节多及审批体系不完善，其排名倒数第3，这说明兰州市在这方面有很大改进空间。在生产要素方面，兰州市的生产要素便利度排名倒数第3，显现出其政府监管和治理能力较差；兰州市的融资环境也排名倒数第4，说明该地区民企融资环境不利。在交易方面，兰州市的交易便利度排名倒数第1。在税收方面，兰州市减税降费成果不显著，排名倒数第1。据统计，2017年兰州市落实国家减税降费优惠政策，减免税费共52亿元，到了2018年，纳税人享受小型微利企业所得税优惠减免1.77亿元，享受暂免征收增值税优惠1.14亿元，小幅缩减了民企税费成本。在政务服务方面，兰州市的政务服务保障度排名第二十二，也存在较大改进空间。从营商环境指数来看，兰州市营商环境全国排名倒数第2，说明其营商环境优化改革需全面推进。

8.2.3.5 存在的问题

跟中国其他城市相比，兰州市营商环境存在较多问题。在企业开办方面，兰州市的预备经营工作开展复杂，注册营业执照办理效率低，企业开办效率不高；市场监督管理局窗口存在办事效率低，政务服务中心大厅设施落后，商改辐射地域小；在融资方面，兰州市民营企业在贷款融资和上市融资方面还存在不少困难，金融生态环境较差；在政务服务方面，政策落实不到位，政务服务保障度较低；在生产要素方面，兰州市获得生产经营活动所需要的各种社会资源的能力弱，生产要素便利度低，政府监管和治理能力也存在不足之处；在项目建设方面，行政审批效率有待改进；在高校资源方面，兰州有17所本科学校，13所专科学校，但与西安、成都、重庆等西部城市相比，其高校资源相当薄弱。

8.2.3.6 未来趋向

据上文分析，兰州市营商环境排名靠后，未来还需在诸多方面深入推进营商环境优化改革。具体而言，这包括以下方面：在企业开办方面，亟待在工商登记和预备经营上向深圳等发达城市学习，落实相应政策提高工商登记效率和预备经营能力；在项目建设方面，须进一步缩短审批时长，完善和健全审批流程和环节；在生产要素、融资环境、市场交易等方面也须加大改革力度，更加积极努力落实中央政策；在税收方面，兰州市减税降费成果不显著，须认真落实减税降费优惠政策；在政务服务方面，兰州市政务服务保障度不高，也须强化政策落实力度。

8.2.4 三类城市的比较

总结和梳理这三个城市营商环境优化改革的主要做法和实践，可将其归为三种模式，即效率优先模式、服务优先模式和便利优先模式。接下来，具体说明每一种模式的主要特点。

8.2.4.1　效率优先模式

为了给市场主体提供一个公开透明、监管公平、竞争有序、和谐稳定的营商环境，深圳市一直以来都不曾懈怠，积极出台各种政策来推进营商环境优化改革。搭建智慧政务平台，提高事务办理效率；创新金融服务平台，提高融资效率；率先建立全覆盖的信用征集系统，提高征信效率；改革通关监管模式，提高通关效率。总之，深圳市营商环境优化改革的重点是效率优先，围绕"效率"做足文章。

8.2.4.2　服务优先模式

郑州市营商环境尚未达到深圳以效率优先为主的改革模式阶段，目前仍停留在服务整合阶段，但与兰州市相比，其改革进度领先。近年来，郑州以发达城市为榜样，从各个方面推进营商环境优化改革，这包括创新审批服务方式、积极落实各项税收优惠政策、完善多元化的商事纠纷解决机制、打击各类违法行为以保障民企合法权益、对企业登记实施全程电子化管理、激励郑州金融机构为民企提供融资服务、建设公共服务配套设施等。总之，不同于深圳的效率优先模式，郑州市营商环境优化改革的重点是服务优先，围绕"放管服"改革着力改善民企营商环境。

8.2.4.3　便利优先模式

兰州市营商环境优化改革还停留在初始阶段，距离深圳和郑州营商环境优化改革进程存在较大差距，当下，以商事制度改革为抓手切实为民营企业健康发展提供便利化服务，这包括在投资上提供便利、在融资上提供便利和在服务上提供便利，围绕支持民间投资、增加金融服务可得、便利企业登记注册、打造宜居生态文明等方面出台政策为民企发展提供便利条件。就整体上来说，兰州尚未推进到效率优先和服务优先阶段，其营商环境优化改革的重点是便利优先，未来工作的重点是落实中央及省上的相关政策。

8.2.4.4　比较分析

本研究尝试对三类城市营商环境优化改革的三种模式按照类型、主要特征、具体举措、平台建设、计划与规划、特色实践等方面展开比较，具体内容见下表 8.4 所示。

表8.4 三类城市营商环境优化改革的比较

比较 模式	效率优先模式	服务优先模式	便利优先模式
城市	深圳	郑州	兰州
类型	效率优先	服务优先	便利优先
主要特征	侧重于效率提升	侧重于服务优化	侧重于便利、便捷
具体举措	政务效率、融资效率、征信效率、通关效率等	法治服务、市场服务、融资服务、政务服务等	在投资、融资及服务上提供便利
平台建设	创业创新平台、智慧政务平台等	企业纠纷解决平台等	创业资金的保障平台、信用信息服务平台等
计划与规划	支持非公经济发展、优化法治环境、加大商事制度改革等	实施商事制度改革、推动内贸流通体制改革、优化营商环境等	鼓励民企发展、便利企业创办、缓解民企融资难等
特色实践	①深港金融合作；②惩罚性赔偿制度；③全覆盖征信系统；④区块链电子发票	①形成产业项目招商建设新机制；②建设郑开"双创"走廊；③打造独特的城市文化	①"一事统"；②"一网办理、一窗核发"；③"一网统"

1. 三个城市营商环境优化改革的差异

第一，三个城市营商环境优化改革的侧重点不同。深圳市营商环境优化改革侧重于提高服务质量、服务深度、改革力度、改革深度及服务效率；郑州市营商环境优化改革侧重于服务的细化、政策的落实；兰州市营商环境优化改革还停留在最初阶段，侧重于提供便利化服务。第二，计划的细化程度不同。深圳市积极采取各项措施，包括支持民营经济发展、知识产权保护、优化税收、建设中国特色社会主义先行示范区等；郑州市依据3年行动方案推进营商环境优化改革，但不够全面和细化；兰州从促进非公经济发展、推行"证照分离"改革等方面推进营商环境优化改革，其出台的政策措施有待细化和整合。第三，各自实行了不同的做法，并取得了不同成效。深圳率先实施赔付偿还制度，努力打造一流信用环境，开创"引导式申报+智能审批"的线上办税新实践，无疑，其出台的各项优惠政策加速了深圳民营经济高质量发展，成就了经济发展奇迹；郑州率先在河南省提出"服务八同步，拿地即开工"，努力打造具有郑州独特风味的创业文化氛围，其做法也"有板有眼"，并取得了初步成效；兰州力推"多证合一""证照分离""一网统"等商事制度改革，但其成效有待进一步观察。

（2）三个城市营商环境优化改革的共同之处

据表 8.4 可知，深圳、郑州和兰州这三个城市在营商环境优化改革上存在共同之处。第一，三个城市均突出强调法治化营商环境建设，均加大对知识产权的保护，特别重视法治政府、政务诚信及社会信用体系的建设工作。第二，在市场化营商环境建设方面，深圳市进一步放松外商进入门槛，重视与香港的合作，郑州市推进公共资源网上交易，兰州市放松市场准入门槛，以招商项目吸引外部资本流入，由此可见，这三个城市均在积极推动市场化改革。第三，在金融营商环境建设方面，深圳市支持企业发行专项债券、支持银行推出新型融资工具、搭建"双创"金融平台，郑州市为小微企业制定信用风险评价机制、鼓励金融机构服务民营企业，兰州市扩大融资规模、增加融资渠道及搭建创业资金的保障平台，故这三个城市均加大了对民营企业的金融支持力度。第四，在基础设施营商环境建设方面，深圳市完善城市交通系统、加大对自然生态环境的保护，郑州市设立航空港区，兰州市组织建设城市轨道交通系统、加快建设污水和垃圾处理设施，可看出这三个城市均致力于为民营企业发展提供完善的基础设施。第五，在政务营商环境建设方面，深圳市搭建智慧政务平台，加大"多证合一"改革强度，率先建立全覆盖的信用征集系统，郑州市创新审批服务方式，简化审批流程，兰州市借助互联网简化政务流程，可看出这三个城市均在优化政务服务质量和效率。第六，在税收营商环境建设方面，深圳市进一步推广网上办税服务模式，郑州深入实施税收减免优惠政策，兰州市开展便民办税活动，进一步优化税收环境，可看出这三地区均在优化税务营商环境。综上所述，无论是效率优先模式还是服务优先模式，抑或是便利优先模式，三个城市进行营商环境优化改革的目标是一致的，均是为了促进民企健康发展，努力降低民企制度性交易成本。

8.3　本章小结

首先，本章综合考察了新加坡、美国、德国等发达国家在建设民企营商环境方面所采取的典型做法和获得的成功经验，并按照法律来源、知识产权保护、纠纷解决机制、融资便利度、基础设施建设、税收营商环境等内容进行跨国比较分析，并从法治化营商环境建设、金融制度改革实践、基础设施建设、消减民企税负、市场化改革等方面梳理了三个发达经济体对中国推动营商环境优化改革的经验启示。

其次，本章还运用多案例研究法从个案背景、民企营商环境优化改革实践、特色做法、营商环境优化改革的成效、存在的问题、未来趋向等方面，分别考察深圳、郑州和兰州这三个不同发达程度的城市营商环境优化改革实践，总结和梳理城市营商环境优化改革的主要做法和典型实践，并将其概况为三类模式，即效率优先模式、服务优先模式和便利优先模式，按照类型、主要特征、具体举措、平台建设、计划与规划、特色实践等方面对这三类模式进行横向比较，进而发现：三个城市营商环境优化改革的侧重点不同；其计划的细化程度有别；各自实行了不同的做法，并取得了迥异成效。无疑，深圳、郑州和兰州这三个城市在营商环境优化改革上也存在共同之处，三个城市均突出强调法治化营商环境建设，均加大对知识产权的保护，特别重视法治政府、政务诚信及社会信用体系的建设工作；在市场化营商环境建设方面，三个城市均在积极推动市场化改革；在金融营商环境建设方面，这三个城市均加大了对民营企业的金融支持力度；在基础设施营商环境建设方面，这三个城市均在优化政务服务质量和效率；在税收营商环境建设方面，这三个城市均在优化税务营商环境。

9 降低制度性成本视角下民企营商环境优化的路径与政策支持

实践表明，有关营商环境优化的政策措施和路径创新不仅对民营经济健康发展具有极为重要的意义，对当前中国经济高质量发展也具有重要的现实意义。对民企而言，营商环境的优化能有效减轻其成本负担，增强盈利能力、竞争能力和生存能力，提升其市场经济主体地位，进而为民企健康发展奠定扎实基础；对民营经济来讲，营商环境的优化有利于提升投资软环境的吸引力，有助于民营经济进一步发掘潜力、激发活力，为中国民营经济高质量发展提供制度红利；就其经济影响而言，营商环境的优化能够增加社会就业，加速产业结构升级，为中国经济高质量快速发展提供新动力。

前文主要从实证和案例的角度出发，对中国民企营商环境的历史演进、营商环境优化改革对民企发展的影响、对高质量营商环境国家和地区的实践经验进行总结等进行研究讨论。前文虽从制度性交易成本视角全面分析了营商环境优化对民企发展的重要价值，但并没有从政策建议和实现路径角度阐明如何推进民企营商环境优化改革，其具体的改革路径如何展开。接下来，本章以前面的研究为基础，立足于降低制度性交易成本视角，提出民企营商环境优化的对策建议及配套性改革措施。

9.1 民企营商环境优化改革的可选路径

本节立足于降低制度性交易成本视角，从政策创新、制度创新、模式创新、体制机制创新、组织创新、服务平台创新等维度综合考察民企营商环境的优化路径。

9.1.1 政策创新

政策创新是指具有政策性活动要件的更新换代和优化组合，既可以是对旧政策的优化，也可以是提出的新政策，还可以是旧政策与新政策或新政策之间的优化组合。它是一个打破旧机制体制、改变旧观念旧思想、解决积存遗留问题的新思维和新手段，是伴随社会变革过程的必要组件。一是规范证照分离，建立全国统一的简化标准。中国目前的证照分离方案已在全国各地得到实施，民企的反馈良好，对简化行政审批事项起到了极大的促进作用，但是由于不同的地方政府推行的具体思路和方式各不相同，许可证合一的方式千差万别，如"五证合一""六证合一"以及云南省推出的"四十二证合一"等（中国财政科学研究院"降成本"课题组，2017），五花八门的同类政策措施大大增加了民企跨省跨区经营的烦琐程度，因此当前亟待建立全国统一的许可证简化标准，减少跨省跨地区经营障碍，实行标准化规范管理。二是降低民企参与招商引资和项目建设的标准。如今，民企已成为区域经济发展的重要参与者之一，但依然在地方经济项目竞争中遭受歧视，要么难以顺利拿下投资标的，要么即使投标成功也会由于产权性质而受限于很多条条框框，因此政府要针对不同的行业领域，依法全面降低民企参与招商引资和项目建设的业绩要求，使更多民企参与区域经济发展。三是设置政府采购零门槛，保持政府采购过程公开公正。政府采购是政府部门的重大支出项目，具有政策意义上的扶持和导向作用，在未来时期，应不断加强政府与民企合作强度，降低政府采购合同中的合作门槛条件，提高对民企产品的关注度，同时公开政府采购的招标流程和结果。四是定期举行民企听证会、咨询会，扩大政策制定的参与主体。在政策的规划和制定过程中，要发扬民主，减少"官本位"思想，积极征求民企及相关利益主体的建议和意见，当好企业的"服务员"。五是设立专业清算组、部门或机构，保证民企市场退出机制公平畅通。借助专业机构、专业人员和专业操作，联合税务、社保、商务、海关等部门实现"一站式"审核，对合法企业的注销程序实施"全网通办"和免费办理，简化注销业务流程，减少注销登记材料，同时利用企业信用信息系统和政务网站进行网络公示。

9.1.2　制度创新

制度创新是制度及制度安排的推陈出新，通过对旧制度存在的问题不断修整和完善，进而促进民企创造力和生产力在制度不断调整的过程中得到充分释放（杨大楷、缪雪峰，2004）。制度创新是政策创新得到贯彻落实的保障，对优化营商环境、降低制度性交易成本十分重要。一是进一步创新行政审批制度。要结合当前经济新形势，广泛使用科学技术解决难题，在当前行政审批制度改革方式上加大互联网技术的渗透，克服政府部门间的"碎片化"，强化政府部门间的横向合作与协同，进而提升行政审批效率。二是创新知识产权保护制度，为促进民企创新发展提供重要保障。保护民企知识产权，完善知识产权立法和司法救济机制，提高民企知识产权维权意识，定期召开民企知识产权管理人员专业知识培训，制定相应激励政策鼓励民企持续创新，保障民企健康持续发展，同时要加强侵权惩戒力度，对侵权企业和行为利用企业信用信息系统进行公示。三是创新信息收集管理制度。加强政府对民企相关信息的采集和管理，及时更新统计信息，运用大数据技术对民企分类，这有助于政府紧跟市场导向，减少双方的信息不对称，并在招商引资、投招标及政府采购等经济活动上对民企进行扶持。四是创新跨部门联合服务制度。跨部门联合不仅要求政府内部各部门之间相互协作，还要加强与税务、商务、法律等其他机构之间的合作，建议设立各部门业务网站，实现相关业务网站端口链接，不断提升业务网络办理水平，提高政务活动的综合性，为政务服务流程再造提供有效的制度保障。五是创新民企获取公共品的制度。要在医疗、教育、社保等公共品提供上增大对民企的优惠力度，减少相关资料管理程序和办理流程，减免证件手续费，尽可能降低民企获取成本。六是完善民企守信激励制度和失信"黑名单"制度。建立民企信用信息系统，对民企采用信用评级，守法守信的民企将获得政务"绿色通道"和更大程度的流程简化，而违法失信的民企及相关负责人将被严厉惩戒，如实行行业禁入、任职限制、高额罚款、严重警告等严重影响企业后续发展的措施。

9.1.3 模式创新

模式创新是指对营商环境优化改革实践进行模式化创新。通过转变问题切入方式，从制度性交易成本角度创新营商环境优化改革实践，这不仅有助于督促政府自觉进行自检和修整，促进优化政策措施以多元化方式得到落实，还能为民企提供更好的商机，加快对标国际一流营商环境。具体来说，一是创新政府服务模式。要全面建设"服务型"政府，将"服务民企"列为重要任务目标（王庆，2011），帮助民企提升市场地位，积极支持民企参与重大项目建设，在民企申办项目期间提供全流程、全覆盖的工程建设项目审批专门服务，高效快速地提供政府服务工作。二是打造"政企银"三方合作模式。加大政府与民企合作力度，强化合作深度，建立"银行—政务一体化"窗口，让需要办理银行和政府联合业务的民企"只跑一趟"，既能压缩民企审批程序和时间，也能在一定程度上降低民企的融资难度。三是创新政府与社会中介机构的合作模式。在目前的合作基础上进一步扩大合作范围，利用市场竞争机制积极鼓励商会、行会、协会等社会中介机构参与民企信用体系建设，形成公共信用评价体系，并与政府实现信息共享，可有效增加民企进行信用检测评级的自愿性，提高后续政务审批的便利度。四是鼓励民企与科研机构、高校院所等研究机构合作。创新民企与科研机构及高校的合作机制，双方优势互补、互帮互助，建立民企产学研专项资金，鼓励民企入驻高新科技园，在使社会资源得到高效利用的同时不断提升合作水平。五是创新监管模式，建立严格公正的行政审批监督模式，自己不做自己的法官。加强外部监督，建立反馈机制和责任追责机制，为民企设置独立的投诉监督窗口，分配专业处理人员，保证民企监督渠道畅通，从而督促各部门依法依规办事。

9.1.4　体制机制创新

体制机制创新主要包括政府对市场的应变能力、市场内在发展动力以及政府调动市场主体积极性这三个方面。从体制机制上深化改革，能够使民企营商环境得到更大优化与提升。具体来说，一是要健全完善体制机制的构建程序，形成民企长效参与机制。民营企业家长期参与市场实践，在营商环境优化改革方面具有一定的发言权，他们更清楚当前体制机制方面存在的"痛点"和"难点"，对优化提升的需求最强烈；通过提高民企在构建程序中的参与度，有助于增强政府对民企需求的关注度，在规制改革过程中"直击要害"，从根本上解决民企发展面临的困难。二是坚持公平公正原则，统一规范市场主体。统一的市场、统一的市场要素、统一的市场主体行为准则是市场经济良性循环的基础保证；政府要明确政策制度和市场规则的平等性，确保所有的市场主体尤其是民企在经济市场中享有同等的地位，坚定赋予民企"身份自信"；政府应一视同仁，提供公平公正的制度环境，确保所有市场主体的经营活动平等竞争，从同一起跑线出发。三是强化制度执行反馈评估机制，强调结果导向，确保制度落实到位，给予民企最大的"安全感"。制度的执行效果直接影响营商环境优化改革目标是否实现，是民企营商环境优化的一项重要反映；政府要重点关注民企提出的建议和诉求，借助监督反馈机制对已有的改革举措做出公正的评价，积极完善体制漏洞。四是构建"互联网+"服务机制，增强服务民企的主动性和积极性。除了"互联网+政务"之外，还可设立"互联网+产权登记""互联网+工商登记""互联网+大数据资源"等，真正将高科技运用到营商环境优化和降低民企制度性成本上来，有效减少被动性所带来的紧张感和压迫感，增强民企办理业务的主动性和积极性。五是建立失信企业信用恢复机制。对于失信并受到惩戒的民企，在改过自新、优化升级之后要给予一定鼓励，不能"一棒子打死"，要建立信用恢复机制，在加大审查和监督力度的同时给予其新的希望，促使其在今后的发展中更加严谨细致、遵纪守法，进而有效增强民营经济活力。

9.1.5　组织创新

组织创新是指将经济发展目标和发展过程结合起来，通过调整政府和市场主体的组织结构及管理方式，使民企更好地适应外界环境的变化并提高整体效益，包括政务流程的再造、发展民企组织和中介机构、创新金融组织机构等。其中，不断对政府的组织结构和服务体系进行修整完善，能够加速促进政府职能转变，降低民企申报审批的烦冗程度，提高政府服务民企的效率，这一点尤为重要。具体来说，一是实现政府流程再造，使政府服务整体化。中国政府机构具有"碎片化"的典型特征，即各个部门之间的责任、权力、义务及利益相互封闭，对部门间的合作与协调持抵制态度，这对优化社会主义市场经济环境、鼓励民企蓬勃发展产生遏制作用（谭海波、蔡立辉，2010）。与强制性职能合并相比，通过流程再造进行部门整合，并进一步创新所形成的联合审批机制更具合理性，借助政务网站能够实现各部门服务"流水线"式的高效链接，促进"碎片式"部门协调高效合作，进而使行政审批程序更具逻辑性。二是加强民企组织构建，大力发展如民企行会、商会、协会等社会组织。这一方面有助于形成政府、市场、社会三位一体的整体思维，通过社会组织的构建实现民企与同行、与政府的充分沟通交流，减少因双方信息不对称造成的制度性成本；另一方面有助于形成行业内约束，加强对民企的监管。三是大力支持市场中介机构发展。政府要积极鼓励市场中介机构的多元化发展，全方位地满足民企市场所需，大力发展会计师事务所、审计事务所、资产信用评级中介、营商环境第三方评价研究院等中介机构，这些机构都能借助专业知识体系为民企服务，成为政府部门有力的"左膀右臂"，辅助民企高效地完成业务。四是创新金融组织机构。全方位发展各种类型的金融组织机构，放宽民营银行准入限制，鼓励民企设立自有商业银行，政府构建具有政策性质的民企帮扶型金融机构，创新银行、保险和民营资本的混合所有制改革模式，促进金融产品不断创新，深化金融业与政府部门、信用信息机构和资产评估机构的合作，尽最大可能降低民营资本进入金融业的门槛和成本，解决民企融资难题。

9.1.6　服务平台创新

服务平台创新是借助科学技术促进营商环境优化改革的路径之一。目前已有的民营企业服务平台多种多样，为民营企业整合有效信息资源，并提供先进、完善的管理服务系统。实践表明，伴随科技不断进步，借助新的技术手段设立专门的民企服务平台有助于促进民营企业健康发展。具体来说，一是构建信息互通平台，普及信息资源共享。资源垄断和信息阻塞不但会影响政府部门提供公共服务的质量，导致整个政府服务体系效率下降，增加制度性交易成本，还会增大政府和企业的分歧，因二者所获信息和资源的不对称会使得双方对制度性交易成本的认知产生差异，导致民企对政府的改革创新"不买账"；积极利用"互联网+"和大数据技术创建信息共享平台、电子政务一体化平台，可有效增强政府各部门之间、政府与民企之间相互沟通，降低垄断和"截胡"概率，进一步增加行政透明度并提高办事效率。二是建立全国企业制度性收费统一查询平台。在实践中，行政权力行使过程的不透明会产生乱收费现象，民企为了成功获得政府审批不得不按照规定一一缴费；一旦实施政府收费透明化改革，不合理收费信息的公开化会产生社会舆论压力，督促相关政府部门收敛其不当行为；构建企业制度性收费统一查询网络平台，各行各业民企不仅可深入了解收费标准和收费内容，清楚成本的流向，还能了解同行企业缴费标准，减少不必要的费用支出；构建地方政府收费查询子系统，公开地方收费项目清单，进而避免跨区政务横向上的重复收费，促进上下各级政府借助收费查询平台及时进行监督和反馈。三是优化电子政务平台，实现"一条龙服务"和"政务一体化"。可在各级政府电子政务平台的基础上发展民企政务专属门户网站、App及公众号等，按照工作性质和涉及的企业类型进行分类，方便民企借助互联网进行申请审批，实现"有网就能办政务"。四是加强公共服务平台建设。通过减少政府对民企的直接补贴，转而增加公共服务平台和基础设施投资建设，如融资平台、信息中心及合作研发中心等，对财政补贴资金进行整合并集中到服务平台之类的硬件设施建设上来，整体提高政府政务水平，全面增强服务民企的能力。

9.2 民企营商环境优化的政策选择

民营企业的健康发展与所处的外部营商政策密不可分，营商政策的优劣直接决定了民企未来发展的空间。与国有企业不同，民企较难通过政府渠道获得优惠政策及绿色发展通道等，其发展更多地依赖自我创新和客观环境。因此，要专门针对民企营商环境问题提出相应的对策，这包括营商环境优化的要求与原则、重点领域、突破口和着力点。

9.2.1 民企营商环境优化的要求与原则

第一，坚持可持续性原则。要始终坚信统筹兼顾优化营商环境才是实现可持续发展的根本要求。从时间维度理解，降低制度性交易成本是一个长期改革的过程，政策和制度的制定、修改要有长远的眼光，不但要解决当前面临的问题，更要满足未来可持续发展的要求，时刻警惕短期取得的成效随着改革的持续深化演变为下一阶段经济发展的障碍（傅志华、赵福昌，2017）。从空间纬度理解，降低制度性交易成本要融入全面降低实体经济成本的大背景下，紧密结合税改制度、生产要素改革及物流行业等，综合治理民企高成本，防止降低制度性交易成本的同时导致其他成本隐性上升。总之，就是在营商环境优化改革进程中要用长远的眼光看待问题，用综合的方法解决问题，才能实现民营经济可持续发展的目标。

第二，坚持市场化原则。要明确政府在制度性交易成本改革中的定位，尊重市场内在运行规律，坚持市场决定资源配置和政府服务市场的原则。企业是市场的主体，营商环境优化改革是为了激活市场中的企业，提高企业盈利能力，进一步解放生产力，而不是过度干预或主宰市场进而导致资源错配，并使市场效率整体下降。降成本政策体系要在自上而下的传统形式上有序优化从中央政府到各级地方政府，再到基层和各个部门的所有环节，更要结合地方民营经济发展优势形成具有地方特色、适合当地经济环境的政策制度体系。要注重降成本政策的科学性和可行性，不能机械化地完成中央政府任务，使民企获得感不强、社会满意度不高。

第三，政策引导与企业主导并轨。降低制度性交易成本的最终目的是通过政府引导促进民营经济繁荣健康发展，增强民企整体的创新能力和盈利能力。这就要求政府对政策和制度的优化要充分结合政策引导与企业主导，通过政策和制度引导企业行为，利用宏观政策组合为民企创造合理的运行机制和健康的生存环境，充分发挥政府对市场的维护、引导和培育等方面的作用，为民企"轻装上阵"和转型升级提供健康良好的外部环境（中国财政科学研究院"降成本"课题组，2017）。民企在提升自身能力过程中，应与产业转化、模式转型相结合，努力提升科技水平和管理能力，顺应经济全球化潮流，借助"一带一路"倡议提高国际竞争力，走内外结合的道路。总之，政府与企业要有机衔接和协同发展，共同打造优良的营商环境，助力民企健康蓬勃发展。

第四，将宏观把控和微观创新相结合。制度性交易成本可分为广义和狭义两个层次，广义的制度性交易成本主要源于宏观经济制度缺陷和体制障碍，这会造成政府和市场职能定位错位，进而给企业带来高制度性成本；狭义的制度性交易成本则重点关注以行政审批和简政放权为主的政企关系，具体表现为审批内容和审批形式给企业带来的制度成本（彭向刚、周雪峰，2017）。对制度性交易成本类型的区分有助于更精准有效地推进营商环境优化改革：对于广义制度性交易成本，由于宏观制度体制改革具有全局性和长远性，在有针对性地降低制度性交易成本的同时应不断完善必需的配套措施，并结合供给侧结构改革等重大发展战略整体优化营商环境；对于狭义的制度性交易成本，微观政策的实施不仅要基于宏观制度体制改革的大框架，还要结合各地政企关系落实简政放权，对先发地区初具成效的行政体制改革进行推广，鼓励各地区形成符合各地发展实情的政策措施，提高监督检查的效率和质量，改进公共服务效益，从细节着手降低民企的制度性交易成本。

第五，摒弃旧观念，为民企正名。自党的十八大以来，中国经济步入新常态，民营经济发展将面临前所未有的挑战和机遇。在中国当前的经济体制下，政府机构作为制度的唯一供给者，独自享有制度这一"产品"的市场定价权和绝对控制权，制度本身也带有高度的垄断性（卢现祥，2017）。当下，尤为重要的是要从思想上将民企和国企、外企提升到同等地位，认识到民企早已成为中国实体经济不可或缺的一部分，对中国经济的长足稳定发展具有无法替代的作用。同时，政府也要正视自身与民企之间具有既独立又合作的关系，正确认识民企相比于国有企业，具有分布不集中、经营主体市场化、经营方式灵活、市场适应能力强等特点，要保证民企营商环境优化改革必须紧跟市场步伐，以适应市场环境中民企的需要，为民企健康发展增添活力。最后，政府要带头落实对民企财产权的保护，配合法律部门积极完善企业法人财产相关法律法规，重点保护民营企业家财产，将企业法人财产与企业家财产相分离，提升民企信用度，为民企融资、项目投招标等提供便利，减少对民企的偏见。

9.2.2 民企营商环境优化的重点领域

所谓重点领域是指营商环境优化改革中辐射面广、影响深远，能够对民企发展起到决定性作用，且在短期内难以快速推进的领域。本研究认为，当下基于降低制度性交易成本视角推进民企营商环境优化改革的重点领域包括法治化营商环境建设、政务营商环境优化和金融营商环境建设等。首先，推进法治化营商环境建设既是依法治国的重要体现，也是夯实社会主义市场经济的基础。法治是发展社会主义市场经济的内在要求，只有保证营商环境足够安全、有序和规范才能保障民营企业家的权益，促进社会公平公正，维护经济安全。其次，政务营商环境优化是降低民企制度性交易成本最直接有效的途径，能最直观地让民营企业家感受到营商环境优化改革所带来的"获得感"，对民企创新创业产生促进作用，激励最具企业家精神的个体充分发挥自身优势并提升整个地区的市场活力。最后，优化金融营商环境能促进金融深化和金融业高质量发展，提高金融市场的稳定性和抗风险能力，有效维护金融生态环境，同时增加民企融资可得性，降低融资难度，从而为民营经济健康发展打下稳定的金融环境基础。

1. 着力推进法治化营商环境建设

法治化营商环境建设要充分考虑政府和民企两个行为主体：从企业角度出发，补充完善法治漏洞，从法律上确保政府所提供的优惠政策得到落实；从政府角度出发，专注攻克法治难点，将权力关进法治的笼子里，政府做到"自清"，为企业营造公平公正的竞争环境和营商环境（袁莉，2018）。具体来说，一是要健全完善社会主义市场经济法律体系。经济全球化对民企的发展环境提出了新的要求，法律部门要积极适应市场环境的变化，注重问题导向，不断对现有法律体系进行完善和修正，提高市场主体和相关利益主体的立法讨论参与度，积极听取各方意见和诉求，坚持科学立法，注重立法执法质量。二是要依法保障民企的市场主体地位，确保民企与其他类型企业享有等价的权利与利益分配关系。要重视民企参与度，保证所有的市场经济主体均能公平公正共享社会公共资源，为民营经济高质量健康发展提供法律保护。三是要加强法治化营商环境建设宣传活动。不断提高各级领导对法治化营商环境建设的关注度，提高民企对法治的认识度，鼓励民企积极借助法律手段来维护自身利益，全面提升自我保护能力。四是要坚持执法严格，司法公正。民企要严格依照法律开展经营，执法部门也要严肃执法，加强综合执法能力，努力实现执法过程公平、公正、公开，进一步推进执法透明化，以保证法律实施过程的权责统一和权威高效，确保法律至高无上的地位坚决不动摇。

2. 加快打造更高效的政务营商环境

优化政务环境，要围绕"放管服"展开。一是及时转变政府职能。利用法律规范政府权力，减少政府对民企经营活动和市场经济运行的直接干预，降低政府决定企业成本的"空间"，切实做到政府权力在市场经济中的"瘦身"，全面打造服务型政府。二是完善政务服务环境的硬件设施。持续优化升级各级政务服务大厅，分类构建综合业务服务窗口，设立重大项目、重点企业"绿色通道"，要让民企切身感受到简政放权和行政审批改革所带来的具体优惠。

三是加强政务人员作风建设。公开政务服务过程，跟踪测评行政审批工作，建立有效评估体系，设立群众投诉反馈平台，对懒散敷衍、故意刁难等现象严肃问责，让民主监督和政府服务作风建设得到切实落实。四是建立权威、规范、可信的全国统一电子印章系统代替实物印章，大力推广电子营业执照，实现电子政务平台和电子证照共享服务系统"电子化"，进而提升业务办理的便利度。五是大力清理简并种类过多、划分过细的资质资格许可事项，完善职业技能等级制度，通过引入第三方合作机构推动职业技能认定市场化，集合高质量专业人才，进而精简合并职业技能审批部门及相关业务办理流程。

3. 不断优化金融营商环境

优化金融环境要不断完善金融体系和调整金融结构。一是加强金融基础设施建设，壮大信贷服务主体和资金供给主体，设立民企专业融资机构，放松民企准入金融市场的条件，从融资源头上解决民企融资问题。二是优化民企金融生态环境，培育和设立具有公信力的信用服务机构，搭建民企融资担保平台，利用大数据降低信息服务成本，引导大型国有银行牵头出台有利于民企融资的信贷举措，减少信用担保费用、评估费用等市场交易成本支出。三是完善民企不良资产处置体系，鼓励不良资产处置公司在法律法规允许的范围内为民企提供全流程专业高效的资产管理服务，积极引导存在不良资产的民企进行资产优化，不断提高民企资金运转能力。四是增强民企续贷能力，强化民企续贷机制，加强续贷产品研发，实现民企"不停贷、不压贷、不断贷"，为民企持续健康发展提供资金保障。五是鼓励地方经信委、科技局等机构整合各类基金，设立支持高科技产业发展的资金池，特别是设立支持民企发展的基金，切实解决初创期民企融资障碍，为后期发展奠定良好的开端，还能有效激励社会创业就业，促进民营经济繁荣发展（王倩，2010）。六是规范金融市场竞争，优化金融资源配置，积极营造公开透明的竞争环境，打造健康良性有序的金融生态环境，避免因金融机构之间的不正当竞争而导致的资源错配现象发生。

9.2.3 民企营商环境优化的突破口

所谓突破口是指在推进营商环境优化改革进程中实施成本低、阻力小、收益大且较容易实现的领域，只有找准切入点重点突破，才能达到事半功倍的效果。当前我国营商环境优化改革的突破口包括市场化营商环境建设、税收营商环境优化和商事制度改革三方面。首先，长期的经济市场化改革为民企营商环境优化奠定了良好基础，要深入推进市场化营商环境建设，促进社会主义市场经济更好地适应中国当下的经济形势和世界经济形势的新变化。其次，全国性的税制改革也为民企税务营商环境优化提供了较完善的前提，要加大民企税收营商环境改制力度，合理进行减税降费和流程优化，大规模地降低企业税收负担，增强民企盈利能力，促进民营经济长足发展。最后，商事制度改革实践凭借直接快速有效的特点能够切实增强民企获得感，要加快推进商事制度改革，切实降低民企进入市场的壁垒，实施政府服务"线上线下集成式"改革。

1. 全面推进市场化营商环境建设

全面推进市场化营商环境建设要综合各方面因素，加大力度，全面展开。一是深入推进要素市场化改革。当前中国社会尚处在高要素成本阶段，人工成本、用地成本、环境成本等的持续上升抬高了企业经营成本，降低要素成本仍存在较大空间。因此，通过加大要素市场化改革力度，促进要素市场的竞争，结合供给侧结构性改革，推动产业发展向中高端和高科技方向转型，减少民企对能源、环境及人力的依赖，切实有效降低民企要素成本。二是加大国企改革力度。国有企业在传统行业和资源型行业中的比例较大，同时国企冗员现象严重，导致人工成本和管理成本拉高了整体要素成本水平。当下，国企改革要紧紧围绕新兴战略产业发展背景，优化国有资本投资方向和领域，引导国有资本从传统资源型行业向高科技行业和前瞻性行业转移。三是提高民营资本对垄断行业的渗透率，减少准入限制和降低标准，深入推进混合所有制改革。将民营资本引入垄断性行业，既能有效提高管理效率，强化市场竞争，又能减少资源错配成本，从而为优质的民企腾出资源和发展空间。四是减少政府对民营经济的干预。政府要做好民企的"引导员"，始终遵守市场决定资源配置的规律，最大限度地减少对市场资源配置的干预和操纵，从而有效激发民营经济的积极性和主动性（洪银兴，2018）。

2. 加大税收营商环境改革力度

企业税费为制度性交易成本的重要组成部分，优化税收营商环境将对民企投资决策和民营经济高质量发展产生重要影响。一是继续调整税制结构，进一步扩大"营改增"落实范围。当前间接税向直接税的转化大部分已得到实现，要将改革的重点转移到攻克直接税的难题上来，直接减少民企税费负担（何立胜，2018）。二是结合供给侧结构性改革，将中央和地方财税政策紧密联系起来，规范政府收费机制，健全地方收入体系，确保各级政府在"营改增"之后能够平衡各项税收收入，有稳定的财税收入预期，这样才能使"营改增"在全国各地得到全面落实，切实做到为企业减负，促使其健康成长。三是严肃治理违规涉企收费，大力清除不合理负担。建立健全随机抽查、违规收费举报投诉、曝光问责、联合惩戒等机制，推进收费项目公开化和透明化，并一律接受来自社会各界的监督。四是推广"互联网+税务"，不断优化网上申报系统和电子发票领用流程，实现涉税事项办理全程电子化和无纸化，最大化减少人工耗费，提高办税过程的便利度。五是坚持税收法定原则，依法治税，科学立税，全面深化税务执法，优化执法方式，努力创造一个透明、规范和公正的税务环境。

3. 夯实商事制度改革

工商行政管理制度创新是民企营商环境优化的关键途径。商事制度创新是工商行政管理制度创新的重要体现。具体来说，一是在简政放权的基础上继续加强清理规范行政许可事项，统一全国登记立法，重视法律制度对民企登记程序的保障，剔除无用、无效和形式化的审批，同时推行"照后减证"，该取消就取消，该备案就备案，没达到备案标准的设立实名承诺制，要切实做到为企业行政审批减负。二是要加强业务审批后的监管力度，补充完善评估管理体系，培育多元化监管主体，细化市场巡查机制，实现从形式检查到实质核查的本质转变，从而不断提高工商部门监管的主动性，力促商事监管常态化。三是完善网络监管，利用5G技术、大数据技术等实现全方位全时段监管，确保商事部门依规办事。利用新型的技术手段推动行政审批从事前监管向事中事后监管转移，积极推动"双随机一公开"监管、大数据监管及信用监管等，形成"互联网+监管"体系，全面创新商事监管模式，进一步提高监管能力。四是借鉴国际上优良经验来完善本国工商管理体系。随着"一带一路"倡议和自贸区建设的推出，中国经济逐步与国际接轨，相应的工商行政管理制度也要走国际化道路，为民企打开全球化大门；要以民企期待和诉求为导向，进一步缩小"负面清单"范围，加强与财政部门、海关部门、交通部门的合作，调整优化进出口税率和通关流程，精简审批环节和文件证书，为民企走出国门提供制度保障。五是严格要求工商部门，依法依规实施行政管理，减少在审批程序之外干预民企经营。要明确工作宗旨，定期主动调研，及时讨论反馈结果，不断补充、修正、完善服务流程，打造一流的服务型政务营商环境。

9.2.4 民企营商环境优化的着力点

优化民企营商环境须围绕主要矛盾打通"最后一公里"，认识到问题的关键所在，切实加大营商环境优化改革力度。实践表明，有效而稳定的知识产权保护是民企创新发展的内在基础，是民营企业家发扬企业家精神的前提条件，是维持市场经济主体良序竞争的基础，因此，当下应努力落实知识产权保护制度；还要切实增强政府机构和政府人员的服务意识，加大优质公共服务供给，各级政府要扮演好"店小二"角色。

1. 努力健全知识产权保护制度

产权制度是提高民企创新能力的关键，保护知识产权就是保护科技创新，也是激发民企进行创新活动的恒久动力（袁莉，2018）。具体来说，一是建立各级知识产权保护中心，成立知识产权专业咨询机构，设立知识产权法院或商事纠纷服务部门，确保知识产权主体维权过程和各级地方政府处理知识产权相关案件时均能畅通无阻。二是完善知识产权相关法律法规，通过研究特殊案例对已有法规进行补充和修改，加强监管机构与执法人员知识产权法律法规培训，避免在审理与知识产权相关的利益纠纷时，出现审理机构和审理人员无从下手的情况。三是各级政府要大力支持民营企业与专业性科研机构开展多方位合作，通过建立产学研联合培养基地来提高研究成果转化效率，设立专利发明资助基金，鼓励民企积极争取国家级和省级高新技术产业发展计划项目，为民企创新驱动发展提供新路径。四是加强知识产权保护宣传工作，定期对民企各项专利申请、注册和使用进行专业培训，全面提高民企专利保护意识。

2. 加大优质公共服务供给

虽然"放管服"改革已经实施了很长一段时间，但依然存在让民企不满意的地方，因此当下还须加快政府职能转变步伐，加大优质公共服务供给。一是要坚决抵制"官僚主义"和"形式主义"。要避免这两种行为，须不断加强政府为民营企业服务的意识，经常召开部门交流研讨会、民企意见征求会等，聚焦实际问题，多角度征求民企意见，加强民主监督和自我革命。二是要制定优化政府公共服务的执行标准，提升政务营商环境质量。制定全国统一化和标准化的政府服务模式，力争使政务工作人员做到言行有规范、办事有程序、操作有原则、服务有标准，定期组织员工解读政策性文件，深入理解执行标准，努力达到服务最优。三是优化诉讼服务机构，精简民企诉讼流程。要积极换位思考，持续优化诉讼制度，支持诉讼中心建设，加强相关工作人员管理；合理简化诉讼流程，实现上门立案、网上立案和自助立案有机结合，保证公平、公正、公开，实打实地解决民企困难。

9.3 配套措施

从降低制度性交易成本视域打造一流的民企营商环境，除了要把握好营商环境优化的要求和原则、重点领域、突破口及着力点之外，还要在其他领域做出改进，及时进行补充和完善，这包括优化地方官员政绩考核体系、创建多部门联动机制、重构政企关系、放开垄断性要素市场、增大行政管理透明度、完善营商环境评价体系等具体内容。

9.3.1 优化地方官员政绩考核体系

促进地方经济发展的一个有效措施就是将地方官员政绩与当地经济挂钩。中国长期以来将地方官员政绩考核的关注点放在经济增长指标上，有效促进了经济的高速发展，近年来还将环境保护指标纳入其中，极大改善了各地的生态环境。因此，要有针对性地将地方营商制度建设指标也纳入地方官员政绩考核体系，借此推进营商环境优化改革。具体来说，一是要设立全国统一的政府官员政绩综合评价指标。虽然单个指标不可或缺，但综合指标更能全面反映改革成效的好坏。除了将营商制度建设指标纳入当地官员政绩考核体系之外，更重要的是要有反映民企满意度的指标，使当地政府官员清晰认识到实施方案到底有没有真正帮助到民企，并在此基础上不断改进。二是要着重关注基层地方官员作为，将基层官员政绩与服务民企绩效挂钩，可通过设立"民企服务月"、民企专访机制、民企听证制度等不断促进基层政府服务机制体制创新，推动建设服务型政府，保证各级政府依法依规、积极主动地为当地民企提供优质服务。三是利用互联网技术将官员政绩考核结果合法公开，通过引入政绩考核竞争机制对地方官员进行年度评价、考核并公开其排名，完善奖励机制不断提高政府工作人员的积极性，进而有效促进各地政府竞相提供优质公共服务（武靖州，2018）。总之，地方官员贯彻落实中央"放管服"政策是中国营商环境优化改革的关键，将制度建设指标纳入各级政府官员的政绩考核体系是各地区竞相优化营商环境的重要保证。

9.3.2 创建多部门联动机制

降低制度性交易成本是一个庞大的系统性工程，各部门相互协调配合和积极沟通才能取得一定成效。在实践中，权力中心基于条块分割式的政务管理模式将各项管理职能按部门分工进行划分，但这与政府服务一体化产生了矛盾。在条块分割式的政务模式下，如果数量庞大、联系复杂的政府部门不能有机协同，企业在行政审批过程中就会遭遇各式各样的阻碍，"跑断腿""办事难""多盖章"等现象在无形之中大大增加了企业的制度性成本，进而对民企活力产生不利影响。当下亟需创建多部门联动机制，具体来说，这包括以下几点：一是要在政府内部建立定期沟通互动机制，树立大局意识和整体意识，培养沟通意识与沟通能力，通过定期组织部门之间进行政务汇报与讨论，使政府部门工作人员在思想上能清醒认识到跨部门沟通协同的重要性，消除滥用权力、各自为政、唯我独尊等消极思想，努力打破"碎片化"壁垒为民企造成的困扰，同时还要加强民众监督，严格惩戒借口多、不办事的工作部门和人员。二是要建立工商、司法、税务、交通、征信等政府机构信息共享平台，借助电子政务实现业务办理流程全面电子化和综合化，争取达到无纸化联合电子办公目标，促进企业业务办理"全网通"，进一步加强营商环境便利化建设，共同促进民企营商环境优化途径多样化，实现多部门联合参与和综合治理。三是建立财税、海关、市场监管、交通部门之间的联合工作机制，成立民企进出口监管总局，对民企进出口通关流程和标准进行统一规范，加强进出口电子申报和业务审批系统化管理，并在各个基层设立民企进出口业务办理部门，不断优化民企进出口通关流程，推进民企营商环境国际化。

9.3.3 重构政企关系

重构政企关系应及时从过去的"管理与被管理"转向"服务与被服务"的"清""亲"关系。党的十八大以来，反腐倡廉活动的开展使部分地方官员因害怕被扣上行为恶劣的标签而懒政庸政不敢作为，使民企难以享受中央的优惠政策。新型政企关系的构建要求政府对民企多一些包容、多一些容忍，在法律允许的范围内增加为民企服务的灵活度，使政府与企业在市场经济环境下形成一体的、共生的，而不是对立的、矛盾的关系（程波辉，2017）。重构政企关系总体原则是"亲"和"清"，具体来说，这包括以下几点：一是各级政府部门力争做到"自清"。"清"就是"自清"，要坚决杜绝"官商勾结""权钱交易"之类的不良现象，除了建立上下级部门监督机制、平行部门间的监督机制之外，还要加强完善社会各界对政府部门的监督机制，充分利用"互联网+"的监督渠道，并严肃处理监督主体所反馈的问题。二是各级政府部门也要做到"外亲"。"亲"就是"外亲"，各级政府部门对民企始终保持"店小二"的服务态度，真正将民企的事当作自己的事，努力消除官本位思想，主动提供优质服务，积极参与民企调研，建立民企与当地政府官员定期访谈机制，建立民企协会、商会等组织向政府领导反映民企诉求的"绿色"通道，借此帮助政府官员全面了解民企成长中的难点和痛点。三是进一步完善政府行为标准，定期组织各级干部人员认真解读政策要件，严格区分腐败行为与鼓励政策，明白什么事该做，什么事不该做，清楚如何积极鼓励民企发展，避免走上因高压反腐而导致地方政府官员不敢有所作为的另一种极端。总而言之，政企"清""亲"关系的重构既要切实执行中央政策，建立平等、合作、独立和互补的关系，在法律框架内清晰规定政府与企业之间的权、责、利，也要防止走极端路线，避免"门好进，事难办"之类的畸形现象发生。

9.3.4　放开垄断性要素市场

中国垄断性行业包括石油、电力、金融、公共交通等行业。当前要持续深化垄断性要素市场改革，彻底破除要素市场对民企的进入限制，有效推动市场化营商环境优化改革力度。一是建立统一开放的要素市场，完善要素市场竞争体系。继续放宽民企市场准入和参与交易的要求和条件，取消要素市场对民企占有份额和持股比例的限制，严禁设立除法律法规要求之外任何针对民企的门槛，清理废除妨碍要素市场一体化的政策文件，坚决坚持所有市场主体一律平等的原则，有效保证竞争的公平性和市场主体的多元化。二是取消垄断性自然资源领域对民企的限制，扩大自然资源市场化改革范围。增大民企在土地、石油、天然气等自然资源获取时的可得性，撤销全国各地针对民企获取自然资源的门槛和限制，加大自然资源市场化使用范围，采用资源使用者在市场上公平竞价的方式对资源进行择优分配，为优质民企持续健康发展提供公平的资源保障。三是鼓励民企进入公共品行业。放开公共资源领域的限制，废除具有地方保护主义和企业所有制类型偏见的文件和政策，鼓励规模大、经营良好的民营资本积极投资电力、医疗、金融、公共交通等行业，取消混合经营中民营资本最高额度限制，加大对中小民企进入公共服务行业的扶持力度，从而带动整个民营经济的发展。

9.3.5　增加行政管理透明度

行政管理的透明度能够借助大众监督使改革措施得到保质保量的落实，不断加强组织管理。增大行政业务透明度还在以下方面做出努力。一是推动政务公开，加强政策决策过程公开化，加大社会监督力度。推动政务公开包含过程和结果的双重公开，要针对政务现状出台各项监督检查政策，借助网络公示平台、电子文件通知等多种途径将政务过程和结果向社会各界进行公示，并将最终处理结果及时公开，使政务处理流程随时能被广大社会群体监督，坚决抵制"暗箱操作"等恶劣行为。二是加强政府管理部门和中介机构的合作，对合作项目和费用体系一律进行公示。规范政府权力，限制行政权对市场的严重干预，严肃处理违规干预市场的部门及负责人；依法规范中介机构的权力，全面降低中介收费标准，明确费用清单项目并一一公示解读，坚决取缔行政审批取消后中介机构变相、隐性和违规收费现象。三是完善政府信息公开条例和标准，重视地方行政机关透明度排行榜建设。完善行政信息公开化之法律制度建设，将行政管理纳入法律管辖范围之内，细化各项配套措施和管理条例，借助科技手段不断更新政务公开信息系统，多渠道扩展信息公示范围，全面降低获取信息过程中的各项费用；组织各级政府部门积极参与线上和线下调研，及时了解企业和群众的信息获取难易程度，根据调研结果和相关数据定期开展会议研讨，不断提高行政信息获取的真实性、及时性和可得性。

9.3.6 完善营商环境评价体系

建立适合中国国情的统一营商环境评价体系，有利于各个地区竞相优化营商环境，进一步提升民企投资软环境。具体来说，一是建立国家层面的整体评价标准体系，定期公布具有全局性综合性的各省份、城市营商环境建设报告。通过对各地区进行年度排名和比较，使民企能够在自主选址创立方面获得最直观的信息，进而为后续发展奠定良好开局，也有助于督促各地区为更好地招商引资而展开制度竞争。二是要基于大数据创建地区营商环境评价体系发布平台，录入各地区营商环境评价指标体系，统一规范管理，公开各项指标内容，公布各地区营商环境评级排名，对改革成效明显的地区给予奖励，对无所作为的地区则予以问责，实现全社会共同监管和督促，促进营商环境建设规范化和标准化。三是引入第三方营商环境评价机制，保证评价结果的公平性。优质的评级机构会借助市场竞争的力量脱颖而出，政府要加强与资深中介评级机构的合作，不断优化营商环境评级的各项指标和评级过程，增加结果的公平性、真实性和可靠性，这既有助于民企更加放心、直观地了解各个地区的营商环境，也有助于政府监督自查，具有很好地督促改进作用。

9.4 本章小结

本章基于前文实证研究及案例比较研究，从降低制度性交易成本视角给出了民营企业营商环境优化改革的具体措施。首先，从政策创新、制度创新、模式创新、体制机制创新、组织创新、服务平台创新等维度给出民企营商环境优化改革的路径，坚持可持续性原则、市场化原则、政策引导与企业主导并轨原则、宏观把控和微观创新相结合原则以及为民企正名原则，持续推进民企营商环境优化。其次，推进民企营商环境优化改革的重点领域包括法治化营商环境建设、政务营商环境优化和金融营商环境建设等；推进法治化营商环境建设是夯实社会主义市场经济的基础，政务营商环境优化是降低民企制度性交易成本最直接有效的途径，优化金融营商环境能促进金融深化和金融业高质量发展，从而为民营经济健康发展打下优良的金融制度基础。再次，找准民企营商环境优化的突破口，这包括全面推进市场化营商环境建设、加大税收营商环境改革力度、进一步推动商事制度改革，其中，长期的经济市场化改革为民企营商环境优化奠定了良好基础，全国性的税制改革也为民企税务营商环境优化提供了较完善的前提，"稳扎稳打"的商事制度改革实践凭借直接快速有效的特点能切实增强民企获得感。再其次，围绕主要矛盾打通"最后一公里"，切实加大营商环境优化改革力度，应从民企营商环境优化的着力点上持续发力，努力夯实知识产权保护制度，切实增强政府机构和政府人员的服务意识，加大优质公共服务供给，各级政府要扮演好"店小二"角色。最后，还要在优化地方官员政绩考核体系、创建多部门联动机制、重构政企关系、放开垄断性要素市场、增加行政管理透明度、完善营商环境评价体系等方面做好营商环境优化的配套措施。

10 结论与进一步研究的问题

10.1 主要结论

本书立足于新制度经济学、管理经济学、公共管理学、政治学、法学等多学科理论基础从制度性交易成本视角考察中国民营企业营商环境的现状、性质、演化、变迁及其对民营企业投融资行为的影响；基于中国本土数据资料实证考察民营企业营商环境的时序变化和空间差异，从国际和城际两个维度对中国民营企业营商环境的纵向变化和城际差异进行比较分析，从地方政府横向制度竞争视角并基于空间面板模型检验民营企业营商环境优化改革的内在动力机制；基于中国地级市行政审批改革的自然实验考察地区营商环境优化改革影响民营企业成长的机制，将中国省级层面的地区营商环境数据与民营上市公司数据相匹配，以考察地区营商环境对民营企业高质量发展的影响；基于多案例研究法梳理和总结典型城市营商环境优化改革的主要实践和特色做法；基于科学的实证研究和典型地区的案例研究，从降低制度性交易成本视角给出了民营企业营商环境优化改革的具体措施。概言之，本书的主要结论可归为以下几点：

第一，基于新中国70多年历史演进背景考察民营企业营商环境的演化与变迁，可发现，中国民企营商环境的历史演进过程可细分为：新中国成立初的过渡时期、计划经济体制时期、萌芽期、复苏期、渐进成型期、不断成长期、加速优化期和全面优化期；诸多制度性因素均在民企营商环境演变中发挥了重要作用，如中国经济体制改革之大背景为民企营商环境的生成提供了"土壤"，民营企业家对营商环境优化改革存在刚性制度需求，向权利开放型社会的转型推动了民企营商环境优化，且民企营商环境变迁历程还折射出计划经济体制下各种阻滞力量对营商环境优化的不利影响；民企营商环境演进的实质折射出政府与市场关系在不断调整、政企关系的重建、政府职能的转型、资源配置方式的转变等特征，并以降低制度性交易成本为落脚点；在未来时期，中国民企营商环境的演进将呈现出法治化、国际化、市场化、便利化、精准化、数字化等主要趋向。

第二，本书基于中国地区层面的营商环境评价指标体系对省域营商环境进行评价和测度。结果发现：①中国整体营商环境有所上升，其中法治化、市场化和基础设施营商环境的建设状况良好，但金融营商环境在近几年进展缓慢，政务营商环境呈下降趋势。②从省级层面看，各省营商环境得分均有提高，但北京、上海等发达地区营商环境改善程度更大；从各分指标来看，安徽法治化和市场化营商环境建设提升较快，浙江金融营商环境发展迅速，江苏和海南基础设施营商环境建设速度较快。③东部地区营商环境建设在各方面均优于中部、西部和东北。④从南北两大区域层面看，南方地区和北方地区营商环境变化趋势基本相同，但南方与北方呈现出明显的分化趋势。

第三，本书从国际和城际两个维度对中国民企营商环境的纵向变化和空间差异进行了考察，结果发现：①中国营商环境在 2006 年至 2019 年间呈上升态势，企业开办、获取电力供应、合同执行等指标表现良好；中国营商环境落后于发达国家，但也有部分指标与其接近；在金砖国家中，中国营商环境进步幅度位居第二，小幅落后于俄罗斯；同新加坡、韩国等亚洲国家相比，中国营商环境较差，但今后有望赶超日本。②城市行政级别和地理区位均会对营商环境产生影响：行政级别高的城市优于行政级别低的城市；东部城市营商环境最好，中部次之，西部较差；处在长江以南的城市，其营商环境明显优于长江以北的城市；位于沿海地区的城市，其营商环境优于内陆城市。

第四，在中国式分权背景下，地方政府之间的横向制度竞争在推进营商环境优化改革上具有促进作用。本书基于中国省级面板数据并运用空间计量面板数据模型估计地区营商环境优化改革的空间策略反应方程，且得到了较稳健的实证结果：在地方政府横向制度竞争的作用下，地理上相邻地区的地方政府在营商环境优化改革竞争中会采取相互模仿的空间竞争策略；在财政分权程度较大、转移支付较小、经济增长较快及地区开放度较高的地区，地方政府通过加快推进营商环境优化改革来实施制度竞争的强度会更大，地区间制度竞争所带来的空间策略互补效应就越大。

第五，新形势下中国营商环境优化改革对民营企业成长至关重要。始于20 世纪 90 年代末的中国 333 个地级市行政审批制度改革为考察地区营商环境优化影响民营企业成长的机制提供了绝佳的自然实验。实证研究发现：相比国企，行政审批制度改革所引致的"制度红利"对民企成长具有更强的助推作用。相比国企，行政审批制度改革所引致的"制度红利"对民企成长的促进作用在非高科技行业更大，其影响民企成长的主要渠道包括促进销售增长、增加投资支出、增加营业收入以及降低代理成本。当下，应全面推进行政审批制度改革，将更重要的行政审批权和更具针对性的权力下放到位，使此次的制度变革更具普惠性，使民企获得更多的"制度红利"。

第六，本书使用中国民营上市公司数据，并将其与地区营商环境数据相匹配，基于面板模型系统考察地区营商环境影响民营企业高质量的机制。实证结果表明：地区营商环境的优化促进了民营企业高质量发展。基于营商环境分指标的检验发现：除了政务营商环境指标之外，法治化营商环境、市场化营商环境、金融营商环境指标和基础设施营商环境指标等分指标均正向促进了民营企业高质量发展。异质性检验发现：地区营商环境优化对规模较小的民营以及大股东较弱势的民企高质量发展具有更大影响；就行业异质性而言，地区营商环境对民营企业高质量发展的影响主要源自创新程度较低行业、非管制型行业、供给侧结构性改革行业、高融资约束行业、高融资依赖行业、高契约密集型行业和高市场竞争行业。

第七，基于多案例研究法考察深圳、郑州和兰州这三个不同发达程度的城市营商环境优化改革实践，梳理和总结了城市营商环境优化改革的主要做法。结果发现：三个城市营商环境优化改革的侧重点不同，其计划的细化程度有别，各自实行了不同做法，并取得了迥异成效；三个城市均突出强调法治化营商环境建设，均在积极推动市场化改革，加大了对民企的金融支持，均在优化政务服务质量和效率、优化税务营商环境。

第八，从降低制度性交易成本视角给出了民企营商环境优化改革的具体措施。从政策创新、制度创新、模式创新、体制机制创新、组织创新、服务平台创新等维度给出民企营商环境优化改革的路径；推进民企营商环境优化改革的重点领域包括法治化营商环境建设、政务营商环境优化和金融营商环境建设等；民企营商环境优化的突破口包括全面推进市场化营商环境建设、加大税收营商环境改革力度、夯实商事制度改革；从民企营商环境优化的着力点上持续发力，努力夯实知识产权保护制度，切实增强政府机构和政府人员的服务意识，加大优质公共服务供给，各级政府要扮演好"店小二"角色；从优化地方官员政绩考核体系、创建多部门联动机制、重构政企关系、放开垄断性要素市场、增加行政管理透明度、完善营商环境评价体系等方面做好营商环境优化的配套措施。

10.2 进一步研究的问题

当然，由于中国民营企业营商环境优化问题涉及经济学、管理学、政治学、社会学、历史学、法学等多个学科，是一个较复杂且在短期内难以快速解决的重大现实问题，再加上本书考察的范围和资料搜集不够全面，上述研究未能涉及该领域的所有议题，有待进一步深化和拓展：第一，需要更广泛、更深入地进行实地调研以搜集更多一手资料，需要深入更多地区进行调查和访谈以深入认识和理解民企营商环境建设的难点和痛点，进而提出更多切实可行的政策措施；第二，需要针对城市层面的民营企业和政务服务机构进行实地调查以搜集营商环境建设方面的数据资料，构建更科学、更全面、更具说服力的民企营商环境评价指标体系，从而能客观而精准地对中国整体及各地区营商环境建设状况做出准确评判；第三，需要进一步寻找更多准自然实验来识别地区营商环境对民营企业发展的因果性影响，进而科学评价营商环境建设对民营企业高质量发展的作用，为中国营商环境优化改革推进民营经济健康发展提供更科学的实证依据；第四，需要进一步从跨国比较视角找准中国民企营商环境建设过程中存在的国际差距和制约性短板，进一步搜集更多国家的案例和素材，进而与中国进行横向比较，为中国构建国际一流营商环境提供启发性参考。

参考文献

白让让，2018. 新结构经济学产业政策的应用范式与现实挑战：以我国新能源汽车产业为例 [J]. 人文杂志 (12)：9-20.

包群，叶宁华，王艳灵，2015. 外资竞争、产业关联与中国本土企业的市场存活 [J]. 经济研究，50 (7)：102-115.

薄文广，周燕愉，陆定坤，2019. 企业家才能、营商环境与企业全要素生产率：基于我国上市公司微观数据的分析 [J]. 商业经济与管理 (8)：85-97.

毕青苗，陈希路，徐现祥，等，2018. 行政审批改革与企业进入 [J]. 经济研究 (2)：140-155.

蔡昉，2019. 中国发展蕴含的工业化规律 [J]. 企业观察家 (9)：82-83.

曹致玮，董涛，2019. 新形势下我国知识产权保护问题分析与应对思考 [J]. 知识产权 (7)：66-74.

曾萍，邓腾智，宋铁波，2013. 制度环境、核心能力与中国民营企业成长 [J]. 管理学报 (5)：663-670.

曾睿，2019. 新加坡推出资本市场津贴，金融合作占中新项目半壁江山 "'一带一路'与新加坡，中新项目新机遇"投资人推介会在渝举行 [J]. 重庆与世界 (4)：22-24.

曾智泽，2012. 积极引导民营资本的投资行为：《关于鼓励和引导民企发展战略性新兴产业的实施意见》解析 [J]. 化工管理 (1)：37-38.

钞小静，任保平，2011. 中国经济增长质量的时序变化与地区差异分析 [J]. 经济研究，46 (4)：26-40.

陈丽娴，魏作磊，2017. 公共服务支出对经济增长的影响 [J]. 经济与管理，31 (3)：52-58.

陈柳裕，2004. 新中国民营经济法律制度之变迁：以"权利本位"为视角 [D]. 上海：华东政法学院.

陈霜华, 2018. 进一步优化上海营商环境 [J]. 科学发展 (4)：73-82.

陈硕, 高琳, 2012. 央地关系：财政分权度量及作用机制再评估 [J]. 管理世界 (6)：43-59.

陈晓玲, 2019. 全球营商环境比较研究 [J]. 现代经济信息 (11)：3-4.

陈艳艳, 罗党论, 2012. 地方官员更替与企业投资 [J]. 经济研究 (A2)：18-30.

陈颖, 陈思宇, 王临风, 2019. 城市营商环境对企业创新影响研究 [J]. 科技管理研究, 39 (12)：20-28.

陈钊, 陆铭, 何俊志, 2008. 权势与企业家参政议政 [J]. 世界经济 (6)：39-49.

陈志军, 2017. 地方政府间财政竞争、空间策略行为与企业技术创新 [J]. 财政研究 (8)：69-78.

程波辉, 奇飞云, 2017. 供给侧结构性改革背景下降低制度性交易成本研究：分析框架的建构 [J]. 学术研究 (8)：43-48, 72, 177.

程波辉, 2017. 降低企业制度性交易成本：内涵、阻力与路径 [J]. 湖北社会科学 (6)：80-85.

褚敏, 踪家峰, 2017. 东北经济增长缘何艰难：体制藩篱还是结构扭曲？ [J]. 财经问题研究 (4)：114-121.

崔允芝, 2017. 德国财税体制改革对经济协调发展的效应研究 [D]. 济南：山东师范大学.

单东, 2010. 美、中两国市场经济体制比较 [J]. 特区经济 (8)：15-18.

道格拉斯·C. 诺思, 约翰·约瑟夫·瓦利斯, 巴里·R. 温格斯特, 2013. 暴力与社会秩序 [M]. 杭行, 王亮, 译. 上海：格致出版社.

邓宏兵, 李俊杰, 李家成, 2007. 中国省域投资环境竞争力动态分析与评估 [J]. 生产力研究 (16)：77-78, 93, 161.

邓慧慧, 赵家羚, 虞义华, 2018. 地方政府建设开发区：左顾右盼的选择？[J]. 财经研究 (3)：139-153.

邓伟, 2011. 国有经济、行政级别与中国城市的收入差距 [J]. 经济科学 (2)：19-30.

邓玉萍, 许和连, 2013. 外商直接投资、地方政府竞争与环境污染：基于财政分权视角的经验研究 [J]. 中国人口·资源与环境, 23 (7)：155-163.

丁东铭, 魏永艳, 2020. 优化对外开放营商环境进程中面临的挑战与对策 [J]. 经济纵横 (5)：109-114.

丁玲，2017. 资本市场与宏观经济转型：美国与德国模式的比较 [J]. 现代管理科学 (4)：54-56.

丁宇，2004. 论中小企业发展的政策选择：以美、日、德为例兼论我国的中小企业政策 [J]. 武汉科技大学学报 (社会科学版)，6 (4)：25-30.

丁志刚，王杰，2019. 中国行政体制改革四十年：历程、成就、经验与思考 [J]. 上海行政学院学报，20 (1)：35-48.

董志强，魏下海，汤灿晴，2012. 制度软环境与经济发展：基于30个大城市营商环境的经验研究 [J]. 管理世界 (4)：9-20.

董治，2017. 德国中小企业融资体系研究 [D]. 北京：中国社会科学院研究生院.

樊纲，王小鲁，马光荣，2011. 中国市场化进程对经济增长的贡献 [J]. 经济研究 (9)：4-16.

樊纲，王小鲁，张立文，等，2003. 中国各地区市场化相对进程报告 [J]. 经济研究 (3)：9-18，89.

樊纲，王小鲁，朱恒鹏，2011. 中国市场化指数 各地区市场化相对进程2011年报告 [M]. 北京：经济科学出版社.

樊敏，李洁，黄梦婕，等，2019. 基于宏观环境下我国税收优惠对民营企业税负的影响及对策研究 [J]. 山西农经 (3)：122-124.

樊潇潇，李泽霞，宋伟，等，2019. 德国重大科技基础设施路线图制定与启示 [J]. 科技管理研究，39 (8)：15-19.

范少君，杨有红，刘晓敏，2015. 行政审批制度改革、企业所有权性质与企业投资效率 [J]. 北京工商大学学报 (社会科学版)，30 (3)：48-57.

方红生，张军，2009. 中国地方政府竞争、预算软约束与扩张偏向的财政行为 [J]. 经济研究，44 (12)：4-16.

方军雄，2006. 市场化进程与资本配置效率的改善 [J]. 经济研究，41 (5)：50-61.

方帅，2018. 积极营造法治化营商环境 [N]. 人民法院报，2018-12-21 (02).

方英，岳斯嘉，2019. 中国与金砖国家间的文化贸易：比较优势与合作潜力 [J]. 福建论坛 (人文社会科学版) (2)：70-79.

冯涛，张美莎，2020. 营商环境、金融发展与企业技术创新 [J]. 科技进步与对策，37 (6)：147-153.

冯兴元，2001. 论辖区政府间的制度竞争 [J]. 国家行政学院学报 (6)：

27-32.

奉鸣，何佳媛，2018.2030 年德国联邦交通基础设施规划［J］.综合运输（11）：116-121.

弗农·W.拉坦，1991.诱致性制度变迁理论［A］.胡庄君，陈剑波，等译//R.科斯，A.阿尔钦，D.诺斯.财产权利与制度变迁：产权学派与新制度学派译文集.刘守英，译.上海：上海人民出版社.

傅强，朱浩，2013.中央政府主导下的地方政府竞争机制：解释中国经济增长的制度视角［J］.公共管理学报（1）：19-30，138.

中国财政科学研究院 2018 年"降成本"调研制度性成本组，2018.以优化营商环境为引领，降低制度性交易成本：北京市调研报告［J］.财政科学（10）：61-68.

傅志华，赵福昌，石英华，等，2017.广西、云南降低企业制度性交易成本的调研思考［J］.财政科学，20（8）：41-52.

高帆，2019.支持民营企业发展，要避免用短期扶持政策替代或延缓市场化导向的经济体制改革［N］.上观新闻，2019-03-12.

葛玉御，2017.税收"放管服"改善营商环境的路径研究［J］.税务研究（11）：32-36.

郭妍，张立光，2018.我国区域经济的南北分化及其成因［J］.山东社会科学（11）：154-159.

国家税务总局苏州工业园区税务局课题组，马伟，2018.我国税收营商环境现状及对策研究［J］.国际税收（9）：28-32.

韩磊，王西，张宝文，2017.市场化进程驱动了企业家精神吗？［J］.财经问题研究（8）：106-113.

韩松，2018.着力解决民营企业融资难融资贵问题［N］.学习时报，2018-12-28（02）.

韩先锋，惠宁，宋文飞，2014.信息化能提高中国工业部门技术创新效率吗［J］.中国工业经济（12）：70-82.

韩晓琴，2018.贯彻习近平关于经济工作的重要论述推进纳税服务现代化建设［J］.税收经济研究，23（5）：49-55.

韩业斌，2019.我国法治化营商环境的区域差异及其影响因素［J］.领导科学（8）：118-120.

何代欣，2018.对税收服务"放管服"与改善营商环境的思考［J］.税务研究（4）：10-14.

何立胜，2018. 怎样降低制度性交易成本 [N]. 解放日报，2018-04-03（10）.

何凌云，陶东杰，2018. 营商环境会影响企业研发投入吗?：基于世界银行调查数据的实证分析 [J]. 江西财经大学学报（3）：50-57.

洪银兴，2018. 基于完善要素市场化配置的市场监管 [J]. 江苏行政学院学报（2）：47-56.

洪银兴，2018. 市场化导向的政府和市场关系改革40年 [J]. 政治经济学评论，9（6）：28-38.

洪银兴，2018. 资源配置效率和供给体系的高质量 [J]. 江海学刊（5）：84-91.

侯祥鹏，2017. "降成本"的政策匹配与实际操作：苏省证据 [J]. 改革（1）：64-75.

胡海洋，姚晨，2015. 德国社会市场经济模式分析及借鉴 [J]. 经济研究导刊（4）：275-276.

胡杰成，2019. 进一步优化营商环境充分释放民营企业活力：基于上海、杭州、深圳问卷调查的分析 [J]. 中国经贸导刊（9）：45-48.

国家税务总局湖北省税务局课题组，胡立升，庞凤喜，等，2019. 世界银行营商环境报告纳税指标及我国得分情况分析 [J]. 税务研究（1）：80-55.

胡连生，2005. 美欧经济模式的差异及其启示 [J]. 世界经济与政治论坛（4）：20-24

胡兴旺，周淼，2018. 优化营商环境的国内外典型做法及经验借鉴 [J]. 财政科学（9）：66-75.

胡旭阳，史晋川，2008. 民营企业的政治资源与民营企业多元化投资：以中国民营企业500强为例 [J]. 中国工业经济（4）：5-14.

胡旭阳，2010. 民营企业的政治关联及其经济效应分析 [J]. 经济理论与经济管理（2）：74-79.

胡益，李启华，江丽鑫，2015. 广东营商环境指标体系研究 [A] //广东经济学会. 市场经济与创新驱动：2015岭南经济论坛暨广东社会科学学术年会分会场文集 [C]. 广州：广东经济学会.

胡宗仁，2015. 政府职能转变视角下的简政放权探析 [J]. 江苏行政学院学报（3）：106-111.

华生，蔡倩，汲铮，2019. 简政放权的边界及其优化 [J]. 中国工业经济（2）：5-22.

黄纯纯，周业安，2011. 地方政府竞争理论的起源、发展及其局限 [J].中国人民大学学报，25（3）：97-103.

黄剑辉，应习文，徐继峰，2018. 经济困境中诞生 改革开放中壮大 高质量发展中变强：改革开放 40 年以来中国民营企业发展历程回顾与展望 [R].民银智库研究.

黄苗，2017. 新加坡金融市场国际化经验分析 [N]. 期货日报，2017-12-12（03）.

黄睿，2019. 环境"抢先跑"营商才有道 [J]. 商业观察（7）：26-35.

黄子婷，2015. 论知识产权纠纷的仲裁解决 [D]. 长沙：湖南师范大学.

贾俊生，伦晓波，林树，2017. 金融发展、微观企业创新产出与经济增长：基于上市公司专利视角的实证分析 [J]. 金融研究（1）：99-113.

贾俊雪，2017. 公共基础设施投资与全要素生产率：基于异质企业家模型的理论分析 [J]. 经济研究，52（2）：4-19.

简泽，张涛，伏玉林，2014. 进口自由化、竞争与本土企业的全要素生产率：基于中国加入 WTO 的一个自然实验 [J]. 经济研究，49（8）：120-132.

江安东，刘振英，2005. 德国的知识产权保护体系和中德之间的知识产权纠纷 [J]. 德国研究，20（2）：30-32，78.

江静，2017. 制度、营商环境与服务业发展：来自世界银行《全球营商环境报告》的证据 [J]. 学海（1）：176-183.

江伟，孙源，胡玉明，2018. 客户集中度与成本结构决策：来自中国关系导向营商环境的经验证据 [J]. 会计研究（11）：70-76.

蒋晓妍，刘爽，占晓杰，等，2019. 民营企业融资困境的解决机制研究：以新常态下民营银行的发展为背景 [J]. 经济问题（7）：54-61.

靳文辉，2015. 论地方政府间的税收不当竞争及其治理 [J]. 法律科学（西北政法大学学报）（1）：138-146.

靳文辉，2017. 制度竞争、制度互补和制度学习：地方政府制度创新路径 [J]. 中国行政管理（5）：15-19.

兰旻，2014. 基于我国自由贸易试验区的民营企业融资渠道研究 [J]. 长春师范大学学报（10）：186-188，192.

雷荞宇，2018. 美国税收改革及其影响分析 [J]. 当代经济（10）：126-127.

李宝亮，肖建国，2018. 优化税收营商环境 构建"亲""清"新型政商关系 [J]. 中国税务（5）：60-61.

李炳堃，2018. 制度性交易成本、宏观交易费用与政府改革目标 [J]. 山西财经大学学报，40（6）：15-29.

李春晖，2018. 我国知识产权行政执法体制机制建设及其改革 [J]. 西北大学学报（哲学社会科学版），48（5）：64-74.

李春晖，2011. 发展电动车是否有利于环保 [J]. 华人世界（6）：88-90.

李娣，2018. 亚洲部分国家和地区营商环境比较分析与启示 [A] //中国智库经济观察（2017）[C]. 中国国际经济交流中心.

李景鹏，2009. 官本位：行政改革的障碍之一 [J]. 学习与探索（5）：109-112.

李军鹏，2018. 改革开放40年：我国放管服改革的进程、经验与趋势 [J]. 学习与实践（2）：29-36.

李林，2018. 新加坡"智慧岛"建设的经验与启示 [J]. 当代党员（4）：46-47.

李林木，宛江，潘颖，2018. 我国税务营商环境的国际比较与优化对策 [J]. 税务研究（4）：3-9.

李璐，王运武，2018. 美国信息化基础设施推进路径及其对中国的启示：美国2017《支持学习的基础设施建设指南》解读 [J]. 中国医学教育技术，32（5）：476-481.

李清池，2018. 营商环境评价指标构建与运用研究 [J]. 行政管理改革（9）：76-81.

李锐，2019. 持续优化税收营商环境刍议 [J]. 税收征纳（12）：1，4-，5.

李世奇，朱平芳，2019. 地方政府研发补贴的区域竞争 [J]. 系统工程理论与实践，39（4）：867-880.

李皖南，2011. 新加坡构建现代市场经济体制的经验及启示 [J]. 广西民族大学学报（哲学社会科学版），33（3）：103-108.

李永友，张子楠，2017. 转移支付提高了政府社会性公共品供给激励吗？[J]. 经济研究，52（1）：119-133.

李玉梅，桑百川，2018. 中国外商投资企业营商环境评估与改善路径 [J]. 国际经济评论（5）：5，49-60.

李志军，张世国，李逸飞，等，2019. 中国城市营商环境评价及有关建议 [J]. 江苏社会科学（2）：30-42，257.

李志军，2019. 中国城市营商环境评价 [M]. 北京：中国发展出版社.

廖福崇，2020. 审批制度改革优化了城市营商环境吗?：基于民营企业家"忙里又忙外"的实证分析 [J]. 公共管理学报，17 (1)：47-58，170.

林能清，2013. 民营企业知识产权的法律保护 [D]. 武汉：中南民族大学.

林毅夫，1994. 关于制度变迁的经济学理论：诱致性变迁与强制性变迁 [A]. 胡庄君，陈剑波，等译//R. 科斯，A. 阿尔钦，D. 诺斯. 财产权利与制度变迁：产权学派与新制度学派译文集. 上海：上海人民出版社.

林智荣，覃娟，2015. 中国—新加坡经济走廊交通基础设施建设探析 [J]. 东南亚纵横 (1)：26-35.

刘红军，唐雪芳，2013. 非公经济人士"移民潮"管控之策 [J]. 经济研究参考 (53)：92-94.

刘军，付建栋，2019. 营商环境优化、双重关系与企业产能利用率 [J]. 上海财经大学学报，21 (4)：70-89.

刘军，关琳琳，2020. 营商环境优化、政府职能与企业 TFP 增长新动力："窗口亮化"抑或"亲上加清"[J]. 软科学，34 (4)：51-57.

刘军，2019. 营商环境、企业特惠度与异质性出口行为 [J]. 山西财经大学学报，41 (9)：61-76.

刘容欣，2011. 中国城市投资环境研究 [M]. 北京：中国经济出版社.

刘瑞明，2011. 所有制结构、增长差异与地区差距：历史因素影响了增长轨迹吗? [J]. 经济研究 (A2)：16-27.

刘尚希，韩晓明，张立承，等，2017. 降低制度性交易成本的思考：基于内蒙古、黑龙江的调研报告 [J]. 财政科学，20 (8)：22-31.

刘言，2015. 新形势下我国民营企业发展的法治化进路 [J]. 湖北警官学院学报 (3)：95-99.

刘志彪，2019. 平等竞争：中国民营企业营商环境优化之本 [J]. 社会科学战线 (4)：41-47.

柳宇龙，2013. 中共十一届六中全会在新时期马克思主义中国化进程中的地位研究 [D]. 西安：陕西师范大学.

龙小宁，易巍，林志帆，2018. 知识产权保护的价值有多大?：来自中国上市公司专利数据的经验证据 [J]. 金融研究 (8)：120-136.

龙小宁，朱艳丽，蔡伟贤，等，2014. 基于空间计量模型的中国县级政府间税收竞争的实证分析 [J]. 经济研究，49 (8)：41-53.

娄成武，张国勇，2018. 治理视阈下的营商环境：内在逻辑与构建思路

[J]. 辽宁大学学报（哲学社会科学版）（2）：59-65，177.

卢纯昕，2018. 粤港澳大湾区法治化营商环境建设中的知识产权协调机制 [J]. 学术研究（7）：66-70.

卢万青，陈万灵，2018. 营商环境、技术创新与比较优势的动态变化 [J]. 国际经贸探索（11）：61-77.

卢现祥，2017. 转变制度供给方式，降低制度性交易成本 [J]. 学术界（10）：36-49，323-324.

卢真，李升，谭云，2018. 从优化税务营商环境角度看国税地税征管体制改革 [J]. 税务研究（8），18-20.

陆澄云，2018. 优化纳税服务，改善税收营商环境 [J]. 智库时代（37）：49-50.

路晓霞，2018. 法治化营商环境建设研究 [M]. 上海：上海人民出版社.

罗党论，唐清泉，2009. 政治关系、社会资本与政策资源获取：来自中国民营上市公司的经验证据 [J]. 世界经济（7）：84-96.

罗秦，2017. 税务营商环境的国际经验比较与借鉴 [J]. 税务研究（11）：26-31.

罗天正，关皓，2020. 政治关联、营商环境与企业创新投入：基于模糊集定性比较分析 [J]. 云南财经大学学报（1）：67-77.

马宝成，安森东，2018. 中国行政体制改革40年：主要成就和未来展望 [J]. 行政管理改革（10）：29-34.

马润凡，2014. 当前我国官本位意识的危害及其治理 [J]. 中州学刊（2）：14-18.

马玉海，张月，2016. 新加坡电子政务管理模式的发展及其影响 [J]. 阜阳师范学院学报（社会科学版）（3）：115-118.

马跃如，夏冰，白勇，2018. 雇佣关系模式、智力资本对创新绩效的影响研究：基于民营企业调查样本的实证分析 [J]. 管理工程学报（2）：84-94.

马正文，2019. 以习总书记论述为指导优化税收营商环境 [J]. 税收征纳（11）：4-6.

满姗，吴相利，2018. 国内外营商环境评价指标体系的比较解读与启示 [J]. 统计与咨询（3）：27-30.

孟祥林，2008. 破解中小民营企业融资难的制度设计：对德、日、美等国鼓励和保护中小企业发展的分析 [J]. 中共青岛市委党校（青岛行政学院学报）（12）：18-22.

南京大学课题组，孙武军，徐乐，2020. 我国保险业营商环境评价体系构建：基于江苏省的应用分析 [J]. 保险研究 (5)：34-49.

聂辉华，韩冬临，马亮，等，2018. 中国城市政商关系排行榜 (2017) [R]. 中国人民大学国家发展与战略研究院.

欧丹，2017. 专业化与职业化：新加坡知识产权纠纷调解制度略考 [J]. 司法改革论评 (2)：260-276.

潘孝珍，庞凤喜，2015. 中国地方政府间的企业所得税竞争研究：基于面板数据空间滞后模型的实证分析 [J]. 经济理论与经济管理 (5)：88-97.

潘颖，祝皓晨，卜楷媛，2017. 企业税费负担对全员劳动生产率的影响研究：来自新三板挂牌企业的经验证据 [J]. 税收经济研究 (5)：81-87.

庞凤喜，杨雪，2018. 优化我国税收营商环境研究：基于世界银行2008—2018年版营商环境报告中国得分情况分析 [J]. 东岳论丛 (12)：124-131，192.

彭向刚，马冉，2018. 政务营商环境优化及其评价指标体系构建 [J]. 学术研究 (11)：55-61.

彭向刚，周雪峰，2017. 企业制度性交易成本：概念谱系的分析 [J]. 学术研究 (8)：37-42，177.

皮建才，黎静，管艺文，2015. 政策性补贴竞争、体制性产能过剩与福利效应 [J]. 世界经济文汇 (3)：19-31.

齐秀生，2002. 官本位意识的历史成因及对策 [J]. 文史哲 (2)：147-150.

钱锦宇，刘学涛，2019. 营商环境优化和高质量发展视角下的政府机构改革：功能定位及路径分析 [J]. 西北大学学报 (哲学社会科学版) (3)：86-93.

钱玉文，2020. 我国法治化营商环境构建路径探析：以江苏省经验为研究样本 [J]. 上海财经大学学报 (3)：138-152.

覃家琦，邵新建，2015. 交叉上市、政府干预与资本配置效率 [J]. 经济研究 (6)：117-130.

任保平，何苗，2020. 我国新经济高质量发展的困境及其路径选择 [J]. 西北大学学报 (哲学社会科学版)，50 (1)：40-48.

任中平，郜清攀，2015. 从"官本位"到"民本位"：人治社会向法治社会转型的必然选择 [J]. 求实 (7)：70-75.

李太森，2014. 当代中国官本位意识表现分析 [J]. 中州学刊 (2)：10-

13.

阮文婧，2018. 沈阳自贸区打造国际化营商环境策略研究 [J]. 现代管理科学 (9)：12-14.

邵传林，张存刚，2016. 法治如何影响了企业家精神？ [J]. 经济与管理研究 (1)：89-95.

邵传林，2011. 农村非正规金融制度创新与地方政府行为 [J]. 广东金融学院学报 (6)：83-92.

邵传林，2015. 政府能力与创新驱动发展：理论机制与中国实证 [J]. 社会科学 (8)：52-62.

邵传林，2014. 制度变迁视域下的金融深化与企业家精神：来自中国省级层面的经验证据 [J]. 中国经济问题 (5)：3-18.

申广军，陈斌开，杨汝岱，2016. 减税能否提振中国经济？：基于中国增值税改革的实证研究 [J]. 经济研究 (11)：70-82.

沈栋，2019. 德国社会市场经济特征及其在当代的表现 [J]. 经济导刊 (8)：78-79.

沈坤荣，赵亮，2019. 中国民营企业融资困境及其应对 [J]. 江海学刊 (1)：92-98，254.

沈维涛，王贞洁，2008. 我国民营上市公司持续成长影响因素的实证研究 [J]. 经济管理 (6)：11-16.

时佳羽，2016. 从产业结构角度看东北经济的衰落 [J]. 合作经济与科技 (15)：62-64.

史长宽，梁会君，2013. 营商环境省际差异与扩大进口：基于 30 个省级横截面数据的经验研究 [J]. 山西财经大学学报 (5)：12-23.

宋林霖，何成祥，2018. 优化营商环境视阈下放管服改革的逻辑与推进路径：基于世界银行营商环境指标体系的分析 [J]. 中国行政管理 (4)：67-72.

宋艳丽，2019. 新加坡的税收理念、政策及服务研究对海南探索建设中国特色自由贸易港的启示 [J]. 今日海南 (2)：38-40.

孙俊杰，彭飞，2019. 金融发展、研发投入对民营企业融资能力影响的实证检验 [J]. 统计与决策 (5)：185-188.

孙群力，陈海林，2020. 我国地区营商环境的决定因素、影响效应和评价指数：基于 MIMIC 模型的研究 [J]. 财政研究 (6)：105-120.

孙晓华，李明珊，2014. 我国市场化进程的地区差异：2001～2011 年 [J].

改革（6）：59-66.

孙玉山，刘新利，2018. 推进纳税服务现代化 营造良好营商环境：基于优化营商环境的纳税服务现代化思考 [J]. 税务研究（1）：5-12.

谭海波，蔡立辉，2010. 论"碎片化"政府管理模式及其改革路径："整体型政府"的分析视角 [J]. 社会科学（8）：12-18，187.

唐东波，2015. 挤入还是挤出：中国基础设施投资对私人投资的影响研究 [J]. 金融研究（8）：31-45.

唐福勇，2019. "放管服"改革持续在路上 [N]. 中国经济时报，2019-08-30（A01）.

唐明，田王婧，2019. 我国税务营商环境的短板及完善对策 [J]. 中国财政（5）：77-79.

佟明亮，2015. 法制环境、金融市场化程度与民营企业贷款：来自2012年世界银行中国营商环境企业调查的证据 [J]. 技术经济与管理研究（10）：73-78.

涂京骞，2018. 深化税收"放管服"改革优化营商环境 [J]. 国际税收（8）：69-72.

万黎明，2017. "亲"和"清"的新型政商关系研究 [D]. 武汉：湖北工业大学.

汪波，金太军，2003. 从规制到治理：我国行政审批制度改革的理念变迁 [J]. 上海行政学院学报（2）：45-51.

汪伟全，2004. 中国地方政府竞争：从产品、要素转向制度环境 [J]. 南京社会科学（7）：56-61.

王德祥，李昕，2017. 德国合作型财政联邦制和分税制模式及启示 [J]. 江西财经大学学报（6）：13-20.

王计昕，2006. 美国中小企业融资问题研究 [D]. 长春：吉林大学.

王建均，何光营，2015. 论全面依法治国视域下的法治民企建设 [J]. 江西社会科学（8）：173-179.

王健康，2008. 新加坡混合型市场经济体制之我见 [J]. 时代经贸（中旬刊）（S2）：15-17.

王金强，2019. 知识产权保护与美国的技术霸权 [J]. 国际展望（4）：115-134，156-157.

王军，2014. 继续简政放权：新愿景、新动力、新路径 [J]. 哈尔滨市委党校学报（3）：1-6.

王珺，姚海琳，赵祥，2003. 社会资本结构与民营企业成长 ［J］. 中国工业经济（9）：53-59.

王珺，2018. 我国资源配置效率的改善：条件、变迁与建议 ［J］. 南方经济（9）：1-9.

王玲，耿成轩，2013. 民营企业融资困境分析及对策探讨 ［J］. 科技与经济（4）：57-61.

王敏，张辉，2015. 新加坡金融业税收优惠政策及其借鉴 ［J］. 国际税收（11）：10-13.

王麒麟，2014. 城市行政级别与城市群经济发展：来自 285 个地市级城市的面板数据 ［J］. 上海经济研究（5）：75-82.

王倩，2010. 我为河南发展献良策：省政协十届三次会议发言撷要 ［J］. 协商论坛（2）：30-38.

王庆，2011. 加快转变政府职能 建设服务型政府 ［J］. 改革与开放（4）：1，3.

王锐，2016. 德国着力突破网络基础设施瓶颈，助力联邦政府"数字战略2025"［N］. 人民邮电报，2016-08-10（06）.

王绍乐，刘中虎，2014. 中国税务营商环境测度研究 ［J］. 广东财经大学学报，29（3）：33-39.

王思博，赵学娇，李冬冬，2018. 能源产业投资对经济增长影响区域差异研究：东、中、西、东北区域间比较分析 ［J］. 技术经济与管理研究（9）：112-117.

王贤彬，周海燕，2016. 中央财政转移支付与地方经济增长目标管理 ［J］. 经济管理（8）：1-17.

王小鲁，樊纲，马光荣，2017. 中国分省企业经营环境指数 2017 年报告 ［M］. 北京：社会科学文献出版社.

王小鲁，樊纲，余静文，2017. 中国分省份市场化指数报告（2016） ［M］. 北京：社会科学文献出版社.

王晓光，2008. 中国大型民营企业竞争力研究 ［D］. 长春：吉林大学.

王晓洁，郭宁，李昭逸，2017. 优化税务营商环境的"加减乘除法" ［J］. 税务研究（11）：16-20.

王永进，匡霞，邵文波，2017. 信息化、企业柔性与产能利用率 ［J］. 世界经济（1）：67-90.

科尔尼管理咨询公司，2019. 科尔尼全球城市营商环境指数暨百强城市排

行榜 [EB/OL]. https：//www. atkearney. cn/article? /a/-11.

王志荣，2019. 国际视角下优化我国税收营商环境的路径选择 [J]. 税务研究 (6)：62-66.

王志荣，2018. 新公共管理视角下的税务营商环境优化：从世界银行评价指标体系谈起 [J]. 税务研究 (9)：124-128.

韦森，2012. 大转型 [M]. 北京：中信出版社.

魏蕚，1998. 从亚洲价值观看东亚金融危机 [J]. 经济学家 (6)：27-30.

魏晶雪，2008. 减少行政层级的改革思考 [J]. 现代经济探讨 (1)：39-43.

文雯，黄雨婷，宋建波，2019. 交通基础设施建设改善了企业投资效率吗？——基于中国高铁开通的准自然实验 [J]. 中南财经政法大学学报 (2)：42-52.

闻之，2019. 加强电子税务局建设优化税收营商环境 [J]. 税收征纳 (1)：7-8.

吴敬琏，2007. 呼唤法治的市场经济 [M]. 北京：生活·读书·新知三联书店.

吴敏，刘畅，范子英，2019. 转移支付与地方政府支出规模膨胀：基于中国预算制度的一个实证解释 [J]. 金融研究 (3)：74-91.

吴群，李永乐，2010. 财政分权、地方政府竞争与土地财政 [J]. 财贸经济 (7)：51-59.

吴晓波，2017. 浩荡两千年：中国企业公元前7世纪—1869 年 十年珍藏版 [M]. 北京：中信出版社.

吴晓丹，秦璐，2018. 国外税务代理行业现状和发展趋势 [J]. 国际税收 (9)：66-69.

武靖州，2018. 制度性交易成本治理之道研究 [J]. 中国物价 (3)：3-7.

夏后学，谭清美，白俊红，2019. 营商环境、企业寻租与市场创新：来自中国企业营商环境调查的经验证据 [J]. 经济研究 (4)：84-98.

夏杰长，刘诚，2017. 行政审批改革、交易费用与中国经济增长 [J]. 管理世界 (4)：47-59.

夏杰长，刘诚，2020. 契约精神、商事改革与创新水平 [J]. 管理世界 (6)：26-36，48.

夏祥谦，范敏，2019. 融资歧视、银行信贷配置与资本回报率：来自省级企业贷款数据的再检验 [J]. 上海金融 (6)：33-43.

向景，刘中虎，2013. 借鉴国际经验优化我国税务营商环境［J］. 国际税收（2）：57-61.

谢贞发，朱恺容，2019. 工业地价补贴、地区竞争与产出效应［J］. 财政研究（4）：3-22.

谢志强，王涛，2016. 新型政商关系构建面临哪些"绊脚石"［J］. 人民论坛（28）：23-25.

辛大楞，辛立国，2019. 营商环境与企业产品质量升级：基于腐败视角的分析［J］. 财贸研究（3）：85-98.

邢文杰，刘彤，2015. 基于营商环境视角的企业家创业行为研究［J］. 贵州大学学报（社会科学版）（4）：91-96.

徐大伟，张琳，吉伟卓，2010. 沿海经济带的发展历程与沿海经济论：以大连市为例［J］. 城市问题（9）：20-24，49.

徐现祥，2018. 深化商事制度改革需要从数量竞争转向质量竞争［N］. 中国社会科学报，2018-07-09（08）.

徐增辉，2008. 改革开放以来中国行政审批制度改革的回顾与展望［J］. 经济体制改革（3）：12-15.

许可，王瑛，2014. 后危机时代对中国营商环境的再认识：基于世界银行对中国 2700 家私营企业调研数据的实证分析［J］. 改革与战略（7）：118-124.

颜海明，戴国强，2015. 次贷危机对中国实体经济的影响渠道实证研究［J］. 统计研究（9）：19-29.

杨大楷，缪雪峰，2004. 民营中小企业可持续发展与制度创新［J］. 贵州财经学院学报（5）：17-21.

杨继瑞，周莉，2019. 优化营商环境：国际经验借鉴与中国路径抉择［J］. 新视野（1）：40-47.

杨进，张攀，2018. 地区法治环境与企业绩效：基于中国营商环境调查数据的实证研究［J］. 山西财经大学学报（9）：1-17.

杨临宏，谭飞，2013. 优化法治环境，促进地方政府间竞争有序化［J］. 云南社会科学（5）：144-148.

杨明海，张丹丹，苏志文，2018. 我国区域创新环境评价的实证研究：基于省级面板数据［J］. 山东财经大学学报（1）：74-84.

杨晓兰，倪鹏飞，2017. 城市可持续竞争力的起源与发展评述［J］. 经济学动态（9）：96-110.

杨新兰，2015. 新加坡金融发展与金融治理的经验借鉴 ［J］. 新金融（11）：24-26.

杨亚平，李腾腾，2018. 东道国营商环境如何影响中国企业对外直接投资选址 ［J］. 产经评论（3）：129-147.

杨阳，吴碧媛，2014. 直接还是间接融资：德国模式与启示 ［J］. 改革与开放（13）：32-34.

杨晖，2008. 中国区域投资环境评价指标体系建立与应用 ［J］. 经济问题（7）：97-101.

姚树洁，冯根福，韦开蕾，2006. 外商直接投资和经济增长的关系研究 ［J］. 经济研究（12）：35-46.

姚维保，申晨，李淑一，2020. 减税降费促进了民营经济发展吗?：基于广东民营企业的数据实证 ［J］. 会计之友（7）：120-125.

姚耀军，2012. 金融发展与企业家精神：来自中国省级面板数据的经验证据 ［J］. 金融发展研究（5）：3-7.

叶宁华，张伯伟，2018. 政府补贴和企业出口动态：营商环境的重要性 ［J］. 南开学报（哲学社会科学版）（3）：57-67.

应千伟，2013. 金融发展、商业信用融资与企业成长：来自中国 A 股上市公司的经验证据 ［J］. 经济与管理研究（9）：86-94.

于良春，余东华，2009. 中国地区性行政垄断程度的测度研究 ［J］. 经济研究（2）：119-131.

于蔚，汪淼军，金祥荣，2012. 政治关联和融资约束：信息效应与资源效应 ［J］. 经济研究（9）：125-139.

于文超，梁平汉，2019. 不确定性、营商环境与民营企业经营活力 ［J］. 中国工业经济（11）：136-154.

余其营，2010. 发展中国家知识产权保护与制造业企业投资：来自中国制造企业的经验数据 ［J］. 求索（11）：45-47.

袁莉，2018. 新时代营商环境法治化建设研究：现状评估与优化路径 ［J］. 学习与探索（11）：81-86.

粤港澳大湾区研究院，2018. 2018 年中国城市营商环境评价报告 ［EB/OL］. https://static.21jingji.com/file/2018 城市营商环境.pdf.

张爱珍，2016. 政府和市场：建国以来我国基本经济制度变迁研究 ［D］. 杭州：浙江理工大学.

张光南，洪国志，陈广汉，2014. 基础设施、空间溢出与制造业成本效应

[J]. 经济学（季刊）（1）：285-304.

张光南，宋舟，2013. 中国交通对"中国制造"的要素投入影响研究 [J]. 经济研究（7）：63-75.

张国钧，2018. 优化税收营商环境的调查与思考 [J]. 税务研究（11）：25-28.

张杰，宋志刚，2018. 当前中国制造业营商环境的突出问题、形成机制与解决思路 [J]. 人文杂志（2）：35-42.

张景华，刘畅，2018. 全球化视角下中国企业纳税营商环境的优化 [J]. 经济学家（2）：54-61.

张茅，2018. 给民营企业发展创造充足市场空间 [J]. 中国价格监管与反垄断（11）：1.

张茅，2013. 扎实推进工商登记改革，着力激发市场主体活力 [J]. 中国市场（43）：3-6.

张美莎，徐浩，冯涛，2019. 营商环境、关系型借贷与中小企业技术创新 [J]. 山西财经大学学报（2）：35-49.

张三保，曹锐，2019. 中国城市营商环境的动态演进、空间差异与优化策略 [J]. 经济学家（12）：78-88.

张三保，康璧成，张志学，2020. 中国省份营商环境评价：指标体系与量化分析 [J]. 经济管理（4）：5-19.

张效羽，2018. 从法治建设入手深入优化营商环境 [N]. 学习时报，2018-12-17（06）.

张冀，孙浦阳，2016. 双边营商环境、契约依赖和贸易持续期：基于中国企业微观数据的实证研究 [J]. 财经研究（4）：49-60.

张燕生，梁婧妹，2019. 现代化经济体系的指标体系研究 [J]. 宏观经济管理（4）：17-24.

张雨可，2019. 浅析中国企业纳税营商环境的优化 [J]. 广西质量监督导报（2）：182-183.

张占斌，2015. 经济新常态下的"新东北现象"辨析 [J]. 人民论坛（24）：14-17.

张紫，2015. 新加坡打造"智慧国"电子政务排名全球首位 [J]. 计算机与网络（23）：7.

章瑜，2017. 制度性交易成本如何降低 [N]. 浙江日报，2017-11-16（06）.

赵驰，周勤，汪建，2012. 信用倾向、融资约束与中小企业成长：基于长三角工业企业的实证 [J]. 中国工业经济（9）：77-88.

赵海怡，2019. 中国地方营商法治环境的优化方向及评价标准 [J]. 山东大学学报（哲学社会科学版）（3）：108-114.

赵汉臣，2018. 以优化税收营商环境为契机 高质量推进纳税服务水平新提升 [J]. 经济研究参考（71）：14-16.

赵楠，2019. 扩大开放背景下上海市优化税收营商环境的对策研究 [J]. 中国管理信息化（12）：102-103.

赵硕刚，2018. 美国基础设施建设计划及中国企业机遇 [J]. 海外投资与出口信贷（5）：8-14.

赵祥，2009. 地方政府竞争与FDI区位分布：基于我国省级面板数据的实证研究 [J]. 经济学家（8）：53-61.

赵治纲，2016. "降成本"现状、成因与对策建议 [J]. 财政科学（6）：47-53.

郑开如，2018. 关于税务部门"放管服"改革与税收营商环境建设的若干思考 [J]. 税收经济研究（1）：34-38.

中国财政科学研究院"降成本"课题组，刘尚希，傅志华，等，2017. 降成本：2017年的调查与分析 [J]. 财政研究（10）：2-29，42.

钟腾，汪昌云，2017. 金融发展与企业创新产出：基于不同融资模式对比视角 [J]. 金融研究（12）：127-142.

周超，刘夏，辜转，2017. 营商环境与中国对外直接投资：基于投资动机的视角 [J]. 国际贸易问题（10）：143-152.

周丽婷，2012. 我国地方政府行政审批制度改革的现状与发展思路：基于广东省佛山市行政审批流程改革的分析 [J]. 暨南学报（哲学社会科学版）（7）：45-51，162.

周亚虹，宗庆庆，陈曦明，2013. 财政分权体制下地市级政府教育支出的标尺竞争 [J]. 经济研究（11）：127-139，160.

周业安，赵晓男，2002. 地方政府竞争模式研究：构建地方政府间良性竞争秩序的理论和政策分析 [J]. 管理世界（12）：52-61.

朱康对，2019. 民营经济发展与政府创新：温州民营企业演化过程的实证考察 [J]. 中共杭州市委党校学报（1）：50-56.

朱明仕，孙佳特，2014. 市场在资源配置中起决定性作用的制度基础与政府职能 [J]. 长春师范大学学报（人文社会科学版），33（9）：11-13.

朱羿锟，高轩，陈胜蓝，2019. 中国主要城市 2017-2018 年度营商环境报告：基于制度落实角度 [M]. 广州：暨南大学出版社.

ACHARYA V V, BAGHAI R P, SUBRAMANIAN K V, 2014. Wrongful discharge laws and innovation [J]. Review of Financial Studies, 27 (1)：301-346.

AEBERHARDT R, BUONO I, HARALD F, 2014. Learning, incomplete contracts and export dynamics：Theory and evidence from French firms [J]. European Economic Review, 68 (3)：219-249.

AGHION P, ASKENAZY P, BERMAN N, et al., 2012. Credit constraints and the cyclicality of R&D investment：Evidence from France [J]. Journal of the European Economic Association, 10 (5)：1001-1024.

AKAI N, SUHARA M, 2013. Strategic interaction among local governments in Japan：An application to cultural expenditure [J]. The Japanese Economic Review, 64 (2)：232-247.

AMORE M D, SCHNEIDER C, ZALDOKAS A, 2013. Credit supply and corporate innovation [J]. Journal of Financial Economics, 109：835-855.

BAH E H, FANG L, 2015. Impact of the business environment on output and productivity in Africa [J]. Journal of Development Economics, 114：159-171.

BASTOS F, NASIR J, 2004. Productivity and the investment climate：Whatmatters most? [R]. World Bank Policy Research Working Paper No. 3335.

BAUMOL W J, 1990. Entrepreneurship：Productive, unproductive and destructive [J]. Journal of Political Economy, 98 (5)：893-921.

BRONZINI R, PISELLI P, 2016. The impact of R&D subsidies on firm innovation [J]. Research Policy, 45 (2)：442-457.

BRUECKNER J K, 2003. Strategic interaction among governments：An overview of empirical studies [J]. International Regional Science Review, 26 (2)：175-188.

CHEN W, 2017. Do stronger intellectual property rights lead to more R&D-intensive imports? [J]. Journal of International Tradeand Economic Development, 26 (7)：865-883.

CULL R, XU L C, 2005. Institutions, ownership, and finance：The determinants of profit reinvestment among Chinese firms [J]. Journal of Financial Economics, 77 (1)：117-146.

DE ROSA D, GOOROOCHURN N, GÖRG H, 2015. Corruption and productivity: Firm-level evidence [J]. Journal of Economics and Statistics, 235 (2): 115-138.

DEMIRGÜÇ-KUNT A, MAKSIMOVIC V, 1998. Law, finance and firm growth [J]. The Journal of Finance, 53 (3): 2107-2137.

DEMSETZ H, 1967. Toward a theory of property rights [J]. The American Economic Review, 57 (2): 347-359.

DOLLAR D, HALLWARD-DRIEMEIER M, MENGISTAE T, 2005. Investment climate and firm performance in developing economies [J]. Economic Development and Cultural Change, 54 (1): 1-32.

EIFERT B, GELB A, RAMACHANDRAN V, 2005. Business Environment and Comparative Advantage in Africa: Evidence from the Investment Climate Data [R]. Center for Global Development Working Paper No. 56.

EIFERT B, GELB A, RAMACHANDRAN V, 2008. The cost of doing business in Africa: Evidence from enterprise survey data [J]. World Development, 36 (9): 1531-1546.

ESCRIBANO A, GUASCHJ L, 2005. Assessing the impact of the investment climate on productivity using firm-level data: Methodology and the cases of Guatemala, Honduras and Nicaragua [R]. World Bank Policy Research Working Paper No. 3621.

FISMAN R, SVENSSON J, 2007. Are corruption and taxation really harmful to growth? Firm level evidence [J]. Journal of Development Economics, 83 (1): 63-75.

GAGANIS C, PASIOURAS F, VOULGARI F, 2019. Culture, business environment and SMEs' profitability: Evidence from European countries [J]. Economic Modelling, 78 (3): 275-292.

GUO D, JIANG K, KIM B, XU C G, 2014. Political economy of private firms in China [J]. Journal of Comparative Economics, 42 (2): 286-303.

HADLOCK C J, PIERCE J R, 2010. New evidence on measuring financial constraints: Moving beyond the KZ index [J]. Review of Financial Studies, 23 (5): 1909-1940.

HALL B, VAN REENEN J, 2000. How effective are fiscal incentives for R&D? A review of the evidence [J]. Research Policy, 29 (4-5): 449-469.

HALLWARD-DRIEMEIER M, WALLSTEN S, XU L C, 2006. Ownership, investment climate and firm performance: Evidence from Chinese firms [J]. Economics of Transition, 14 (4): 629–647.

HANOUSEK J, KOCHANOVA A, 2016. Bribery environments and firm performance: Evidence from CEE countries [J]. European Journal of Political Economy, 43 (3): 14–28.

HARTWELL C A, 2018. Foreign banks and the business environment in transition: A cointegration approach [J]. Post-Communist Economies, 30 (1): 19–35.

HOU Q S, HU M, YUAN Y, 2017. Corporate innovation and political connections in Chinese listed firms [J]. Pacific-Basin Finance Journal, 46: 158–176.

HUANG Z H, DU X J, 2017. Strategic interaction in local governments' industrial land supply: Evidence from China [J]. Urban Studies, 54 (6): 1328–1346.

JOHNSON S, MCMILLAN J, WOODRUFF C, 2002. Property rights and finance [J]. American Economic Review, 92 (5): 1335–1356.

KAMOTO S, 2017. Managerial innovation incentives, management buyouts, and shareholders' intolerance of failure [J]. Journal of Corporate Finance, 42: 55–74.

KINDA T, PLANE P, VE GANZONES-VAROUDAKIS M A, 2009. Firms' productive performance and the investment climate in developing economies: An application to MENA manufacturing [R]. The World Bank Policy Research Working Paper No. 4869.

KLAPPER L F, LAEVEN LUC A, RAJAN R G, 2004. Business environment and firm entry: Evidence from international data [R]. NBER Working Paper No. w10380.

KNACK S, KEEFER P, 1995. Institutions and economic performance: Cross-country tests using alternative institutional measures [J]. Economics and Politics, 7 (3): 207–227.

MIROSHNYCHENKO I, BOZZI S, BARONTINI R, 2019. Firm growth and legal environment [J]. Economic Notes, 48 (1): 1–24.

NAG T, CHATTERJEE C, 2018. Factors Influencing firm's local business environment in home country context: Exploring evidences from firm surveys in India and China [J]. Journal of Indian Business Research, 10 (4): 322–336.

NGUIMKEU P E, 2013. Business environment and firm performance: The case of retailing firms in Cameroon [R]. Andrew Young School of Policy Studies, Georgia State University.

NORTH D C, THOMAS R P, 1973. The rise of the western world: A new economic history [M]. Cambridge: Cambridge University Press.

NUGENT N, O' DONNELL R, 1994. The European business environment [M]. London: Macmillan Press.

PAUNOV C, 2016. Corruption's asymmetric impacts on firm innovation [J]. Journal of Development Economics, 118: 216-231.

RAJAN R G, ZINGALES L, 1998. Financial dependence and growth [J]. American Economic Review, 88 (3): 559-586.

RODRIGUEZ-POSE A, DI CATALDO M, 2015. Quality of government and innovative performance in the regions of Europe [J]. Journal of Economic Geography, 15 (4): 673-706.

SHLEIFER A, VISHNY R W, 1993. Corruption [J]. Quarterly Journal of Economics, 108 (3): 599-617.

SVEJNAR J, COMMANDER S J, 2007. Do institutions, ownership, exporting and competition explain firm performance? Evidence from 26 transition countries [R]. Ross School of Business Paper No. 1067.

THOMAS F, ISSAM H, PETER H, et al., 2017. Business environment and firm performance in European lagging regions [R]. The World Bank Policy Research Working Paper Series 8281.

WANG Y Y, YOU J, 2012. Corruption and firm growth: Evidence from China [J]. China Economic Review, 23 (2): 415-433.

WORLD BANK, 2004. Doing business in 2004: Understanding regulation [M]. Oxford: Oxford University Press.

WORLD BANK, 2018. Doing business 2018: Reforming to create robs [R]. World Bank Group.

XU G, YANO G, 2017. How does anti-corruption affect corporate innovation? Evidence from recent anti-corruption efforts in China [J]. Journal of Comparative Economics, 45 (3): 498-519.

ZHOU J Q, PENG M W, 2012. Does bribery help or hurt firm growth around the world? [J]. Asia Pacific Journal of Management, 29 (4): 907-921.

后 记

　　多年来，我们的研究团队始终将学术兴趣聚焦在基于制度经济学视域阐释和理解中国经济体制变革及制度演变上，近期运用制度经济学的理论分析方法考察了中国民营企业所处的外部营商环境演变及优化改革问题。呈现在读者面前的这本书是华侨大学经济与金融学院邵传林教授所主持完成的国家社科基金一般项目"制度性成本视角下民营企业营商环境优化研究"（19BJY182）的结项成果。为了完成该书的撰写，课题负责人邵传林及课题组团队成员（王莹莹、张忠杰、王飞、邵继萍、秦领、邵姝静、李晓慧、刘亚奇、霍雨德、祁璐璐、奚银君、王晶晶、闫永生、段博等）进行了分工、合作，由课题主持人邵传林负责组织实施课题研究工作，课题组骨干成员（王莹莹、张忠杰、王飞、邵继萍、秦领）具体负责组织实地调研、资料搜集、研究计划拟定等工作，笔者的硕士生邵姝静、李晓慧、刘亚奇、霍雨德、祁璐璐、奚银君、王晶晶等同志负责撰写各章节，闫永生、段博和霍雨德负责数据处理和分析，经过一年多的研究，最终完成了书稿的撰写，并以良好等级顺利通过验收结项。在课题结项后，由邵传林教授在采纳五位匿名评审建议的基础上对书稿进行了完善和修改，最终形成了本书。需要特别说明的是，本书第1章和第10章由邵传林撰写完成，第2章由邵传林和李晓慧合作撰写完成，第3章由霍雨德和邵传林合作撰写完成，第4章由刘亚奇和邵传林合作撰写完成，第5章由邵传林和王莹莹合作撰写完成，第6章由邵传林、张忠杰、秦领等共同完成，第7章主要由邵传林、秦领、王莹莹、邵继萍等撰写完成，第8章主要由奚银君、王晶晶、邵传林、邵姝静等撰写完成，第9章主由祁璐璐和邵传林合作撰写完成。

　　最后，在本书出版之际特别感谢笔者所在单位华侨大学经济与金融学院为笔者从事教学和学术研究工作提供了自由、宽松、包容的科研环境和科研条件，感谢华侨大学经济与金融学院应用经济学团队郭克莎教授、苏桔芳教授等专家对本书出版的关心和支持。同时，还要特别感谢丁文锋教授、张存刚教授、李树民教授、叶初升教授、胡海峰教授、李成教授、何磊教授、白让让博士、贾晓鹏博士、孙维君博士、陈勇博士、汤向俊博士、裴志伟博士、金立民副教授、孟丽君副教授等人在课题研究中所给予的指导和帮助，感谢邵姝静、闫永生、云锋、段博等同志在著作编辑和出版中所做的大量工作。

邵传林

2021 年 7 月 20 日